Lisa Herzog

Die Rettung der Arbeit

Ein politischer Aufruf

bpb:
Bundeszentrale für
politische Bildung

Lisa Herzog, 1983 geboren, ist seit 2016 Professorin für Politische Philosophie und Theorie an der Hochschule für Politik an der Technischen Universität München. Sie arbeitet unter anderem zu ökonomischer Gerechtigkeit, Ethik in Organisationen und Wirtschaftsdemokratie.

Bonn 2020
Sonderausgabe für die Bundeszentrale für politische Bildung
Adenauerallee 86, 53113 Bonn

Umschlaggestaltung: Michael Rechl, Kassel
Umschlagfoto: © plainpicture / Axel Kohlhase

Satz: Gaby Michel, Hamburg
Druck und Bindung: GGP Media GmbH, Pößneck

ISBN 978-3-7425-0409-8

www.bpb.de

Lisa Herzog

Die Rettung der Arbeit

Schriftenreihe Band 10409

INHALT

1.

DIE ZUKUNFT DER ARBEIT: DYSTOPIE ODER UTOPIE?

Wenn die Algorithmen kommen, wer werden die Gewinner sein und wer die Verlierer?

Die einen haben mehr Freizeit, weil die Lebensmittel automatisch vom Kühlschrank bestellt und von einer Drohne geliefert werden, während Algorithmen die optimalen Rezepte zusammenstellen. Die anderen sind arbeitslos, und weil ihr Grundeinkommen bedingungslos, aber kärglich ist, stocken sie es durch Essensspenden von gemeinnützigen Tafeln auf. Die einen beziehen ihr Einkommen aus Software-Patenten und lassen Heerscharen von Robotern für sich arbeiten, die anderen stehen auf Abruf bereit und müssen lossprinten, sobald die App eine Arbeitsgelegenheit meldet. Die einen arbeiten, sofern sie es überhaupt tun, frei und selbstbestimmt, bei den anderen erfasst eine App, vielleicht sogar ein eingepflanzter Chip, jede Bewegung und jede Toilettenpause.

Sieht so die Zukunft der Arbeitswelt aus? Bildung, Ausbildung, der Erwerb von »Humankapital«, eine hohe Motivation und Leistungsbereitschaft – all das scheint keine Garantie mehr zu sein für ein geordnetes Arbeitsleben mit einem Einkommen, das ein gutes Leben ermöglicht. Zu unklar ist, wie die Umbrüche aussehen könnten, die Roboter, Algorithmen und künstliche Intelligenz bringen werden. Einerseits wird eine goldene Zukunft ständig wachsenden Wohlstands prophezeit, in der alle lästigen Routineaufgaben an Maschinen delegiert werden können. Andererseits stehen Vorhersagen im Raum, die das Ende von weit über vierzig Prozent der derzeit existierenden Berufsbilder behaupten, und zwar keineswegs nur im Bereich der »niedrigqualifizierten« Arbeit. Wen es treffen wird und wen nicht, scheint ziemlich unvorhersehbar.

Die Angst vor der Zukunft der Arbeitswelt – davor, nur noch Anhängsel eines Computers oder Sklave einer App zu sein oder gar komplett aussortiert zu werden – treibt derzeit viele Menschen um. Die öffentliche Debatte über Roboter, Automatisierung und die Rolle von Big Data in der Gesellschaft tobt. Doch oft verliert sie sich im Diffusen, beißt sich an einzelnen Zahlen fest oder wiederholt gebetsmühlenartig die immer gleichen Auseinandersetzungen. Was fehlt, ist eine Einigung auf grundlegende Werte und die Entwicklung einer Vorstellung davon, wohin es im Interesse des Gemeinwohls mit der digitalen Transformation der Arbeitswelt gehen könnte. Jetzt ist der Moment, zentrale Fragen zu beantworten und entsprechende institutionelle Reformen einzuleiten. Denn bei Veränderungen in der Arbeitswelt geht es um grundlegende Mechanismen des gesellschaftlichen Zusammenlebens, aber auch um die Verteilung von Einkommen, Ansehen und Macht.

Wollen wir in Zukunft »auf Abruf« arbeiten, wie zum Beispiel bei den in Großbritannien weit verbreiteten *zero hour contracts*, bei denen es keinerlei Garantie gibt, wie viel Arbeit angeboten wird und wie viel Einkommen damit erzielt werden kann? Wer hat das letzte Wort, wenn Computerprogramme für die Bedürftigkeitsanalyse in staatlichen Wohlfahrtsprogrammen eingesetzt werden? Lassen wir zu, dass digitale Geschäftsmodelle die soziale Ungleichheit verschärfen? Wer hat welche Chancen der Teilhabe in der digitalisierten Arbeitswelt? Und wie bleibt in einer durch digitale Prozesse geprägten Gesellschaft der soziale Zusammenhalt erhalten, der bislang in hohem Maße durch die Integration in der Arbeitswelt gewährleistet wurde?

Es geht um sehr grundsätzliche Fragen, auf die wir eine Antwort benötigen, und zwar jetzt – denn die Veränderungen werden kommen, keine Frage. Bei diesen Veränderungen der Arbeitswelt geht es letztlich um nicht weniger als um die Grundfragen der politischen Philosophie: Wie wird menschliches Zusammenleben organisiert, was macht eine gute und gerechte Gesellschaft aus, und wie können wir unsere Institutionen und sozialen Praktiken entsprechend gestalten?

ENDE DER ARBEIT? RETTUNG DER ARBEIT!

Die These dieses Buches ist, dass die Arbeitswelt eine viel zu wichtige Rolle für unsere Gesellschaft spielt, als dass man sie in Zeiten des digitalen Umbruchs einfach ihrem Schicksal – oder dem ungesteuerten Wirken des freien Markts – überlassen dürfte. Arbeit ist mehr als ein lästiges Übel, und sie ist mehr als ein Mittel zum Geldverdienen. Arbeit ist eine zutiefst menschliche Angelegenheit: etwas, das so sehr zu unserem Wesen gehört, dass es sie wahrscheinlich auch dann noch gäbe, wenn die sozialen Verhältnisse komplett anders organisiert wären und Maschinen uns noch mehr Aufgaben abnehmen würden. Menschen wollen etwas schaffen, sie wollen ihre Welt gestalten – Arbeit ist eine zentrale Form, die dieser Drang annimmt.

Vor allem aber ist menschliche Arbeit eine soziale Angelegenheit: weil Menschen soziale Wesen sind, arbeiten sie in der Regel gemeinsam mit anderen. Arbeit bringt uns mit der materiellen Welt in Kontakt, vor allem aber bringt sie uns *mit-*

einander in Kontakt. Sie stellt uns in soziale Räume, ohne die unser Leben um ein Vielfaches ärmer wäre. Sicherlich, es gibt auch Kollegen, bei denen wir nicht traurig wären, wenn wir sie nie im Leben wiedersehen würden. Aber das ist der Preis, den wir für etwas sehr Wertvolles zahlen: dafür, durch die Arbeit mit Menschen zusammengebracht zu werden, denen wir sonst nie begegnen würden (und das gilt übrigens auch für viele Formen von »Arbeit« jenseits der Lohnarbeit, zum Beispiel die geteilte Betreuung von Kindern im privaten Kontext). Diese soziale Dimension der Arbeit wieder in den Blick zu rücken, nach den Herausforderungen wie auch den Möglichkeiten einer solidarischen Arbeitswelt zu fragen und Vorschläge zu entwickeln, wo es hingehen könnte – das sind die Anliegen dieses Buches.

Dass Arbeit zur menschlichen Natur gehört, ist ein Gedanke, der sich durch die Geschichte des politischen Denkens zieht. Dieser Strang beginnt spätestens mit Aristoteles und wurde in der jüngeren Ideengeschichte von so unterschiedlichen Denkern wie Hegel oder Marx aufgegriffen. Menschsein bedeutet, die materielle Umgebung zu formen und selbst dadurch geformt zu werden. Es bedeutet, mit der eigenen Arbeit auf der Arbeit anderer aufzubauen und sie fortzuführen. Auch im feministischen politischen Denken spielt die Frage der Arbeit eine zentrale Rolle, weil sie immer noch ein Bereich ist, in dem sich die Ungleichbehandlung der Geschlechter besonders stark manifestiert. Frauen haben über Jahrhunderte dafür gekämpft, an der Arbeitswelt außerhalb des Hauses teilhaben zu dürfen – und auch dafür, dass diese Arbeitswelt anders organisiert wird und besser mit Familienleben und Pflegearbeit vereinbart werden kann.

Umgekehrt waren es oft durch die Arbeit entstandene Kollektive, besonders die Arbeitervereine und Gewerkschaften seit dem 19. Jahrhundert, deren politische Kämpfe entscheidend dazu beitrugen, Fortschritte durchzusetzen. Regulierung der Arbeitszeit, Arbeitsschutzbestimmungen, wohlfahrtsstaatliche Einrichtungen, Mitbestimmung – all diese Errungenschaften wären ohne den Einsatz dieser Gruppen nicht denkbar.

In den letzten Jahrzehnten allerdings wurde Arbeit oftmals extrem individualistisch gedacht. Viele der vorherrschenden Bilder und Modelle der Arbeitswelt, besonders im ökonomischen Bereich, gehen implizit oder explizit von einem radikalen Individualismus aus, als wären wir alle Robinson Crusoes auf einsamen Inseln, die nur gelegentlich zur Nachbarinsel paddeln, um Bananen gegen Kokosnüsse zu tauschen. Dabei wären die wenigstens von uns in der Lage, auch nur einige Tage auf Robinsons Insel zu überleben. Wir sind als arbeitende Individuen Teil eines komplexen Gesamtsystems, das mit anderen sozialen Systemen wie der Politik, der Kultur oder der Wissenschaft eng verwoben ist. Wimmelbilder, wie man sie aus Kinderbüchern kennt – oder auch die ähnlich angelegten Gemälde niederländischer Maler aus dem 16. Jahrhundert –, illustrieren viel besser, wie menschliche Arbeit funktioniert: durch das Ineinandergreifen unzähliger Aktivitäten, auf die man sich aber nur deshalb konzentrieren kann, weil andere Menschen anderen Aktivitäten nachgehen.

Wie dieses soziale System der Arbeitswelt aussieht, hängt maßgeblich davon ab, wie wir es gemeinsam gestalten, vor allem durch die Rahmensetzung innerhalb demokratischer Politik, aber auch durch die gemeinsame Verwirklichung kultureller Werte und Normen.

Die Sozialität menschlicher Arbeit ist eine ihrer ganz großen Stärken. Es kann beglückend und bereichernd sein, an arbeitsteiligen Systemen mitzuwirken – es sei denn, diese sind so organisiert, dass die arbeitenden Menschen Zwang, Schikane oder Ausbeutung ausgesetzt sind, wie das allzu oft der Fall war und ist. Die sozialen Strukturen der Arbeitswelt verändern sich durch digitale Technologien, und dies kann massive Auswirkungen darauf haben, wie Menschen ihre Arbeit erleben. Aber es ist nicht ausgemacht, dass dies Veränderungen zum Schlechten sein müssen – ausschlaggebend ist, ob wir die Gestaltungsaufgaben annehmen, die einerseits das Wohl der Arbeitenden betreffen, andererseits die Frage, wie Gerechtigkeit, Gemeinwohl und sozialer Zusammenhalt in Zukunft gesichert werden können.

Ökonomische Modelle unterstellen, dass Arbeit vor allem ein Mittel zum Zweck des Einkommenserwerbs ist; allenfalls »höhere« Berufe, in denen eigene Fähigkeiten optimal zum Einsatz gebracht werden könnten, würden davon eine Ausnahme darstellen. Doch dies ist ein Vorurteil. Die Soziologin Isabelle Ferreras hat in einer aufschlussreichen Studie den Arbeitsalltag und die Einstellungen von Supermarktkassiererinnen untersucht, also von Menschen, deren Arbeit nicht gerade ein Höchstmaß an Selbstverwirklichung oder sozialem Ansehen bietet. Aber auch für sie, so das Ergebnis, ist die Arbeit sehr viel mehr als nur ein Instrument zum Geldverdienen. Sie bietet eine Gelegenheit, sich gesellschaftlich zu integrieren, sich nützlich zu machen, sich eine gewisse Autonomie zu verschaffen. Die Kassiererinnen, die Ferreras interviewte, wollten nicht auf ihre Arbeit verzichten, selbst wenn sie finanzielle Alternativen hatten – was sie störte, waren konkrete Aspekte der Arbeitsbedingungen und fehlende Mitsprachemöglichkeiten. Die Arbeitswelt, so das Fazit der Studie, kann nicht als ein System verstanden werden, in dem alle Akteure ausschließlich instrumentell agieren. Sie ist ein Teil unserer gemeinsamen, öffentlichen Welt und muss auch als solche verstanden werden.

Mit »Rettung der Arbeit« ist gemeint, diese öffentliche Arbeitswelt – und konkret die rechtlichen und sozialen Spielregeln, nach denen sie funktioniert – so zu gestalten, dass sie unseren Vorstellungen von der Würde und den Rechten der Einzelnen und vom Wohl der Gesellschaft als ganzer entspricht, anstatt hinzunehmen, dass sie von den Kräften, die derzeit die digitale Transformation vorantreiben, auf eine Art und Weise geformt wird, die unseren Vorstellungen von Gerechtigkeit, Freiheit und Demokratie zuwiderläuft. Fjodor Dostojewski schrieb einmal, man könne den Grad der Zivilisation einer Gesellschaft am Zustand ihrer Gefängnisse beurteilen. Vielleicht zeigt sich am besten, wie es eine Gesellschaft mit der Gerechtigkeit hält, wenn man ihre Arbeitswelt betrachtet – und auch, wie sie mit denjenigen umgeht, die dort angeblich nicht mehr gebraucht werden. Das Bekenntnis zu demokratischen Prinzipien, so eines der Argumente dieses Buches, sollte nicht an der Schwelle zu den Arbeitsplätzen Halt machen. Im Gegenteil: Ich werde dafür plädieren, gerade die neuen Informations- und Kommunikationsmöglichkeiten des digitalen Zeitalters dafür zu nutzen, Partizipation und demokratische Formen der Governance noch viel stärker in die Wirtschaftswelt zu tragen, als dies derzeit der Fall ist.

Natürlich wird auch jenseits der öffentlichen Arbeitswelt viel gearbeitet: Das betrifft nicht nur die Haus-, Erziehungs- und Pflegearbeit, die in Familien stattfindet und zwischen den Geschlechtern oft sehr ungleich verteilt ist. Es betrifft auch zahlreiche Formen ehrenamtlicher Arbeit, für die die Betroffenen allenfalls eine symbolische Aufwandsentschädigung erhalten. Auch über die gerechte Gestaltung dieser Formen von Arbeit ließe sich sehr viel sagen. Sie stehen im Folgenden nicht im Fokus meiner Ausführungen, doch sie sind mit der öffentlichen Arbeitswelt und ihren Problemen eng verwoben. Es ist eine Frage der Schwerpunktsetzung, nicht ein Urteil über die relative Bedeutung, dass ich in diesem Buch vor allem Fragen stelle nach der Gestaltung der öffentlichen Arbeitswelt angesichts der durch die digitale Transformation anstehenden Umbrüche.

Gegen wen aber schreibe ich damit an? Wer könnte dagegen sein, die Arbeit zu retten? Es gibt zwei Arten von Gegenpositionen, auf der theoretischen und auf der praktischen Ebene. Auf der theoretischen Ebene ist die alternative Strategie zu einer Rettung der Arbeit, auf das *Ende* der Arbeit zu setzen. Auf der praktischen Ebene besteht die Gegenposition darin, schlicht nichts zu tun, oftmals aus falsch verstandenem Fatalismus heraus.

Die erste, theoretische Position ist besonders dann naheliegend, wenn man Arbeit in erster Linie als ein notwendiges Übel betrachtet, als das, was uns am Sonntagabend schlechte Laune bereitet, weil es am Montagmorgen wieder losgeht. Wäre die Welt nicht umso besser, je weniger es davon gäbe? Und ist nicht eine der großen Hoffnungen der Digitalisierung und der »Industrie 4.0«, dass Arbeit, wie wir sie kennen, abgeschafft wird und wir völlig neue Formen des sozialen Lebens verwirklichen können – jenseits der Arbeit?

Die Frage, ob man Arbeit eher verbessern oder auf ihre Abschaffung setzen sollte, war schon im 19. Jahrhundert eine Kontroverse, an der sich progressive Geister schieden. Die eine Seite hoffte auf eine Abschaffung oder zumindest maximale Reduktion aller Arbeit. Nur dann wäre eine wirkliche Entfaltung der menschlichen Natur, ein wirklich freies Leben möglich. Die andere Seite dagegen wollte nicht *von* der Arbeit befreien, sondern *die Arbeit befreien*: von all den Zwängen, all den Ungerechtigkeiten, all den einseitigen Machtverhältnissen, unter denen sie stattfand. Bessere, freiere Arbeit war das Ziel und durchaus auch eine Reduktion der Arbeitszeit – aber keine Abschaffung der Arbeit als solcher.

Diese Debatte – Abschaffung oder Verbesserung der Arbeit? – flammte immer wieder auf. 1995 veröffentlichte der amerikanische Soziologe und Ökonom Jeremy Rifkin ein Buch mit dem Titel *Das Ende der Arbeit*. Roboter und Algorithmen, so seine Prognose, würden die traditionelle Arbeitswelt komplett übernehmen, und es sei nicht zu erwarten, dass man dagegen irgendetwas tun könne. Wenn überhaupt, sei »gute« Arbeit in Zukunft nur im »dritten Sektor« der Zivilgesellschaft möglich, nicht in Form traditioneller Lohnarbeit. Auch viele derjenigen, die heute ein bedingungsloses Grundeinkommen fordern, tun dies vor dem Hintergrund der Annahme, dass in Zukunft nicht mehr alle Mitglieder einer Gesellschaft Arbeit im klassischen Sinne haben könnten. Allerdings: Derartige Vorhersagen sind schon sehr viel älter und haben sich bislang nie bewahrheitet. Anfang des 19. Jahrhunderts zerstörten englische Textilarbeiter, die sogenannten Luddites, die Maschinen, durch die sie ihre Arbeitsplätze bedroht sahen; so mancher, der heute seinen Job bedroht sieht, würde vielleicht gerne Ähnliches tun.

Doch so schmerzhaft die Umbrüche in vielen Einzelfällen sein mögen, besonders, wenn die gesellschaftlichen Institutionen fehlen, um damit umzugehen: Maschinenstürmerei scheint mir kein erfolgversprechendes Modell. Die Luddites konnten den Gang der Entwicklung nicht stoppen, und das Ende der Lohnarbeit trat bislang nicht ein – nicht, weil es nicht stimmte, dass Maschinen bestimmte Jobs ersetzen würden, sondern, weil neue Arbeitsplätze entstanden. Es ist ein jahrtausendealtes Phänomen, dass Wissen und Erfahrungen darüber, wie bestimmte Arbeitsschritte erledigt werden können, in Werkzeugen und Maschinen »gespeichert« werden – und ein ebenso altes Phänomen, dass die Maschinen dann doch nicht ganz das tun, was wir von ihnen wollen, weshalb Menschen gebraucht werden, die sich um sie kümmern. Und so entstanden immer wieder neue Arbeitsplätze, entweder um die Maschinen herum oder in ganz neuen Arbeitsfeldern.

Selbst wenn intelligente Roboter und Computerprogramme in Zukunft noch viel mehr Arbeit übernehmen können, ist das kein Grund zu der Annahme, dass die Nachfrage nach menschlicher Arbeit als solcher zum Erliegen kommen wird. Und wenn wir davon ausgehen, dass wir weiterhin in großen, komplexen Gesellschaften leben, in denen Individuen nicht nur Arbeit verrichten, die der Befriedigung ihrer unmittelbaren Bedürfnisse dient, dann wird es auch weiterhin so etwas wie einen »Arbeitsmarkt« und Arbeitsplätze in Firmen oder Behörden außerhalb des eigenen Haushalts geben. Natürlich stimmt es, dass neue Technologien Potenzial für eine Reduktion der Arbeitszeit enthalten. Wird dieses Potenzial ausgeschöpft, dann haben im besten Fall alle Mitglieder der Gesellschaft mehr freie Zeit, etwa wenn die Viertagewoche zur Regel würde. Dass die soziale Sphäre, die wir als »Arbeitswelt« kennen, jedoch komplett verschwinden würde, darauf deutet wenig hin, und es ist auch fraglich, ob es wünschenswert wäre.

WOVOR DIE ARBEIT ZU RETTEN IST

Aber das heißt nicht, dass wir uns zurücklehnen könnten in der Annahme, dass alles so bleiben sollte, wie es ist. Im Gegenteil – wir müssen die Zukunft der Arbeitswelt aktiv gestalten, umso mehr angesichts der bevorstehenden Umbrüche. Die Herausforderungen, die sich dabei stellen, werde ich in den folgenden Kapiteln diskutieren, wobei es zunächst eher um ideen- und kulturgeschichtliche Hintergründe, im zweiten Schritt dann um Lösungsvorschläge gehen soll. Ich diskutiere *erstens* ein weitverbreitetes Missverständnis darüber, was Arbeit ist und wie sie heute stattfindet. Moderne Arbeit ist ihrer Natur nach arbeits*teilig*, organisiert innerhalb sozialer Systeme, die viele Vorteile gegenüber individualistischer Arbeit haben, aber auch neue Gefahren bergen. Das betrifft unter anderem die Frage, wie der Missbrauch dieser arbeitsteiligen Systeme verhindert werden kann und welche Rolle Whistleblower dabei spielen können. *Zweitens* geht es darum, endlich den fehlgeleiteten Glauben an eine »unsichtbare Hand des Marktes« oder an andere Automatismen abzulegen und sich zu fragen, wer welche Gestaltungsmöglichkeiten hat und diese auch nutzt. *Drittens* geht es um ein Problem, das nicht nur, aber in besonderem Maße in der modernen Arbeitswelt zu finden ist: die ungleiche Verteilung von Verantwortung und Haftung und das Verwischen von Verantwortung, das sich zum Beispiel beim VW-Abgas-Skandal gezeigt hat. Durch den Einsatz digitaler Technologien könnten diese Tendenzen gefährlich verschärft werden. Zugespitzt gesagt: Es scheint an vielen Stellen das Prinzip zu gelten, dass man die Kleinen hängt und die Großen laufenlässt; mit dem Prinzip gleicher Rechte für alle Mitglieder einer demokratischen Gesellschaft ist dies unvereinbar.

Viertens geht es darum, dass die Arbeitswelt zu stark durch Steuerung von oben, über viele Hierarchieebenen hinweg, geprägt ist. Dabei bieten neue Kommunikationstechnologien zahlreiche neue Möglichkeiten der Partizipation, die dem alten Projekt einer Demokratisierung der Wirtschaftswelt ganz neuen Auftrieb verschaffen können. Diese Chance sollten wir als Gesellschaft nicht ungenutzt lassen – zumal sich die deutschen Praktiken der Mitbestimmung, die schon eine gewisse Demokratisierung im Vergleich zu anderen Firmenmodellen darstellen, historisch gut bewährt haben. Und *fünftens* geht es darum, die Rolle der Arbeitswelt für den Zusammenhalt der Gesellschaft nicht aus den Augen zu verlieren. Ist tatsächlich jede von uns dazu verdammt, die digitale Transformation als egoistischer »homo oeconomicus« zu erleben, oder kann es gelingen, sie unter soziale Vorzeichen zu stellen?

Ob die digitale Transformation uns in eine albtraumhafte Dystopie statt in eine bessere Arbeitswelt führt, wird maßgeblich davon abhängen, wie wir als Gesellschaft mit den genannten Herausforderungen umgehen – ob wir sie scheuen oder ob wir die Chance zur Gestaltung nutzen. Diese politische Aufgabe betrifft Politikerinnen* und Bürger in ihren jeweiligen Rollen, geht uns also alle an.

An dieser Stelle eine Bemerkung zum Schlagwort »Digitalisierung«. Der englische Begriff »Digitization« bedeutete ursprünglich und ganz technisch die Umwandlung von analoger Informationen in digitale Information, die in Bits und Bytes gefasst ist (»Digitalization« meint auf Englisch übrigens schlicht das elektronische Einscannen von Büchern, so dass sie

* In diesem Buch werden die männliche und die weibliche Form in beliebigem Wechsel verwendet, wenn das Geschlecht von Personen(-gruppen) unbekannt ist. Das erspart umständliche Konstruktionen ebenso wie das generische Maskulinum und schließt dennoch alle Geschlechter mit ein.

zum Beispiel im Internet verfügbar gemacht werden können). »Digitale Transformation« ist der vielleicht treffendste Begriff: Er beschreibt Veränderungen infolge der Einführung digitaler Technologien. Was in den verschiedenen Bereichen genau gemeint ist, muss im Einzelfall festgestellt werden. Es kann von der Einführung digitaler Kommunikation – z. B. elektronische Formulare bei staatlichen Behörden – über automatisierte Entscheidungsverfahren – z.B. Algorithmen, die prognostizieren, wie hoch die Rückfallwahrscheinlichkeit eines verurteilten Verbrechers ist – bis hin zur völligen Ersetzung menschlicher Arbeitskraft durch vollautomatisierte Maschinen, die mit künstlicher Intelligenz ausgestattet sind, reichen. In jedem Fall aber bedeutet es: Die Formen der Arbeit und die Formen der Information und Kommunikation über die Arbeit ändern sich. Und damit ergeben sich neue Fragen danach, wie die Arbeitswelt gestaltet werden kann.

TECHNISCHER DETERMINISMUS ODER POLITISCHE GESTALTUNG?

Dies führt zu der zweiten Gegenposition zu den Vorschlägen, die dieses Buch unter dem Stichwort »Rettung der Arbeit« unterbreitet. Sie besteht schlicht darin, nichts zu tun, und den Dingen ihren Lauf zu lassen – weil man nichts tun könne. Über digitale Transformation wird oft auf eine Weise gesprochen, als entziehe sie sich grundsätzlich den Eingriffsmöglichkeiten demokratischer Politik. Die Phänomene des Wandels werden als unaufhaltsame Prozesse beschrieben, als evolutionäre Entwicklungen, die übergeordneten Gesetzen gehorchten und nicht regulierbar seien. Gegen »die Digitalisierung« könne man genauso wenig etwas tun wie gegen »die Globalisierung« oder »die Weltmärkte«.

Aber wenn Politik und Zivilgesellschaft nichts unternehmen, um den digitalen Wandel zu gestalten, dann gestalten ihn andere – gegenwärtig sind das vor allem die großen, global agierenden Internetkonzerne und andere Firmen, die hoffen, vom digitalen Kuchen etwas abzubekommen. Wenn das Wohl privater Unternehmer automatisch mit dem Wohl der Gesellschaft gleichgesetzt werden könnte, müsste man sich keine Sorgen machen. Doch es gibt keinen Anhaltspunkt dafür, dass dies der Fall wäre. Zum einen hat sich die sogenannte »Trickle down«-Theorie, der zufolge wirtschaftliche Zuwächse von den wohlhabenden Schichten der Gesellschaft irgendwie zu den weniger Privilegierten »hinuntertröpfeln«, als Chimäre erwiesen. Zum anderen können digitale Firmen heute überall auf der Welt ihren Sitz haben; es ist also nicht einmal klar, *welche* Gesellschaft es wäre, die von ihren Aktivitäten profitieren würde. Und wie beispielsweise die »Paradise Papers« gezeigt haben, werden ihre Gewinne regelmäßig der Besteuerung – und damit einer der wichtigsten Formen, einen Beitrag zum Gemeinwohl zu leisten – entzogen.

Es ist also politische Gestaltung gefragt, anstatt sich in rhetorische Floskeln über die Unkontrollierbarkeit der Veränderungen zu flüchten. Zumal hier ein Paradox liegt: Gerade diejenigen, die von Unkontrollierbarkeit sprechen, wollen unbedingt die Kontrolle behalten. Das zeigt sich beispielsweise, wenn man in politischen oder Wirtschaftskreisen vorschlägt, Arbeitnehmern mehr Kontrolle über Arbeitsprozesse zu geben, weil diese oft besser beurteilen können, wie neue digitale Tools am besten einzusetzen sind. Solche Vorschläge stoßen nach meinen Erfahrungen auf Irritation und eisiges Schweigen. Es ist nicht besonders konsistent, einerseits zu behaupten, nichts tun zu können, und andererseits nichts von seiner Gestaltungsmacht abgeben zu wollen.

Wenn diejenigen, die über politische und wirtschaftliche Macht verfügen, nur mit den Entwicklungen mitschwimmen, anstatt aktiv die Rahmenbedingungen zu gestalten, wirken die Versprechen von Populisten, die sich als starke Männer oder starke Frauen präsentieren und mit politischer Handlungsfähigkeit werben, umso verlockender. Wenn ständig von der Unabdingbarkeit und der Alternativlosigkeit bestimmter Tendenzen die Rede ist, muss es einen dann wundern, wenn Angst, Fatalismus und ein gefährlicher Nährboden für politische Rattenfänger erzeugt werden? Die Angst vor den bevorstehenden Umbrüchen ist wahrscheinlich eine der Tiefenursachen dafür, dass viele westliche Gesellschaften in den vergangenen Jahren immer anfälliger für populistische Politik wurden. Das Gefühl der »neuen Unübersichtlichkeit« und der sich ständig beschleunigenden Veränderung lässt die scheinbare Stabilität und Harmonie früherer Jahrzehnte, als die Welt noch viel stärker in die fest geschnürten Pakete nationalstaatlicher Ordnungen verpackt war, anziehend heimelig aussehen (während die damaligen sozialen Zwänge, die Macht der Konventionen, der Mangel an Wahlmöglichkeiten gerne ausgeblendet werden).

»Taking back control« war einer der wichtigsten Kampfrufe der »Brexit«-Befürworter während der britischen Kampagne für den EU-Austritt. *Dass* man die globalisierte Wirtschaft an vielen Stellen wieder stärker unter politische Kontrolle bringen müsste, ist in der Sache nicht falsch – aber es ist weder wünschenswert noch sinnvoll, dies im nationalistischen Alleingang, bei gleichzeitiger Hetze gegen Migranten und gegen die EU, zu tun. Was wir tatsächlich brauchen, ist ein »taking back control« im Sinne einer demokratischen Kontrolle der Wirtschafts- und Arbeitswelt. Und weil dies in einer globalisierten Welt nur noch bedingt durch das Auferlegen von Regeln »von außen«, durch demokratische Rahmensetzung, erfolgen kann, muss die Wirtschafts- und Arbeitswelt viel stärker als bisher »von innen« demokratisiert werden – diese These werde ich im fünften Kapitel genauer ausführen.

Es soll hier also um etwas gehen, das von ökonomischen Theorien nur selten thematisiert und im öffentlichen Diskurs allzu gerne verschwiegen wird: um die Machtverhältnisse zwischen Wirtschaft und Politik. Erleben wir eine digitale Transformation, die ganz im neoliberalen Sinne dem »Markt« und damit letztlich dem Wohl digitaler Firmen dient – oder eine digitale Transformation, bei der demokratische Gesellschaften die Chance ergreifen, die Arbeits- und Wirtschaftswelt menschlicher und gerechter zu gestalten? Wer profitiert materiell von den Veränderungen? Aber auch: Was bedeutet Arbeit in der schönen neuen Welt der Roboter und Algorithmen überhaupt noch, und wer hat die Deutungshoheit darüber? Wer hat Zugang zu welcher Form von Arbeit? Bringt sie die Gesellschaft zusammen, oder wirkt sie spaltend? Mein Vorschlag ist nicht, dass die Politik die Arbeitswelt bis ins Detail »durchregieren« sollte. Politische Veränderungen »von oben« können jedoch die Weichen dafür stellen, dass Veränderungen dann »von unten« gestaltet werden, von denen, die wirklich betroffen sind.

Was könnte dies konkret bedeuten? Zum Beispiel, dass Formen juristischer Haftung verändert und stärker partizipative Rechtsformen für Unternehmen entwickelt werden. Zum Beispiel, dass der Wohlfahrtsstaat so umgebaut wird, dass das Prinzip der Solidarität und der Sozialversicherung unter sich wandelnden Bedingungen auf den Arbeitsmärkten aufrechterhalten werden kann, und dass die Verteilung der Steuerlast auf

Kapital und Arbeit überdacht wird. Manches davon wäre am sinnvollsten auf Ebene der EU zu verwirklichen, aber auch nationale Regierungen können Veränderungen anstoßen. Möglicherweise könnte das Projekt einer partizipativ und demokratisch gestalteten Wirtschaftswelt sogar der Kern der vielfach geforderten Erneuerung sozialdemokratischer Politik sein.

Weitere Beispiele: Innerhalb von Unternehmen kann mit neuen Praktiken der Partizipation experimentiert und die Bewegung hin zu demokratischeren Governance-Formen vorangetrieben werden. Und nicht zuletzt kann jede und jeder einzelne von uns anders über Arbeit, berufliche Identität und so etwas wie »krumme« Lebensläufe nachdenken – es wäre viel gewonnen, wenn beispielsweise die vorübergehende Abhängigkeit von staatlicher Unterstützung enttabuisiert würde. Unsere Arbeitswelt wird nur dann sozialer, gerechter und demokratischer werden, wenn die Veränderung sich auf allen Ebenen vollzieht: der politischen, der wirtschaftlichen, der zivilgesellschaftlichen und kulturellen. Ob die Zukunft der Arbeit eine Dystopie sein muss oder ob wir der Utopie einer freieren, gerechteren und demokratischeren Arbeitswelt näherkommen, liegt in unser aller Hand.

Sicherlich – man darf Arbeit auch nicht zu einem Fetisch machen. Gerade protestantisch geprägten Nordeuropäern steckt noch stark die Vorstellung in den kulturellen Knochen, dass man arbeiten müsse, um ein gottgefälliges Leben zu führen. Möglichkeiten zur Reduzierung von Arbeit und zur Effizienzsteigerung sollten genutzt werden, auch zur Schonung der natürlichen Ressourcen. Idealerweise kommen sie in Form eines höheren Lebensstandards allen Mitgliedern der Gesellschaft zugute, nicht nur wenigen. Aber gerade, um dies zu erreichen, müssen wir die Arbeitswelt als eine gemeinsame und gemeinsam zu gestaltende Angelegenheit ernst nehmen.

Viele Errungenschaften in Bezug auf die Arbeitswelt wurden über Jahrzehnte hinweg mühsam erkämpft: Standards der Arbeitssicherheit, geregelte Höchstarbeitszeiten, Urlaubsanspruch, betriebliche Mitbestimmung, Rentenansprüche. Es war ein Kampf darum, Arbeit fairer zu gestalten und die Früchte der Arbeit gerechter aufzuteilen. Dieser Kampf muss weitergehen, gerade in Zeiten, in denen große technologische Umbrüche anstehen. Lässt sich das Erkämpfte verteidigen oder geht mit der digitalen Transformation der Kampf um bessere und gerechtere Arbeit verloren? Können wir die neuen Technologien vielleicht sogar nutzen, um das bereits Erreichte weiter auszubauen?

DIE MYTHEN DER VERGANGENHEIT

Wenn große Umbrüche bevorstehen, ist es wichtig, mit nüchternem Blick abzuwägen, was auf dem Spiel steht: um welche Prinzipien und Werte es geht, wessen Interessen betroffen sind, welche Prioritäten gesetzt werden müssen, welche Kompromisse nötig sind. In solchen Phasen ist es besonders problematisch, wenn man unbedacht Annahmen und Vorurteile aus der Vergangenheit auf die Zukunft projiziert. Deswegen ist es von entscheidender Bedeutung, die impliziten Bilder und Modelle der Arbeitswelt, die unser Handeln und oft auch unsere Institutionen prägen, explizit zu machen und kritisch zu hinterfragen. Denn einige davon sind Mythen, die uns gefährlich in die Irre führen können.

Einer der gefährlichsten dieser Mythen ist ein sehr simpler: der nämlich, dass Arbeit eine rein ökonomische Angelegenheit und folglich aus einer rein ökonomischen Perspektive zu beurteilen sei. Man greift viel zu kurz, wenn man Arbeit allein als einen Faktor betrachtet, der zusammen mit Boden, Kapital und Maschinen auf der Zutatenliste für die Produktion von Gütern und Dienstleistungen steht. Leider wurde Arbeit in vielen wirkmächtigen ökonomischen Theorien genauso behandelt: als ein Produktionsfaktor, für dessen Betrachtung es kaum relevant ist, dass er von Menschen bereitgestellt wird – von Menschen mit Hoffnungen und Träumen, die Fertigkeiten entwickeln, Anerkennung finden und ihr Leben gestalten möchten, allein und gemeinsam mit anderen.

Auch viele *Praktiken* der Arbeit wurden anhand derartiger Denkmodelle gestaltet – sie wurden gerade *nicht* als politische, sondern als rein ökonomische Projekte gesehen. Das klassische Beispiel dafür ist das berühmt-berüchtigte tayloristische Modell der Fließbandarbeit, die zu Beginn des 20. Jahrhunderts ihren Siegeszug antrat: Es wurde auf die Sekunde genau ausgemessen, wie lange die Arbeiter für bestimmte Handgriffe brauchten und wie man ihre Körper zu den Maschinen hin positionieren musste, um ihre »Leistung« zu optimieren. Mitdenken war nicht gefragt; alle menschlichen Anliegen wurden rein unter dem Gesichtspunkt der Effizienz betrachtet.

Dass derartige Fließbandarbeit – zumindest in westlichen Ländern – heute kaum noch vorkommt, haben wir auch den technologischen Entwicklungen der letzten Jahrzehnte zu verdanken. Und es besteht das Potenzial, dass noch viel mehr routinehafte, für Menschen langweilige oder sogar gefährliche Arbeit in Zukunft von Maschinen übernommen wird. Es ist ein Irrglaube, dass der Erhalt *aller* Arbeitsplätze in der jetzigen Form oder *aller* Elemente derzeitiger Berufsbilder per se wünschenswert ist. Es hat schon immer zur Natur menschlicher Arbeit gehört, diese in einzelne Schritte zu zerlegen und Gerätschaften aller Art einzusetzen, um sie zu erleichtern.

Um also den Status quo besser zu verstehen, möchte dieses Buch einige der Ideen und Vorstellungen hinterfragen, die die heutige Arbeitswelt und die öffentliche Debatte über sie durchziehen. Befreit von einigen hartnäckigen, aber dennoch falschen Vorurteilen will ich dann konkrete Ansätze für eine gerechte und demokratische Gestaltung der Arbeitswelt herausarbeiten.

Meine Perspektive ist dabei eine philosophische; eine der Kernaufgaben der Philosophie ist es schließlich, in Frage zu stellen, was als selbstverständlich und unvermeidbar betrachtet wird. Eine ihrer Ressourcen ist dabei die Ideengeschichte: Was können wir aus der Geschichte des Denkens lernen über das, was uns bevorsteht? Welche der Behauptungen, die heute zirkulieren, gab es schon in anderen Epochen, und haben sie sich damals bewährt? Woher kommen die Vorstellungen, die wir mit uns herumtragen, und sind sie heute noch angemessen? Um Lösungsvorschläge zu entwickeln, muss die Philosophie jedoch oft in den Dialog mit anderen Disziplinen treten – für das vorliegende Thema ist dabei besonders die Soziologie relevant, aber auch Einsichten aus der Ökonomie und der Politikwissenschaft sind von Bedeutung.

Manche Kommentatoren neigen bei der Analyse von Gegenwartsphänomenen wie der digitalen Transformation dazu, vor allem die negativen Aspekte zu sehen: die Gefahren für die Demokratie, die Risiken für die Menschlichkeit, die Bedrohung von allem, was wahr, schön und gut ist. Angesichts mancher aktueller Entwicklungen fiele es tatsächlich leicht, den Pessimistinnen recht zu geben. Aber damit würde man übersehen, dass in dem Wandel, der sich vollzieht, auch Chancen liegen. Vielleicht wirken einige meiner Vorschläge auf den ersten Blick zu optimistisch. Aber nur, wenn wir über sie diskutieren, besteht die Möglichkeit, dass sie eines Tages verwirklicht werden könnten – wenn positive Vorschläge niemals auf den Tisch kommen, wird es zur selbsterfüllenden Prophezeiung, dass die Veränderungen nur Schlechtes bringen.

Anderen Leserinnen wiederum mag das Bild, das ich entwerfe, nicht visionär genug erscheinen, nicht radikal genug die Grundlagen der heutigen Gesellschaft hinterfragen. Vielleicht ist es eine Frage des politischen Temperaments, ob man lieber die großen Visionen einer besseren, aber fernen Zukunft entwirft oder die pragmatische Auseinandersetzung mit konkreten institutionellen Verbesserungsmöglichkeiten sucht. Das eine schließt aber das andere nicht aus, und wichtig scheint mir in jedem Fall, dass pragmatische Schritte nicht dahingehend missverstanden werden, dass sie zukünftige radikalere Veränderungen ausschließen, erübrigen oder gar verhindern sollen. Im Gegenteil: Je mehr pragmatische Schritte wir gehen, desto mehr lernen wir darüber, welche weiteren Veränderungen hin zu einer gerechteren und freieren Gesellschaft möglich sind. In einem derartigen Prozess können sich Institutionen, Praktiken und Werte nach und nach gemeinsam wandeln – während allzu viele Versuche, institutionellen Wandel brachial voranzutreiben, obwohl die Werte und die Kultur sich noch nicht geändert hatten, entweder im kleinlauten Einräumen des Versagens oder in tragischen Konflikten endeten.

Meine Vorschläge sind also eher »evolutionär« als »revolutionär« – aber verbunden mit der Hoffnung, dass aus der Summe evolutionärer Schritte ein Wandel entstehen kann, der letztlich revolutionär ist und der statt einer Dystopie die allmähliche Annäherung an Verhältnisse, die wir derzeit noch als utopisch beschreiben würden, bringen kann. Die Konturen dieses Wandels können sich im Laufe der Veränderungen herausbilden, in einem gemeinsamen Prozess des Lernens, aber auch des Durchstehens von Konflikten und des Aushandelns von Kompromissen, durch die wir besser verstehen, was es heißt, abstrakte Werte wie Gerechtigkeit und Partizipation unter den Bedingungen der digitalen Arbeitswelt zu verwirklichen. Dies scheint mir nicht nur das strategisch sinnvollere Vorgehen, sondern auch das demokratischere: Es setzt auf einen Wandel, bei dem so viele Menschen wie möglich ihre Erkenntnisse und Erfahrungen einbringen können und dazu beitragen, dass Veränderungen zum Besseren gelingen.

Im folgenden Kapitel geht es um einen Mythos, der besonders stark von einem fehlgeleiteten Individualismus geprägt ist: den Mythos von den »Entrepreneurs« des digitalen Zeitalters. Sie werden bewundert, sie erhalten eine öffentliche Bühne, sie haben das Ohr von Staatenlenkern – aber ist dies gerechtfertigt? Eine der großen Herausforderungen der Gegenwart ist, die soziale Seite menschlicher Arbeitsprozesse – und auch der digitalen Transformation – nicht länger auszublenden. Technische Entwicklungen bauen auf historischen Leistungen auf und werden durch die Beiträge vieler einzelner Individuen ermöglicht. Der soziale Charakter menschlicher Arbeit wird oft übersehen, weil sie entweder rein ökonomisch als Mittel des Einkommenserwerbs oder ausschließlich als eine Form der individuellen Selbstverwirklichung betrachtet wird. Durch die Digitalisierung verändern sich die sozialen Strukturen der Arbeit, und dem Potenzial nach können dabei viele negative Aspekte der Arbeitsteilung überwunden werden: Gerade die Arbeitsschritte, die so routinehaft sind, dass sie unmenschlich erscheinen, können am einfachsten von Robotern übernommen werden. Anstatt einzelne Entrepreneurs als Helden zu verehren, müssen wir diese komplexen sozialen Systeme in den Blick nehmen. Und weil diese Systeme anfällig für Sabotage und Missbrauch sind, gibt es eine andere Kategorie von Helden, die wir tatsächlich feiern sollten: Whistleblower, die derartige Missstände aufdecken.

Im dritten Kapitel geht es um einen weiteren Irrglauben, der in mehreren Varianten daherkommt: um den, dass die Dinge sich »spontan«, also ohne menschliches Eingreifen, regeln könnten oder regeln sollten. Viele Diskussionen über die Digitalisierung ähneln dabei auf irritierende Weise den Fantasien über die Selbststeuerung freier Märkte, aus denen die Finanzkrise von 2008 ein böses Erwachen brachte. In der optimistischen Variante besagt dieser Irrglaube, dass wir nichts tun *müssten* – alles würde sich von selbst zum Besten wenden. In der pessimistischen Variante besagt er, dass wir nichts tun *könnten* – weil sowieso alles den Bach hinuntergehe. Aber anstatt auf irgendwelche »unsichtbaren Hände« zu setzen, sollten wir mit einer gesunden Dosis Realismus danach fragen, auf welchen Ebenen Gestaltung möglich ist und welche »sichtbaren Hände« die Veränderungsprozesse steuern: Politiker in Parlamenten, die das Rahmenwerk von Märkten gestalten, aber auch Entscheidungsträger innerhalb von Unternehmen.

Wie unsere Systeme geteilter Arbeit organisiert sind, hat auch massiven Einfluss darauf, welche Individuen welchen Formen der Kontrolle unterliegen und wer welche materiellen und immateriellen Vorteile genießt. Die daraus erwachsenden Schieflagen sind Thema des vierten Kapitels. Denn obwohl oft davon die Rede ist, dass eine Marktwirtschaft von allen Individuen eingefordert wird, dass sie Verantwortung für ihr Handeln übernehmen, scheint diese Regel nicht für jedermann gleichermaßen zu gelten – gerade an der Spitze von großen Unternehmen scheint sie oft außer Kraft gesetzt zu sein. Wenn die derzeit sichtbaren Trends unter den Bedingungen der digitalen Transformation fortgeschrieben werden, könnte das tatsächlich ziemlich dystopisch aussehen: diejenigen, die sich »unten«

im System befinden, werden auf Schritt und Tritt digital kontrolliert, während »oben« im System kaum Rechenschaft eingefordert wird. Doch so weit muss es nicht kommen – wenn die rechtlichen Regeln und auch die Sozialversicherungssysteme an die heutige Zeit angepasst werden. Dabei geht es nicht nur um die Verteilung von Geld, sondern auch um die Verteilung von Macht; dieser Punkt übrigens wird bei der Forderung nach einem bedingungslosen Grundeinkommen, die von linken Politikerinnen und von Chefs aus dem Silicon Valley gleichermaßen erhoben wird, oft übersehen. Wir brauchen gleiche Spielregeln für alle, sowohl in Bezug auf die Verantwortungsübernahme im Beruf als auch in Bezug auf die Absicherung gegen Risiken.

Im fünften Kapitel geht es um ein Thema, bei dem historisch gewachsene Bilder und Vorurteile besonders prägend sind: die Frage, wie hierarchisch die Arbeitswelt organisiert sein muss. Angesichts von rapide sinkenden Kosten der Kommunikation und neuen Möglichkeiten digitaler Koordination sollten wir diese angebliche Notwendigkeit hinterfragen. Die Digitalisierung kann dem alten Projekt der Demokratisierung der Wirtschaftswelt neuen Schub geben – zum Beispiel durch den Einsatz digitaler *mini publics* und kostengünstiger Online-Abstimmungsmethoden. Hier sind Experimente mit neuen Organisationsformen gefragt, etwa mit genossenschaftlichen Modellen, die nicht allein der Effizienz, sondern auch der Qualität der Arbeit verpflichtet sind.

Im abschließenden Kapitel komme ich zurück zur Hauptthese des Buches: zum sozialen Charakter von Arbeit – diesmal nicht auf das einzelne Individuum, sondern auf den sozialen Zusammenhalt insgesamt bezogen. Unsere arbeitsteiligen Systeme werden eine immer stärkere Symbiose mit digitalen Systemen eingehen – aber werden sie dabei auch die *soziale* Integration gewährleisten? Gerade die Arbeitswelt kann uns mit Menschen zusammenbringen, denen wir sonst nie begegnen würden, die eine andere Herkunft, andere Vorstellungen, andere Werte haben. Dieser Vielfalt zu begegnen ist für die Einzelnen bereichernd und für den sozialen Kitt einer Gesellschaft unerlässlich. Auch in der digitalen Arbeitswelt der Zukunft dürfen die Gelegenheiten dazu nicht verlorengehen.

2.
EINSAME HELDEN ODER GEMEINSAME LEISTUNG? DER SOZIALE CHARAKTER GETEILTER ARBEIT

Jede Zeit hat ihre Helden, auch unsere Zeit des digitalen Umbruchs. Zu den bekanntesten und gefeiertsten Menschen der globalen Welt zählen die Gründer und Führungspersonen jener Firmen, ohne die wir uns unser Leben kaum noch vorstellen können, Firmen wie Google, Facebook oder Amazon. Facebook sei zum Schöpfungsmythos des Informationszeitalters geworden, schrieben zwei Kommentatoren neulich. Vor allem in den USA werden Unternehmer wie Larry Page und Sergey Brin, Mark Zuckerberg und Jeff Bezos als Genies gefeiert, die die »kreative Zerstörung« des Wettbewerbs vorantreiben. Sie gehören zu den reichsten Männern des Planeten; wenn sie Reden halten, lauscht die Welt. Vor dem Cambridge-Analytica-Skandal gab es sogar Spekulationen darüber, dass Zuckerberg 2020 bei den amerikanischen Präsidentschaftswahlen antreten könnte. Auch (und gerade), wenn diese Gerüchte falsch gewesen sein sollten, sagen sie viel über die öffentliche Wahrnehmung dieser Personen aus.

Whistleblower wie Edward Snowden oder Chelsea Manning sind für etwas völlig anderes berühmt: Sie haben keine Online-Imperien aufgebaut, sondern Informationen über problematische Praktiken aus dem dunklen Inneren großer Organisationen ans Licht der Öffentlichkeit gebracht. Im Falle

Snowdens war es die massive Online-Überwachung durch die US-amerikanische National Security Agency (NSA), im Fall Mannings unter anderem die Tötung unbewaffneter Personen durch die US-Armee. Beide Fälle waren extrem umstritten, beide Whistleblower haben einen hohen Preis bezahlt: Snowden lebt im Moskauer Exil, ohne Aussicht auf Rückkehr; Manning war für mehrere Jahre inhaftiert, ehe sie von Präsident Obama in einer seiner letzten Amtshandlungen begnadigt wurde.

Digitale Unternehmer einerseits und Whistleblower andererseits stehen sinnbildlich für viele der Veränderungen, die wir im Moment erleben. Da sind zum einen die großen Online-Firmen, die immer mächtiger werden. »Googeln« ist zu einem Verb geworden, das einen festen Platz in unserer Alltagssprache hat; das Checken von Neuigkeiten auf Facebook ist Bestandteil unserer Routinen; Amazon macht dem Einzelhandel zu schaffen – und wegen schlechter Arbeitsbedingungen in seinen Logistikzentren von sich reden. Und da gibt es zum anderen neue Erwartungen an Transparenz und, dank der Möglichkeiten digitaler Datenkopien, auch neue Gelegenheiten, Informationen weiterzugeben. Es kann viel leichter offengelegt werden, was innerhalb von arbeitsteiligen Organisationen alles schiefgehen kann.

Um die Gegenwart und die möglichen Zukünfte der Arbeitswelt zu verstehen, ist es wichtig, sich klarzumachen, ob derartige Urteile über das Heldentum der einen oder anderen Gruppe gerechtfertigt sind. Dabei geht es nicht nur um die Frage, welche Vorbilder wir hochhalten und welche Werte wir damit vermitteln. Es geht auch darum, dass hinter bestimmten Vorstellungen davon, was als bewunderungswürdige Leistung gilt, Annahmen darüber stecken, wie die moderne Arbeitswelt eigentlich funktioniert. Denn wenn wir für die Arbeitswelt der

Zukunft die richtigen Weichen stellen möchten, müssen wir die Arbeitswelt der *Gegenwart* richtig verstehen.

In diesem Kapitel möchte ich zeigen, welche Annahmen das jeweils sind – und warum Whistleblower mit viel größerer Berechtigung als Helden verstanden werden können als Firmengründer. Der Kult um die schöpferischen Genies, denen wir es zu verdanken hätten, dass die Welt sich weiterentwickelt, ist ein Mythos, der viel mit einem falschen Bild davon zu tun hat, wie Menschen Wert schaffen. Menschen sind soziale Tiere, und das gilt auch dafür, wie sie arbeiten, nämlich in arbeitsteiligen Strukturen, in denen hochkomplexe Aufgaben gemeinsam bewältigt werden. Wenn in Zukunft diese Strukturen noch stärker digital gesteuert und vernetzt werden, muss ihr sozialer Charakter trotzdem weiterhin ernst genommen werden. Aber weil derartige arbeitsteilige Strukturen für Außenseiter schwer durchschaubar sind, besteht immer die Gefahr, dass in ihrem Inneren nicht das stattfindet, was nach außen vertreten wird. Whistleblower, die fehlgeleitete Entwicklungen publik machen, sind dringend nötig, um solche komplexen Systeme moralisch auf Kurs zu halten.

DER MYTHOS VOM SCHÖPFERISCHEN GENIE

Es gibt ein Bild von der Wirtschaftswelt, das erklärt, warum Unternehmensgründer als Helden gefeiert werden. Diesem Bild zufolge gibt es so etwas wie einen Normalzustand der Wirtschaft, in dem alles in glanzloser Mittelmäßigkeit vor sich hin läuft. Die Massen der arbeitenden Menschen sind gefangen in Routinen, das System befindet sich tendenziell auf einem Abwärtspfad hin zu mehr Schludrigkeit und weniger Effizienz. Dann aber geht die Sonne auf – und aus dem Nichts (oder zeitgemäßer: aus einer kalifornischen Garage) erscheint ein Genie. Es ist jung, männlich, hat einen sportlichen Gang und einen kühnen Blick, mit einer Portion »Nerd« daruntergemischt. Das Genie hat *per definitionem* eine geniale Idee, und es setzt alles daran, sie Realität werden zu lassen. Gegen alle Wahrscheinlichkeiten, gegen alle Widerstände, gegen alle Trägheiten des Systems bringt es das Neue in die Welt.

Wenn dieses Bild wahr wäre, müssten wir alle den Genies dankbar sein. Ohne sie, so die Vorstellung, würden wir alle im Sumpf des Ewig-Gleichen versinken. Sie halten die Gesellschaft in Bewegung, sie sind »disruptiv«, und das mag zwar kurzfristig etwas weh tun, langfristig aber bringt es uns voran (dass es langfristig bergauf geht, ist ebenfalls Teil dieses Bildes). Dass unterdessen riesige Summen auf den Bankkonten der Genies landen, ist berechtigt, schließlich leisten sie Außergewöhnliches. Wer das bezweifelt, dem wird vorgeworfen, eine »Neiddebatte« vom Zaun zu brechen und von der Missgunst der Mittelmäßigen, die die Besonderheit der Genies nicht anerkennen wollen, besessen zu sein.

Das Bild des Unternehmergenies wird selten explizit heraufbeschworen, doch es scheint immer wieder auf, vor allem wenn es um digitale Umwälzungen geht. Start-ups werden gepriesen, als wären alle, die in bestehenden Firmen arbeiten, schon allein deshalb Versager. »Disruption« wird über »Evolution« gestellt und alles, was nach gradueller Veränderung aussieht, als zu träge verurteilt. Wem der Genie-Status zugesprochen wird, für den gelten andere Regeln – dass zum Beispiel bei Facebook in den Anfangsjahren der Slogan »Move fast and break things« galt, wurde nicht als rücksichtslos kritisiert, sondern galt als nachahmenswert.

Abgewertet werden dagegen alle möglichen Formen der Arbeit, die nicht mit »Disruption«, sondern mit dem Aufrechterhalten bestehender Abläufe zu tun haben – die Arbeiten zum Beispiel, die nötig sind, damit die Genies überhaupt an ihren Projekten tüfteln können, vom Transport von Lebensmitteln über das Reparieren von Schlaglöchern bis hin zur Wahrung der öffentlichen Ordnung durch Polizei und Behörden. Abgewertet werden auch alle Tätigkeiten, die mit der Pflege von jungen, alten oder kranken Menschen zu tun haben; all dies wirkt blass und farblos gegenüber dem Glitzern der Genies. Und nur am Rande bemerkt: ein Schelm, wer sich jetzt Fragen nach männlichen und weiblichen Rollenbildern stellt.

Nun soll hier gar nicht in Abrede gestellt werden, dass es Individuen gibt, die eine entscheidende Rolle dabei spielen, dass wissenschaftliche Erkenntnisse in neue technische Produkte verwandelt werden. Sie benötigen dafür sowohl ein Verständnis der technologischen Möglichkeiten als auch ein Gespür dafür, welche Bedürfnisse damit befriedigt oder überhaupt erst geweckt werden könnten. Sie finden die geeignete unternehmerische Form dafür, dass ein Massenmarkt erreicht werden kann. Dazu ist eine Kombination aus Fähigkeiten und Talenten nötig, die nicht jeder hat.

Erste Zweifel am Bild von den einsamen Genies entstehen jedoch, wenn man sich seine ideengeschichtlichen Hintergründe in Erinnerung ruft. Einer der wichtigsten Vordenker dieser Vorstellung war Joseph Alois Schumpeter (1883–1950), ein aus Österreich stammender Wirtschaftswissenschaftler und Politiker, der in der ersten Hälfte des 20. Jahrhunderts maßgeblich an der Begründung der sogenannten »österreichischen Schule« der Ökonomie beteiligt war. Diese Schule betont besonders die dynamischen Eigenschaften kapitalistischer Systeme. Während andere Ökonominnen danach fragten, wie

Märkte ein *Gleichgewicht* zwischen Angebot und Nachfrage schaffen konnten, interessierte sich Schumpeter dafür, wie *Ungleichgewichte* entstehen konnten: konjunkturelle Zyklen, technologische Umbrüche oder Neuerungen in den Organisationsformen des Wirtschaftslebens.

Der bis heute bekannteste Begriff Schumpeters ist die »kreative Zerstörung«. Die Idee ist älter und taucht zum Beispiel schon 1848 im *Kommunistischen Manifest* von Karl Marx und Friedrich Engels auf. Aber erst Schumpeter popularisierte sie unter diesem einprägsamen Label. Die Helden der »kreativen Zerstörung« sind nicht die wissenschaftlichen Erfinder, sondern diejenigen, die Innovationen im Markt durchsetzen – sie sind »kreativ«, weil sie etwas Neues schaffen und die Welt verändern, aber auch »zerstörerisch«, weil alteingesessene Firmen von der neuen Konkurrenz hinweggefegt und die Spielregeln der Märkte neu geschrieben werden. Oder in den Worten von Marx und Engels: »Alle festen eingerosteten Verhältnisse mit ihrem Gefolge von altehrwürdigen Vorstellungen und Anschauungen werden aufgelöst … Alles Ständische und Stehende verdampft …«

Bei Marx und Engels bleiben die Akteure dieser dynamischen Veränderungsprozesse namen- und gesichtslos; ihr Fokus liegt auf den systemischen Prozessen der Konkurrenz und der Kapitalbildung. Bei Schumpeter dagegen steht hinter der Rede von der »kreativen Zerstörung« ein ziemlich krudes Menschenbild, dem zufolge der passiven, trägen Masse einige wenige »große« Menschen gegenüberstehen, denen es gegeben ist, aus ihr herauszutreten. Während die Mehrzahl der Menschen sich damit zufriedengibt, ein ruhiges Leben zu führen, ist der »Unternehmer« angetrieben von einem rastlosen Ehrgeiz, der ihn dazu bringt, Neues in die Welt zu bringen, ungebremst von gesellschaftlichen Konventionen oder Rücksichten.

Ein derartiges Menschenbild war in den ersten Jahrzehnten des 20. Jahrhunderts nicht ungewöhnlich. Die Sehnsucht nach »großen Männern« war gerade in den chaotischen Jahren der Weimarer Republik weit verbreitet. Auch bei Max Weber (1864–1920), einem der Gründerväter der Soziologie, findet sich die Vorstellung vom »charismatischen« Herrscher, der die Massen für sich einnimmt. Die Gefahren, die derartige Formen der Führung mit sich bringen, zeigten die folgenden Jahrzehnte auf die denkbar deutlichste Weise auf. Schumpeters »Unternehmer« ist nicht im politischen, sondern im wirtschaftlichen Bereich aktiv. Aber als Typus besitzt er eine irritierende Ähnlichkeit mit den Vorstellungen von »Führern« und »großen Männern«, die damals zirkulierten.

Nun mag man einwenden, dass es gerade im digitalen Zeitalter gar nicht so sehr auf Führungsstärke ankomme und die Bewunderung für die Gründer digitaler Imperien auf ganz anderen Dingen beruhe: auf Ideenreichtum, Innovationsgeist, Erfindungskraft. Und diese Fähigkeiten nötigen uns in der Tat Respekt ab. Wer sie dazu nutzt, gesellschaftlich wertvolle Neuerungen in die Welt zu bringen, sollte auch das Recht haben, sich selbst ein großes Stück vom Kuchen abzuschneiden – oder etwa nicht?

Dieses Argument hat eine gewisse Berechtigung. Aber haben Sie sich schon einmal gefragt, wer beispielsweise »der Erfinder« des Internets ist? Genannt wird manchmal der Brite Tim Berners-Lee, der wesentliche Bausteine wie die html-Sprache für Webseiten entwickelte. Allerdings: Berners-Lee hat damit kein Geld verdient, er arbeitete während dieser Zeit am europäischen Forschungslabor CERN in der Schweiz, nicht für eine private – oder gar eigene – Firma. Obwohl er zahlreiche Preise erhalten hat, ist er vor allem Experten bekannt.

Vor allem aber: Auch Berners-Lee arbeitete nicht alleine.

Seine Entwicklungen betteten sich in einen viel größeren, arbeitsteiligen Zusammenhang ein, in dem eine Vielzahl von Menschen daran mitarbeitete, die Vernetzung von Computern hin zu dem, was wir heute das Internet nennen, zu ermöglichen. Und diese Konstellation ist keineswegs eine Besonderheit des Internets, sie ist vielmehr typisch dafür, wie Innovationen entstehen.

Menschliches Wissen entsteht in sozialen Zusammenhängen, nicht durch die einsame Tätigkeit isoliert arbeitender Genies. Das zeigen Untersuchungen aus der Geschichte von Wissenschaft und Technik. Menschliches Wissen baut auf dem Wissen auf, das in der Vergangenheit erworben wurde. Kein Internet ohne Elektrizität, keine Verwendung von Elektrizität ohne die dafür grundlegenden physikalischen Erkenntnisse, die über Jahrhunderte reiften und die ein gemeinsames Erbe der Menschheit sind. Man kann sich deshalb durchaus die Frage stellen, ob neue Erfindungen und die mit ihnen erzielbaren Gewinne nicht in viel höherem Maß direkt der Gesellschaft zufließen sollten, anstatt von einzelnen Individuen oder Firmen abgeschöpft zu werden – schließlich bauen sie in hohem Maß auf diesem gemeinsamen Erbe auf.

Obwohl die Lernprozesse der Menschheit im Grunde schon mit der Zähmung des Feuers und anderen frühen Durchbrüchen begannen, gelang es besonders seit circa 250 Jahren, durch die Anwendung naturwissenschaftlicher Erkenntnisse auf praktische technische Probleme enorme Fortschritte zu erzielen. In der Epoche der Aufklärung entstand ein Bewusstsein dafür, dass theoretisches Wissen nutzbar gemacht und für die Verbesserung der Welt eingesetzt werden kann. Nach Ansicht des Wirtschaftshistorikers Joel Mokyr war dabei entscheidend, dass *theoretisches* Wissen über zugrundeliegende Phänomene und *praktisches* Wissen über konkrete Mechanismen in ein produktives Wechselverhältnis gebracht wurden. Theoretisches, naturwissenschaftliches Wissen brachte ein Verständnis dessen, *warum* bestimmte Dinge funktionierten. Das machte es den Praktikern möglich, schneller und systematischer konkrete Verbesserungen einzuführen, während umgekehrt praktische Erfahrungen Hinweise für theoretische Weiterentwicklungen des Wissens brachten. In den Jahrhunderten vor der Aufklärung hatten zwar zahlreiche einzelne Erkenntnisse und technische Innovationen vorgelegen, aber deren Verständnis war weitgehend punktuell geblieben, ohne dass ein dichtes Netz einander stützender Wissensformen entstanden wäre. Seit der frühen Neuzeit wurde Wissen stärker geteilt, weil es durch Veröffentlichungen und durch die Vermittlung in zahlreichen Universitäten und Gelehrten-Vereinigungen weitergegeben wurde. Es ist also ganz maßgeblich die *soziale Organisation* von Wissen, die es Einzelnen erlaubt, Neues zu entwickeln.

Dieses Bild wird auch dadurch bestätigt, dass viele wichtige wissenschaftliche oder technische Durchbrüche parallel von mehreren Forschern erzielt wurden. Wissenschaftliches Arbeiten läuft oft jahre- oder jahrzehntelang ruhig vor sich hin, bis es an die Grenze zu einem neuen Durchbruch stößt. Es sind kumulative Prozesse, die schließlich an den Punkt führen, an dem etwas Neues erreicht werden kann – und eine der beteiligten Personen erreicht es dann. Zum Beispiel entwickelte parallel zu und teilweise gemeinsam mit Charles Darwin dessen Landsmann Alfred Russel Wallace wesentliche Elemente der Evolutionstheorie. Wissenschaftliche oder technische Innovationen sind oft das Ergebnis einer Kombination bestehender und neuer Elemente. Irgendjemand muss diese Kombination herstellen, keine Frage – aber wenn Person A es nicht tut, dann tut es mit großer Wahrscheinlichkeit Person B. Und vielleicht gelingt einer Person C derselbe Durchbruch, aber sie lebt fernab wissenschaftlicher Zentren, verfügt über weniger materielle Mittel oder hat keine einflussreichen Förderer, so dass sie ihre Einsichten nicht weiterverfolgen kann.

Die geschichtliche Erinnerung allerdings konzentriert sich auf einzelne herausragende Individuen: Charles Darwin kennt heute jedes Schulkind, während die wenigsten von Wallace gehört haben. So entsteht ein verzerrtes Bild der Geschichte technischer Innovationen, in dem geniale Köpfe wie Berggipfel aus einem Nebelmeer ragen. Wer diesem Geschichtsbild anhängt, für den liegt es nahe, dass es unsere vorrangige Aufgabe ist, den nächsten Thomas Alva Edison (einer von mehreren Erfindern der Glühbirne, der aber vor allem ein guter Unternehmer war und damit seinen Nachruhm sicherte) oder James Watt (der die Dampfmaschine wesentlich weiterentwickelte, wenn auch stark auf den Vorarbeiten anderer aufbauend) zu finden. Wer allerdings genauer hinsieht, der bemerkt, in welch hohem Maß diese Innovation auf den Leistungen vieler anderer beruht – und es gibt keinen Grund anzunehmen, dass dies heute anders wäre.

Im digitalen Bereich kommt ein weiterer Faktor hinzu. Viele der dort stattfindenden Weiterentwicklungen haben Skaleneffekte, das heißt, es entstehen Vorteile, wenn sie von möglichst vielen Menschen genutzt werden. Dieses Phänomen kann man auch in anderen Bereichen beobachten, aber in der digitalen Welt ist es besonders wirkmächtig. Eine Software, die einmal geschrieben wurde, kann quasi ohne Mehrkosten von anderen genutzt werden (und muss genau deswegen streng geheim gehalten oder durch Patente geschützt werden, wenn man mit ihr Gewinne erzielen will!). Ein soziales Netzwerk lebt davon, dass es möglichst viele Nutzerinnen hat, und je größer die von ihnen eingespeiste Datenmenge ist, desto besser kann das Angebot auf ihre Interessen und Wünsche zugeschnitten werden. Die algorithmischen Programme sogenannter künstlicher Intelligenzen können ebenfalls umso schneller lernen, ihre Aufgaben zu erfüllen, je größer die Datenmenge ist, auf die sie zurückgreifen.

Solche Effekte führen oft dazu, dass diejenigen, die vielleicht nur mit einem winzigen Vorsprung gegenüber der Konkurrenz starten, am Ende den gesamten Markt beherrschen – und sind sie einmal groß und etabliert, ist es für neue Player extrem schwierig, mit ihnen mitzuhalten. Mit der normalen Marktkonkurrenz zwischen einer Vielzahl von Anbietern hat das wenig zu tun. Immer wieder wird diskutiert, inwiefern die bloße *Möglichkeit*, dass ein Angreifer den Markt betritt, die existierenden Firmen in Schach hält. Aber bei ausgeprägten Skaleneffekten, zum Beispiel bei sozialen Netzwerken, scheint das nicht der Fall zu sein – zumindest nicht, wenn man den Platzhirschen erlaubt, junge Unternehmen, die ihnen als Konkurrenten gefährlich werden könnten, einfach aufzukaufen. Das aber ist eine Frage der Gestaltung der Rahmenbedingungen, in denen digitale Unternehmen operieren, auf die ich im nächsten Kapitel noch zurückkommen werde.

Fasst man diese Überlegungen zusammen, dann relativiert sich das Bild vom Heldentum derjenigen, die heute an der Spitze großer Internetfirmen stehen. Es mag ketzerisch klingen – aber hätten diese Personen nicht existiert oder beschlossen, ihr Leben anderen Dingen zu widmen, dann hätten mit hoher Wahrscheinlichkeit andere Akteure die Chancen genutzt, die sich aus der Konstellation von technischem Entwicklungsstand und Marktsituation ergaben. Auf die Idee zum Beispiel, die gedruckten *facebooks*, die viele amerikanische Universitäten ihren Erstsemestern zur Orientierung anboten, digital anzubieten und mit Vernetzungsmöglichkeiten zu versehen, wäre über kurz oder lang irgendjemand gekommen, auch wenn Mark Zuckerberg es nicht getan hätte.

Dabei muss man die Leistungen dieser Individuen gar nicht kleinreden. Der Punkt ist aber: Diese Leistungen – ihre Fähigkeit, Gewinnmöglichkeiten auszunutzen, die Gunst der Stunde zu nutzen, Leute für ihre Ideen zu begeistern – können sie überhaupt nur entfalten, weil sie Teil eines viel größeren, komplexeren Systems sind, in dem sehr viele *andere* Menschen *andere* Formen von Leistung erbringen. Kein *leader* ohne *followers*, kein Chef ohne Angestellte (und übrigens in der Regel auch kein Unternehmensgründer und keine Chefin ohne Frau oder Mann, die ihnen privat den Rücken frei halten und sie unterstützen). Entscheidend für die Art und Weise, wie menschliche Arbeit heute funktioniert, ist gerade das Zusammenwirken unterschiedlicher Akteure – deshalb ist die übermäßige Glorifizierung Einzelner unangemessen.

GETEILTE ARBEIT, GEMEINSAME LEISTUNG

Menschen sind soziale Wesen, und diese Tatsache bezieht sich auch darauf, wie wir arbeiten. Es mag auf den ersten Blick paradox erscheinen, aber der Ausdruck dieser Sozialität ist es gerade, die Arbeit aufzuteilen – also Arbeitsteilung zu praktizieren. Wären Menschen keine sozialen Wesen, müssten sie alle Arbeitsschritte, die notwendig sind, um ihr Überleben zu sichern, selbst übernehmen. Denn wie kann man sich darauf verlassen, dass die gegenseitigen Abhängigkeiten, die Arbeitsteilung mit sich bringt, nicht von anderen ausgenutzt werden? Nur in Gemeinschaften oder Gesellschaften, in denen man von einem friedlichen, kooperativen Zusammenleben ausgehen kann, lässt sich das Wagnis der Arbeitsteilung eingehen.

Auch Bienen und einige andere Tierarten praktizieren Arbeitsteilung, aber bei keiner Gattung ist sie so ausgeprägt wie beim Menschen. Wir stellen nur einen winzigen Teil dessen, was wir zum Überleben benötigen, selbst her, und wenn, dann oft mit Geräten und Hilfsmitteln, die wir wiederum nicht selbst erzeugt haben. Ein Leben ohne Arbeitsteilung können wir uns kaum noch vorstellen – viel zu groß wären die Abstriche an Komfort und Lebensqualität, viel zu weit weg sind die Zeiten, in denen elementare Techniken wie zum Beispiel das Entzünden eines Feuers ohne Streichhölzer oder Feuerzeug kulturelle Selbstverständlichkeiten waren. Es ist faszinierend, wie differenziert die heutige Arbeitswelt ist, wie viele Berufe man ausüben, auf wie viele Tätigkeiten man sich spezialisieren kann.

Dass es Vorteile hat, Arbeit aufzuteilen, liegt auf der Hand. Schon Adam Smith (1723–1790), der Gründervater der Ökonomie, beobachtete drei Mechanismen, die dazu beitragen, dass durch die Aufteilung von Arbeit das Ergebnis mehr ist als die Summe seiner Teile. Da ist erstens die Tatsache, dass jemand, der sich auf einen bestimmten Arbeitsschritt spezialisiert, darin besser wird. Man wird schneller, merkt sich die Handgriffe und benötigt weniger Aufmerksamkeit dafür, sie zu erledigen, weil das Gehirn auf eingespielte Routinen zurückgreifen kann, die man regelrecht körperlich verinnerlicht.

Zweitens verliert jemand, der sich auf eine Aufgabe konzentriert, keine Zeit beim Wechseln zwischen verschiedenen Tätigkeiten. Und drittens lassen sich für Tätigkeiten, die in einzelne, spezialisierte Schritte zerlegt werden, besser Maschinen entwickeln, weil man sie genauer versteht und sich genau überlegen kann, wie eine Maschine aussehen müsste, die einem diese Schritte abnimmt. Smith' Beispiel ist das eines Arbeiterjungen, der an einer Dampfmaschine ein Ventil bedienen musste, aber lieber mit den anderen Kindern spielen wollte – er stellte fest, dass seine Arbeitskraft durch eine Schnur ersetzt werden konnte, die er zwischen dem Griff seines Ventils und einem anderen beweglichen Teil der Maschine aufspannte, so dass sich das Ventil automatisch im richtigen Rhythmus öffnete und schloss. Das mutet in Zeiten vollautomatischer Fertigungsroboter primitiv an, aber es erinnert daran, dass auch diese Fertigungsroboter auf dem grundlegenden Prinzip beruhen, dass komplexe Arbeitsprozesse zunächst in eine Vielzahl von Einzelschritten zerlegt werden, bevor die Maschinen sie wieder zusammensetzen.

Das Beispiel, das im 18. Jahrhundert verwendet wurde, um die Macht der Arbeitsteilung zu veranschaulichen, war das der Stecknadelproduktion: Ein einzelner Arbeiter, ohne Erfahrung und ohne spezialisierte Werkzeuge, könnte selbst mit der größten Anstrengung höchstens ein paar Dutzend Stecknadeln am Tag herstellen. In einer kleinen Fabrik dagegen, in der zehn Leute sich die Arbeit aufteilen, können 48 000 Stecknadeln oder mehr am Tag hergestellt werden, also 4800 oder mehr pro Person. Die Arbeitsteilung war einer der zentralen Faktoren für das Wachstum des materiellen Wohlstands in der westlichen Welt, das zu Zeiten Smith' schon eingesetzt und sich seitdem ungeheuer beschleunigt hat. Smith fügte am Beginn seines Buches *Der Wohlstand der Nationen* eine Betrachtung darüber ein, wie viele verschiedene spezialisierte Tätigkeiten von Menschen in unterschiedlichen Berufen dafür nötig waren, die Gegenstände zu produzieren, die sich in der Hütte eines Arbeiters fanden und seinen bescheidenen Wohlstand ausmachten: In einem einfachen Wollmantel steckte die Arbeit von Hirten, Färbern, Buchhaltern, Schneidern, für den

Transport die Arbeit von Seeleuten, Seilmachern und anderen, und weil für den Schiffsbau auch Nägel gebraucht wurden, außerdem die Arbeit von Bergleuten, Köhlern, Schmieden etc.

Wenn man die gleiche Betrachtung heute in Bezug auf die Gegenstände in einem durchschnittlichen Haushalt anstellt, stößt man auf ein noch viel größeres, noch stärker ausdifferenziertes Netz weltweiter geteilter Arbeit, an dem unzählige Einzelpersonen beteiligt sind. In diesem Netz werden zahlreiche Erkenntnisse und Erfahrungen aus der Vergangenheit genutzt – das betrifft wissenschaftliches Wissen und technische Expertise, aber auch Organisationsformen und Praktiken der Zusammenarbeit, die zudem ständig angepasst und weiterentwickelt werden.

Außerdem hilft dieses Netz uns, Unterschiede, zum Beispiel geographische Besonderheiten, zu nutzen. Die Bewohnerinnen unterschiedlicher Regionen können sich auf ihre jeweiligen Stärken konzentrieren, anstatt selbst alles herstellen zu müssen, was sie benötigen. Ebenso ist es auf der Ebene der Individuen: Auch sie können ihre jeweiligen Talente, Fähigkeiten und Interessen einbringen. Dabei gibt es nicht nur Arbeitsteilung im engen wirtschaftlichen Sinn, sondern auch Arbeitsteilung zwischen verschiedenen gesellschaftlichen Bereichen: neben dem wirtschaftlichen Bereich auch den politischen, den wissenschaftlichen, den sozialen, den künstlerischen und so weiter. Erst deren Zusammenwirken macht die Leistungsfähigkeit heutiger Gesellschaften aus.

Aus historischer wie globaler Perspektive betrachtet, ist es ein unglaubliches Privileg, Mitglied eines gut funktionierenden Systems hochentwickelter Arbeitsteilung zu sein. Das wird vor allem klar, wenn man sich Situationen vor Augen führt, in denen die staatliche Ordnung und die wirtschaftliche Arbeitsteilung zusammengebrochen sind. In funktionierenden Systemen der Arbeitsteilung kann man mit überschaubarem Aufwand ein materiell gesichertes Leben führen: Man kann durch Ausbildung oder Studium erlernen, was in der Vergangenheit an Wissen und Kenntnissen im jeweiligen Fach erarbeitet wurde, und sich anschließend einklinken in einen Zusammenhang, in dem die eigene, spezialisierte Tätigkeit Wert schafft und Wertschätzung erfährt. Wenn schnelle Veränderungsprozesse das System ergreifen, muss man sich im Lauf seines Lebens vielleicht einmal oder mehrmals umorientieren, doch das ist kein Ding der Unmöglichkeit. Wer dagegen in einem *failed state* oder in einem von Krieg oder Bürgerkrieg verwüsteten Land aufwächst, kann sich noch so sehr anstrengen und sich noch so sehr um eine gute Ausbildung bemühen – in einer derartigen Situation kann man die eigene Leistung nicht in ein funktionierendes System der Arbeitsteilung einbringen und ist oft darauf zurückgeworfen, irgendwie das Nötigste für das eigene Überleben zu sichern.

Der Zugewinn an Möglichkeiten durch gesellschaftliche Arbeitsteilung beschränkt sich nicht auf das Materielle, er betrifft auch unterschiedliche Tätigkeiten, Interessensgebiete und Arbeitsstile. Das menschliche Leben ist zu kurz, um in allen Sphären zu brillieren; jeder von uns kann nur in einigen wenigen Bereichen wirkliche Expertise entwickeln, während wir auf anderen Gebieten zum Dilettantentum verurteilt sind. Das bedeutet auch: Wir stehen nicht nur im Wettbewerb mit anderen – wir sind auch in hohem Maße aufeinander angewiesen und können einander wertschätzen als Teilnehmerinnen an einem System, das im besten Fall allen dient.

Und es gibt all diejenigen, die durch Tätigkeiten im Bereich der Kommunikation, Koordination oder Logistik ermöglichen, dass das Netz als Ganzes zusammenhält. 2013 machte ein Aufsatz des anarchistischen Sozialtheoretikers David Graeber die Runde, in dem er von *bullshit jobs* sprach. Darin behauptet er, dass viele Tätigkeiten in heutigen Gesellschaften eigentlich zwecklos seien. In ihnen würden Menschen Aufgaben nachgehen, von denen sie insgeheim fänden, dass sie keinen Nutzen hätten, beispielsweise in der Verwaltung. 2018 erschien das Buch zu dieser These, ergänzt um zahlreiche Beispiele.

Graebers Essay und Buch enthalten viele wichtige Impulse, zum Beispiel zur Frage, wie die soziale Ungleichheit die Verteilung von Jobs beeinflusst. Auch der Hinweis auf das psychische Leiden derjenigen, die glauben, ihre Jobs seien überflüssig, ist ein wichtiger Punkt. Graeber übersieht aber, dass in einer ausdifferenzierten Gesellschaft zwangsläufig Aufgaben zu erfüllen sind, die erst in der vernetzten Betrachtung sinnvoll erscheinen können. Er hebt die unmittelbare Sinnhaftigkeit beispielsweise von Lehrtätigkeiten oder der Herstellung von Autos hervor. Aber ebenso nötig – und damit auch ebenso sinnträchtig – ist die Koordination von Tätigkeiten, zum Beispiel beim Schreiben von Stundenplänen, bei der Qualitätskontrolle von produzierten Autos oder auch beim Schlichten von Konflikten. Zugegebenermaßen mag in manchen Bereichen das Verhältnis zwischen den eigentlichen Tätigkeiten und den ihnen zugeordneten Koordinationstätigkeiten außer Kontrolle geraten sein (Graebers Beispiel sind die englischen Universitäten). Aber Graeber – der als erklärter Anarchist die menschliche Fähigkeit zur spontanen, friedlichen Koordination für gegeben hält – übersieht, dass komplexe arbeitsteilige Systeme auch diejenigen brauchen, die diese Koordination, die sich meistens nicht von selbst herstellt, herbeiführen. Gerade dies sind oft Jobs mit einem ausgeprägten sozialen Charakter, die für viele, die sie ausüben, alles andere als sinnlos sind.

Dieser soziale Charakter menschlicher Arbeit tritt allerdings oft in den Hintergrund – vielleicht, weil zwei andere Bilder von Arbeit unsere Gesellschaften stark prägen: einerseits ein ökonomisches Bild, in dem Arbeit ausschließlich Instrument zur Einkommensgenerierung ist; andererseits ein Bild von Arbeit als einer Form der Selbstverwirklichung, das Arbeit mit Erwartungen überfrachtet, die sie oft nicht erfüllen kann.

IRRTUM I: DAS ÖKONOMISCHE BILD VON ARBEIT

In der Physik gilt: Arbeit ist Kraft mal Weg; Leistung ist Arbeit pro Zeiteinheit. Viele ökonomische Modelle verstehen arbeitende Menschen im Grunde, als wären sie Kraftvektoren in einem physikalischen System. Ihre Antriebskraft ist ihr Eigeninteresse, das sich darin ausdrückt, möglichst viel Geld verdienen zu wollen (wobei Geld dann in Güter transformiert werden kann). Das knappe Gut ist Zeit, und damit ergibt sich, dass Menschen in möglichst *wenig* Zeit möglichst *viel* Geld verdienen wollen.

Dieses Bild hat einen wahren Kern: Arbeit dient *auch* dazu, den Lebensunterhalt zu sichern – so sind unsere Gesellschaften heute organisiert, und bis auf Weiteres wird es vermutlich so bleiben. Gerade deswegen stellen sich so wichtige Fragen danach, was eigentlich ein gerechter Lohn ist, wie hoch er sein muss, um ein gutes Leben zu ermöglichen, und wie hoch zum Beispiel die höchsten Gehälter eines Unternehmens im Vergleich zu den niedrigsten sein sollten – Fragen, die nicht allein aus einer Effizienzperspektive, ohne Berücksichtigung der Gerechtigkeitsperspektive, gestellt und beantwortet werden dürfen.

Dieses Bild lässt aber zahlreiche Fragen offen. Da ist zum einen die Tatsache, dass das Leben in der Regel komplizierter ist. Wenn man zwei Jobangebote erhielte, die in ihren Eigenschaften *exakt* gleich wären und von denen eines besser bezahlt wäre als das andere, dann stimmt sicher, dass man dieses und nicht jenes annehmen würde. Meistens jedoch sind die Entscheidungen, die man treffen muss, mehrdimensional, und Geld ist ein wichtiger Faktor, aber bei weitem nicht der einzige. Geld ist auch nicht das Einzige, was Menschen zur Arbeit motivieren kann (wenn man von dem Zwang, überhaupt ein Einkommen zu generieren, einmal absieht). Zahlreiche psychologische Studien zeigen: Wenn das Gehalt *nicht* stimmt, sind Leute demotiviert, aber wenn das Gehalt in Ordnung ist, werden sie durch mehr Geld nicht unbedingt positiv motiviert; manchmal kann die Motivation sogar sinken.

Ein weiteres Problem dieses Bildes ist: Es gibt vieles, was man mit Geld nicht kaufen kann. Viele der Eigenschaften, die *gute* Arbeit ausmachen, lassen sich nicht durch ein höheres Einkommen ersetzen. Gute Arbeit hat mit der Qualität von Beziehungen zu tun, mit dem Bewusstsein, dass die eigene Arbeit einen sinnvollen Zweck erfüllt, damit, wie man seine Talente entwickelt und seine Zeit verbringt. Wenn Menschen nahe am Existenzminimum leben, ist es plausibel, anzunehmen, dass sie in erster Linie arbeiten, um grundlegende materielle Bedürfnisse zu befriedigen. Aber in den westlichen Ländern können wir uns heute den Luxus leisten, bei der Arbeit auf mehr als nur das Einkommen zu schauen. Das ökonomische Bild behauptet, dass wir ausschließlich arbeiten, um Geld zu verdienen, das uns erlaubt, zu konsumieren, um dann wiederum Sinn und Befriedigung aus dem Konsum zu ziehen. Dass Sinn und Befriedigung auch in der Arbeit selbst liegen könnten, kommt darin nicht vor.

Im Grunde beschreibt das ökonomische Bild menschliche Arbeit so, als wären wir bereits in einer Zukunft angekommen, in der Roboter und algorithmische Systeme alle Arbeit übernommen haben und demzufolge allein der effiziente Einsatz von Ressourcen relevant ist. Einem Roboter muss die Arbeit nicht Spaß machen, er muss sich seine Energie nicht einteilen, er denkt nicht über seine Arbeit und das, was sie aus ihm macht, nach – er muss nur richtig programmiert sein. Doch wenn es um arbeitende *Menschen* geht oder auch um Arbeit *mit* Menschen, zum Beispiel in der Pflege, spielen auch andere Kriterien eine Rolle.

IRRTUM II: ARBEIT NUR ALS SELBSTVERWIRKLICHUNG

In Abgrenzung zum ökonomischen Modell der Arbeit hat sich, besonders seit der Romantik, ein zweites Bild entwickelt, das heute weit verbreitet ist: Arbeit als künstlerische oder intellektuelle Selbstverwirklichung, als Arena für die Formung und den Ausdruck des Selbst. Arbeit ist demnach eng mit der eigenen Identität verbunden – eine Vorstellung, die in deutschsprachigen Ländern vielleicht besonders weit verbreitet ist, wo der Begriff »Beruf« von »Berufung« herstammt und es ein Teil des ideengeschichtlichen Erbes ist, dass der Beruf als die gottgegebene Rolle in der Gesellschaft verstanden wurde. Gerade junge Leute, die sich für eine Ausbildung oder ein Studium entscheiden müssen, werden von dieser Frage umgetrieben: Wer bin ich, und wie kann ich mich selbst im »richtigen« Beruf finden und ausdrücken? Diese Frage kann erheblichen Druck aufbauen – vielleicht genauso viel wie der gemeinhin eher den

Eltern zugeschriebene Wunsch, dass man »etwas Richtiges« lernen möge, also einen Beruf wählen solle, der vor allem ein sicheres Einkommen generiert – das entspricht dem ökonomischen Modell.

Auch dieses Bild der Arbeit als Selbstverwirklichung hat einen wahren Kern: Arbeit, mit der man sich nicht identifizieren kann, zu der man ein rein funktionales Verhältnis hat, ist auf Dauer ein Problem. Im harmlosesten Fall stellt sie eine vertane Chance dar – in der Lebenszeit, die man mit entfremdeter Arbeit verbringt, könnte man auch etwas anderes tun. Im schlimmsten Fall kann Arbeit, die nicht als sinnstiftend empfunden wird, die Ursache gravierender psychologischer Probleme sein, indem sie Spannungen zwischen den eigenen Erwartungen und den als trist empfundenen Routinen des Arbeitsalltags entstehen lässt oder sogar den Aufbau eines konsistenten Selbstbildes verhindert.

Trotzdem lässt auch dieses Bild viele Fragen offen. Gibt es denn überhaupt ein solches »Selbst«, das sozusagen versteckt wie unter einer Bettdecke in unserem Inneren liegt und das wir erst ans Tageslicht bringen müssen? Sicher, es gibt Anlagen und Talente, die ererbt sind oder in der frühen Kindheit erworben werden. Aber entwickeln wir uns nicht erst nach und nach zu der Person, die wir sind – gerade indem wir mit anderen interagieren, in sozialen Beziehungen, die wir aufbauen und pflegen, und in Tätigkeiten, in denen wir ausprobieren, was uns wirklich liegt und uns Spaß macht? Wir verändern uns, wir reagieren auf die Welt um uns herum und auf das, was wir im Lauf der Zeit lernen und erleben. Das, was wir »verwirklichen«, wenn wir unser »Selbst« verwirklichen wollen, entdecken wir oft erst, wenn wir sozusagen die Ärmel hochkrempeln und loslegen.

Über derartige Fragen nach der Natur des menschlichen

Selbst und seiner zeitlichen Entwicklung herrscht unter Philosophinnen und Psychologen keine Einigkeit. Ohne die Kontroversen hier auflösen zu können, lässt sich auf einer pragmatischeren Ebene jedenfalls festhalten, dass Menschen zeitliche Wesen sind, deren Interessen und Bedürfnisse sich verändern. Was zu einem bestimmten Zeitpunkt nach Selbstverwirklichung aussieht, kann sich später als große Enttäuschung (oder auch Selbsttäuschung) entpuppen, während andere Faktoren, die zunächst weniger wichtig schienen, an Gewicht gewinnen können. Dass man im Lauf seines Berufslebens mehrfach Brüche und Veränderungen erlebt, was in Zukunft eher die Regel als die Ausnahme sein könnte, muss dann nicht unbedingt eine Bedrohung sein – es könnten auch Chancen darin liegen, nicht lebenslang auf eine bestimmte Bahn festgelegt zu sein. Schließlich gibt es nicht nur die Probleme, die unter dem Stichwort »Burnout« laufen und mit zu viel Stress und zu vielen Herausforderungen zu tun haben, sondern auch andere, für die das Stichwort »Boreout« geprägt wurde: psychische Probleme, die durch Langeweile und *zu wenig* Herausforderungen erzeugt werden.

Es gibt aber noch viel handfestere Probleme mit dem Bild der Selbstverwirklichung. Nicht alle Tätigkeiten, die gesellschaftlich notwendig sind, lassen sich mithilfe dieses Bildes verstehen. Solche Tätigkeiten können aber, wenn die Arbeitsbedingungen stimmen, dennoch ein erfüllendes Arbeitsleben bieten. Und umgekehrt sind manche Jobs, die nach Selbstverwirklichung aussehen, im Alltag alles andere als glamourös. Die Arbeit als Schriftstellerin oder Musiker ist für Leute mit anderen Berufen ein Hobby, das Spaß macht. Aber wäre das auch noch der Fall, wenn sie damit Geld verdienen müssten und acht Stunden am Tag, fünf Tage die Woche, damit beschäftigt wären?

Nicht zuletzt wirft dieses Bild von Arbeit auch Fragen nach den Gefahren des ideologischen Missbrauchs auf. Wer seine Arbeit als Selbstverwirklichung versteht, ist bereit, länger als nur *nine to five* zu arbeiten. Für Arbeitgeber ist es sehr vorteilhaft, Angestellte zu haben, die unbezahlte Praktika machen und für die Abend- und Wochenendarbeit zur Normalität geworden ist; Jobsuchende in manchen Branchen, zum Beispiel der Modeindustrie oder dem Journalismus, können ein trauriges Lied davon singen. Die Soziologen Luc Boltanski und Ève Chiapello haben herausgearbeitet, wie das, was sie die »Künstlerkritik« nennen, vom Kapitalismus aufgenommen und einverleibt wurde. Im Nachklang der 1968er-Bewegung wurde dem kapitalistischen System vielfach vorgeworfen, es lasse den Einzelnen zu wenig Freiheit zur Selbstverwirklichung. Die Arbeit in einer Firma, gar in einem Großkonzern, schien das Letzte zu sein, was man wollen konnte, wenn man gerade die »wilden Sechziger« an den Universitäten erlebt hatte.

Aber die Firmen merkten schnell, dass sich da durchaus etwas machen ließ. Sie führten mehr Freiräume (aber auch mehr Verantwortung, dass wirklich alles klappt), schickeres Corporate Design (aber auch mehr Druck, dass die Powerpoint-Slides bis ins letzte Detail perfekt sind) und modernes Vokabular (hinter dem sich aber oft die genau gleichen Mechanismen verbargen) ein. Boltanski und Chiapello untersuchten die Texte zahlreicher Management-Ratgeber und fanden darin genau dieses Muster: Die »Künstlerkritik« wurde vom Kapitalismus absorbiert, ohne dass sich an den Strukturen etwas geändert hätte. Wer Arbeit – gerade auch Arbeit in digitalen Start-ups und anderen »hippen« Bereichen der Wirtschaftswelt – nach dem Modell der Selbstverwirklichung versteht, sollte sehr genau hinschauen, wer davon profitiert.

ARBEIT IN GEMEINSCHAFT

Wer Arbeit rein ökonomisch oder rein als Arena der Selbstverwirklichung versteht, übersieht einen entscheidenden Punkt: ihren sozialen Charakter. Beide Bilder fokussieren ganz auf den einzelnen Menschen und sein Verhältnis zur Arbeit. Aber die allermeisten Formen von Arbeit erhalten ihren Sinn und ihre Bedeutung, indem sie ermöglichen, dass Güter oder Dienstleistungen *für andere* bereitgestellt werden; im Gegenzug profitiert man selbst von der Arbeit anderer. In Bereichen wie Pflege oder Erziehung liegt der soziale Charakter der Arbeit auf der Hand, aber auch Ingenieure, Juristinnen, Angestellte der Müllabfuhr oder Steuerberater arbeiten für andere. Nicht zuletzt legt die Arbeit, die – typischerweise in hohem Maß von Frauen – unbezahlt in Familien und Haushalten erledigt wird, die Grundlagen des gemeinsamen Lebens. Wie die amerikanische Philosophin Elizabeth Anderson betont, ist unser Wirtschaftssystem keine Ansammlung einsamer Robinson Crusoes, sondern eine gemeinschaftliche Angelegenheit. Niemand könnte tun, was er tut, wenn nicht auch andere ihre jeweiligen Aufgaben erledigen würden – diese Kette reicht vom Straßenkehrer bis in die Vorstandsetagen der Firmen.

Auch das Bild der Arbeit als soziales System hat seine offenen Flanken und bietet Möglichkeiten der ideologischen Überhöhung, die dazu führen können, dass Menschen sich selbst ausbeuten oder von anderen ausgebeutet werden. Dennoch müssen wir dieses Verständnis von Arbeit dringend zurückgewinnen. In einer Welt, die von Wettbewerb und Konkurrenz geprägt ist, betont es, dass wir auf einer grundlegenden Ebene alle in einem Boot sitzen und uns gegenseitig wertschätzen sollten für das, was wir jeweils beitragen.

Arbeit stellt uns in einen sozialen Zusammenhang: Wir begegnen durch sie anderen Menschen und sind in das Netz unserer arbeitsteiligen Systeme eingebunden. Wenn dieser Aspekt von Arbeit betont wird, tritt ihr öffentlicher Charakter und damit die Notwendigkeit ihrer politischen Gestaltung hervor. Im einleitenden Kapitel habe ich die Studie von Isabelle Ferreras über die Erwartungen von Supermarkt-Kassiererinnen zitiert: Nicht Selbstverwirklichung war ihnen am wichtigsten, aber auch nicht das bloße Geldverdienen. Die positive Bedeutung ihrer Arbeit lag für sie in der sozialen Anerkennung und in der Gemeinschaft – darin, aus dem Privatleben herauszutreten und sich gesellschaftlich nützlich zu machen.

Wenn die soziale Dimension von Arbeit vernachlässigt wird, droht eine gefährliche Sinnentleerung. Der Arbeit wohnt dann keine Würde mehr inne, sie kann dem Einzelnen nicht mehr das Gefühl geben, als Mitglied der Gesellschaft wertvoll zu sein und etwas beizutragen. Allerdings ist es keineswegs nur eine Frage der persönlichen Einstellung, ob man Arbeit so sieht. In mindestens genauso hohem Maße wird unser Bild von Arbeit davon geprägt, was für Arten von Arbeit eine Gesellschaft den Menschen anbietet und ob sie überhaupt allen, die arbeiten können und möchten, Arbeit bereitstellt. Diese Fragen stellen sich derzeit in Bezug auf die Veränderungen, die durch die digitale Transformation zu erwarten sind, mit neuer Vehemenz. Denn so vorteilhaft die Arbeitsteilung ist – sie kann auch ihre düsteren Seiten haben.

PROBLEM UND POTENZIAL DIGITAL GETEILTER ARBEIT

Erinnern Sie sich an Charlie Chaplin in *Moderne Zeiten*? Chaplin, der Tramp, arbeitet zu Beginn des Films in einer Fabrik am Fließband. Er zieht im immer gleichen Takt der Maschine Schrauben fest – bis er einmal kurz nicht aufpasst und beim Versuch, das Fließband einzuholen, ins Getriebe gerät. Dass ihm diese Form der Arbeit nicht guttut, wird schnell klar: Kurz darauf rennt er, wild mit seinen Schraubenziehern fuchtelnd, umher, überall sieht er nur noch Schrauben, die er festziehen muss. Derartige Bilder hat man vielleicht im Kopf, wenn man an die dunklen Seiten der Arbeitsteilung denkt. Allerdings muss man die Kritik an konkreten *Formen* der Arbeitsteilung von der Kritik an dem Phänomen *an sich* unterscheiden.

Vielfach ging Arbeitsteilung, trotz ihres grundsätzlich wohlstandssteigernden Potenzials, für die betroffenen Arbeiter mit großer Armut einher. Das lag in der Regel daran, dass es ein Überangebot an Arbeitskräften gab und diejenigen, die selbst keine Produktionsmittel besaßen, mit ihren Familien in völliger Abhängigkeit von ihren Arbeitgebern lebten, die die Löhne beliebig drücken konnten. Die Epoche der Industrialisierung machte den Einzelnen tatsächlich zum Anhängsel von Maschinen, wie Marx und andere es beschrieben haben. Die Arbeiterinnen und Arbeiter – und meistens auch ihre Kinder – schufteten völlig fremdbestimmt, unter heute kaum vorstellbaren Bedingungen. Aber machtlosen, abhängigen Individuen ging es auch vor der Industrialisierung nicht unbedingt besser, weil auch sie sich nicht gegen Ausbeutung und Hungerlöhne wehren konnten. Die Frage der Arbeitsteilung liegt quer dazu und hängt wesentlich von der sozialen Organisation der Arbeit ab. Die Frage ist daher: Was ist an der Arbeitsteilung *an sich* problematisch?

Ein klassischer Vorwurf aus dem 18. und 19. Jahrhundert lautet, dass Arbeitsteilung den Menschen verdummt und seinen Horizont verengt. Einer der Ersten, die diesen Vorwurf geäußert haben, ist ausgerechnet Adam Smith, der die Arbeitsteilung zu Beginn des *Wohlstands der Nationen* in so glühenden Worten pries. Die kritischen Bemerkungen finden sich versteckt in den hinteren Kapiteln desselben Buches. Smith' Ausgangspunkt: Der Mensch wird durch das, was er tut, geformt, sowohl körperlich als auch geistig. Mit zunehmender Arbeitsteilung spezialisieren sich Menschen immer stärker. Im Extremfall verbringen sie ihr gesamtes Arbeitsleben mit den immer gleichen Handgriffen, etwa damit, die Köpfe von Stecknadeln plattzuhämmern – oder eben Schrauben festzuziehen wie Charlie Chaplin in *Moderne Zeiten*.

Dadurch, so Smith, fehle die Gelegenheit, sich geistig zu betätigen. Wenn man die Gewohnheit verliere, dies zu tun, werde man dumm und ignorant. Weder zu einem vernünftigen Gespräch noch zu »freie[n], edle[n] oder zarte[n] Gefühle[n]« sei so ein Mensch in der Lage, und von größeren gesellschaftlichen oder politischen Fragen verstehe er erst recht nichts. Auch als Soldat tauge er nicht mehr, weil er körperlich nicht mehr trainiert sei – die Geschicklichkeit in Bezug auf die eigene, eng abgesteckte Tätigkeit gehe auf Kosten von Kraft und Ausdauer. Das ist ein düsteres Szenario, und Smith, sonst nicht unbedingt ein Freund staatlicher Eingriffe, hielt es für unbedingt geboten, dass die Regierung dagegen vorgehe.

Zum Glück jedoch ist diese Form der Arbeitsteilung, in der Menschen quasi zu Bestandteilen der Maschinen werden, in der westlichen Welt weitgehend überholt – Charlie Chaplins Schrauben drehen inzwischen Fertigungsroboter, die weit effizienter und präziser arbeiten. Hier liegt ein ungeheures Potenzial der digitalen Transformation: dank intelligenter Steuerung können immer mehr Routineaufgaben – insbesondere körperlich anstrengende Aufgaben, die bei einem menschlichen Arbeiter die immer gleichen Muskeln beanspruchen und ihn kurzfristig auslaugen und langfristig deformieren würden – an Maschinen abgegeben werden.

Allerdings können durch die digitale Transformation auch neue Formen schlechter Arbeit entstehen, die wie ein Rückfall in die Zeit der industriellen Revolution aussehen: Aufgaben, die in kleinste Schritte zerlegt werden und auf digitalen Plattformen wie Amazons *Mechanical Turk* angeboten werden, zum Beispiel die Klassifizierung von Bildern, eine Tätigkeit, die Computerprogramme bislang nicht gut beherrschen. Als Möglichkeit, sich für ein paar Stunden pro Woche bei hoher zeitlicher Flexibilität ein Zubrot zu verdienen, mag dies verlockend wirken – aber kann man sich vorstellen, die gesamte Arbeitszeit so zu verbringen? Hinzu kommt: Digital organisierte Arbeit kann die Einzelnen vereinsamen lassen, weil sie keine Kollegen haben, sondern alleine mit ihrem Laptop sind. Hier ist politische Regulierung gefragt: Gibt es zum Beispiel so etwas wie einen Anspruch auf gemeinsame Arbeitsräume? Hat man ein Recht, Kollegen zu kontaktieren, auch wenn man ihnen nur im virtuellen Raum begegnet? Nicht alle wünschen sich ein soziales Arbeitsleben, aber haben diejenigen, die es tun, die Möglichkeit, diesen Wunsch in die Realität umzusetzen?

Im Prinzip ist das Potenzial dafür, dass Menschen und Maschinen auf intelligente Weise zusammenarbeiten, riesig. Exoskelette zum Beispiel sind direkt am Körper getragene maschinelle Systeme, die bei bestimmten Tätigkeiten wie dem Heben schwerer Gegenstände unterstützend eingreifen können. Maschinen haben keinen Muskelkater, bei ihnen muss allenfalls ein verschlissenes Teil ersetzt werden. Und es macht ihnen nichts aus, die immer gleiche Tätigkeit tagaus, tagein zu verrichten, auch über Jahre hinweg. Vieles von dem, was an der Arbeitsteilung problematisch ist, lässt sich also durch eine stärkere Einbindung intelligenter Maschinen vermeiden.

Manche Theoretiker, allen voran Karl Marx, gingen trotzdem davon aus, dass die Arbeitsteilung *an sich* der Natur des Menschen widerspricht. In einer klassenlosen Gesellschaft, so hoffte er, könnten die Einzelnen selbst wählen, welchen Tätigkeiten sie nachgehen würden: Es wäre dann möglich, »heute dies, morgen jenes zu tun, morgens zu jagen, nachmittags zu fischen, abends Viehzucht zu treiben, nach dem Essen zu kritisieren, wie ich gerade Lust habe, ohne je Jäger, Fischer, Hirt oder Kritiker zu werden«. Kapitalistische Arbeitsteilung entsteht aus Marx' Sicht nur aufgrund von äußerlichem Zwang. Wären die Menschen wirtschaftlich frei und könnten für sich selbst entscheiden, würden sie sich nicht auf einen Arbeitszweig festlegen, sondern zwischen verschiedenen Tätigkeiten hin- und herwechseln.

Aber stimmt das? Würden wir uns, hätten wir tatsächlich die Wahl, dafür entscheiden, die unterschiedlichsten Tätigkeiten zu kombinieren? Wirklich herausfinden könnten wir das erst, wenn wir in Verhältnissen leben würden, in denen der wirtschaftliche Zwang zur Arbeit massiv reduziert wäre; davon sind wir weit entfernt. Nach derzeitigem Erkenntnisstand aber ist nicht klar, ob Marx recht hatte. Ist es nicht denkbar, dass jemand Lust hat, den ganzen Tag Viehzucht zu treiben, und ansonsten seine Freizeit zu genießen, anstatt sich auch noch als Kritiker zu betätigen? Würde es nicht auch in Verhältnissen *ohne Zwang* Spezialisierungen geben, einfach deshalb, weil die Menschen es so möchten?

Der Franzose Émile Durkheim (1858–1917), der als einer der

Gründerväter der Soziologie gilt, hat sich als einer der Ersten mit dem Phänomen der Arbeitsteilung nicht nur aus ökonomischer, sondern auch aus gesellschaftstheoretischer Perspektive beschäftigt. Er sah die Kritik der Arbeitsteilung, die Smith, Marx und viele andere vorgetragen hatten, skeptisch. Er gestand zu, dass in vielen Industrien Arbeitsplätze entstanden waren, die die Menschen wirklich zu geistlosen, entfremdeten Maschinen werden ließen. Aber er betrachtete dies als einen Sonderfall, der dann auftrete, wenn zwischen Kapital und Arbeit die Verhältnisse nicht geregelt und sie sich ihrer gegenseitigen Abhängigkeit nicht hinreichend bewusst seien. Eigentlich, so Durkheim, bringe Arbeitsteilung immer auch neue Herausforderungen und damit Gelegenheiten zur geistigen Betätigung mit sich. Im Normalfall verlange die Ausführung einer jeden speziellen Funktion, dass sich das Individuum nicht völlig in ihr einschließe, sondern in ständigem Kontakt mit den Nachbarfunktionen bleibe, sich deren Bedürfnisse und der dort sich vollziehenden Veränderung bewusst sei usw. Die Arbeitsteilung setze voraus, dass der Arbeiter, statt sich ausschließlich mit seiner eigenen Aufgabe zu beschäftigen, die Mitarbeitenden nicht aus den Augen verliert, auf sie einwirkt und von ihnen beeinflusst wird.

Durkheim verwendet dafür die Metapher von Organen, die in einem Körper zusammenwirken. Sein Bild von sich spontan ergebender, »harmonischer« Arbeitsteilung, in der sich alle Einzelnen ständig aufeinander abstimmen, mag allzu idyllisch wirken. Aber es hat trotzdem einen wahren Kern: Arbeitsteilung verlangt Abstimmung, und sie funktioniert besser, wenn die Einzelnen wissen, was der Sinn des Ganzen ist und wie sie dazu beitragen können. Dabei entstehen oft herausfordernde Fragen, für deren Beantwortung die Fantasie und Kreativität der Einzelnen gefragt sind. Und es gibt viel Kommunikationsbedarf. Einen Verdummungseffekt muss man dann nicht befürchten.

In einer Gesellschaft, in der den Einzelnen »genügend Raum zum Handeln« gelassen werde, so dass die Abstimmung der Funktionen funktioniere, würde sich die Integration der einzelnen Arbeitenden spontan einstellen, hoffte Durkheim. Dazu müssten alle Mitglieder der Gesellschaft die Chance bekommen, sich einen Platz im System der Arbeitsteilung zu suchen, der ihren Talenten entspreche. Sie würden dann durch das Bewusstsein verbunden, dass auch die anderen Individuen jeweils wichtige Aufgaben erfüllen und alle voneinander abhängig sind. Wenn dies funktioniere und wenn verzerrende Faktoren wie Ungerechtigkeit, Machtungleichheit und Zwang aus dem System ausgeschlossen würden, gäbe es keinen Grund anzunehmen, dass Arbeitsteilung schädlich oder unmenschlich sei. Es müsse nicht weniger »in der Logik der menschlichen Natur« liegen, so Durkheim, sich dadurch zu entwickeln, dass man sich auf ein bestimmtes Gebiet konzentriert und dort sozusagen in die Tiefe bohrt. Durch Arbeitsteilung könnten sich unterschiedliche Persönlichkeiten entwickeln, während sich durch das Bewusstsein der gegenseitigen Abhängigkeit gleichzeitig das »Ideal der menschlichen Brüderlichkeit« verwirklichen lasse.

Neue Technologien sind nicht erst seit Beginn der digitalen Transformation Teil von komplexen arbeitsteiligen Strukturen. Immer schon haben Menschen ihre materielle Umgebung genutzt, um die eigenen Schwächen auszugleichen – sei es, dass sie mit einem Stück Holz Muster in Tongefäße geritzt haben, sei es, dass sie mit hochkomplexen Lasern das Gelände vermessen, auf dem eine Straße gebaut werden soll. Wenn Technik intelligent in die Arbeitsteilung eingebunden wird, kann sie unmenschliche Aspekte der Arbeit ersetzen und damit die Konzentration des Menschen auf die Arbeitsschritte, die spezifisch menschliche Fähigkeiten erfordern, überhaupt erst ermöglichen.

Dass dies allerdings passiert, ist kein Automatismus, sondern hängt maßgeblich von den politischen und ökonomischen Rahmenbedingungen ab. Wenn menschliche Arbeitskraft billig ist und das menschliche Wohlergehen nicht gesetzlich geschützt wird, warum sollten sich Firmen dann darum bemühen, Technologie so einzusetzen, dass sie die Arbeit verbessert? In viel zu vielen Weltgegenden ist dies bis heute eines der größten Probleme der Arbeitswelt: Dort geht es nicht um Fertigungsroboter oder algorithmische Programme, sondern gerade um das Fehlen auch nur der rudimentärsten technischen Unterstützung. Ob in kongolesischen Koltan-Mienen, beim Recycling von Elektroschrott an der westafrikanischen Küste oder beim Kaffee-Anbau in Mittelamerika – oft fehlen technische Geräte, und gerade diese Tatsache ist es, die viele Formen von Arbeit so unmenschlich macht.

Der Kontrast zu den Herausforderungen der Robotisierung und digitalen Transformation, die sich in Deutschland und anderen hochindustrialisierten Ländern stellen, könnte kaum größer sein. Die Frage nach den politischen Rahmenbedingungen stellen sich freilich auch hier: Dienen technische Systeme nur der Steigerung der Effizienz oder auch der Verbesserung der Arbeit? Wird menschliche Arbeit ihrem sozialen Charakter gemäß gestaltet? Denn genau darum muss es gehen: die komplementären Möglichkeiten von Technik und von Menschen mit sehr unterschiedlichen Fähigkeiten und Interessen weiterzuentwickeln, um die dunklen Seiten der Arbeitsteilung so weit wie möglich zu reduzieren und jene Aspekte der Arbeit zum Tragen kommen zu lassen, die sie zu *guter* Arbeit machen.

Wie genau dies aussehen kann, hängt stark davon ab, um welche Art von Arbeit es geht. Deswegen müssen in die Gestaltung des Zusammenwirkens mit neuer Technik die Arbeitenden eingebunden werden. Sie können am besten beurteilen, was an ihrer Arbeit anstrengend oder bereichernd, lästig oder befriedigend ist. Eines lässt sich jedoch über alle Bereiche hinweg festhalten: Überall dort, wo es um menschliche Interaktion geht, können Maschinen Menschen zwar unterstützen, aber niemals ersetzen. Es wäre ein Albtraum, wenn zum Beispiel die Pflege alter oder kranker Menschen komplett von Robotern übernommen würde. Wenn diese aber den Pflegekräften anstrengende Routineaufgaben abnähmen, so dass mehr Zeit für den sozialen Austausch mit den Patienten bliebe, wäre das für beide Seiten ein großer Gewinn. Welches Szenario eintritt, ist keine Frage der Technologie – es ist eine Frage der politischen Gestaltung und dessen, wofür eine Gesellschaft bereit ist, Geld auszugeben.

Realistischerweise muss man annehmen, dass im Zuge der digitalen Transformation auch Arbeit, die als bereichernd und befriedigend empfunden wird, wegfällt. Immerhin aber besteht die Möglichkeit, dass solche Tätigkeiten, die der Markt nicht mehr oder nur noch in Liebhaber-Nischen benötigt, in Form sozial organisierter Freizeitaktivitäten weiterleben. Dieses historische Muster ist nicht neu: Viele Formen der Handarbeit sind heute nicht mehr wirtschaftlich notwendig, werden aber dennoch leidenschaftlich gepflegt. Und gerade die digitale Kommunikation schafft dabei neue Verbindungen: Wer heute ein kompliziertes Strickmuster oder eine Bauanleitung für einen Drehtürschrank sucht, wird im Internet sofort fündig und kann dort auch andere Hobby-Bastler kennenlernen. Das Schreckensszenario, dass jahrhundertalte Kulturtechniken komplett verlorengehen könnten, scheint daher überzogen.

Im günstigsten Fall wird durch den Einsatz neuer Technologien die Zeit, die für wirtschaftlich notwendige Arbeit gebraucht wird, verringert – es bleibt mehr Lebenszeit für andere Aktivitäten, einschließlich der Pflege derartiger Hobbys. *Ob* dieser günstige Fall aber eintritt und *wem* er zugutekommt, ist wiederum kein Selbstläufer. Die Zeitgewinne, die durch die Digitalisierung möglich sind, verteilen sich nicht von selbst gleichmäßig auf alle Bevölkerungsgruppen – es braucht dafür politischen Gestaltungswillen.

Der Traum davon, die Arbeitszeit zu reduzieren, ist alt. Schon 1930 schilderte der britische Ökonom John Maynard Keynes (1883–1946) in einer Vorlesung die Vision, dass die Enkelkinder seiner Zuhörer eines Tages nur 15 Stunde pro Woche arbeiten müssten. In der öffentlichen Debatte ist dieses Thema in letzter Zeit wieder hochgekommen, etwa in Berichten über Firmen, die mit einer Vier-Tage-Woche experimentieren, oder in Bezug auf die Vereinbarkeit von Familie und Beruf. Viele Vollzeitberufstätige in Deutschland würden gerne weniger arbeiten; viele Teilzeitarbeitende allerdings gerne mehr. Wenn es gelänge, durch intelligente Software die Arbeitszeiten entsprechend anzupassen, könnte im Prinzip allen Seiten gedient werden. Allerdings wurden Softwareprogramme zur Arbeitszeiteinteilung, wie sie vor allem in den USA schon vielfach verwendet werden, oft alles andere als »sozial« eingesetzt – auf derartige Beispiele werde ich später zurückkommen.

Es ist eine wichtige Richtungsentscheidung, dass die deutschen Gewerkschaften begonnen haben, die Arbeitszeit – sowohl deren Umgang als auch die Flexibilität des Einsatzes – wieder auf die Agenda von Tarifverhandlungen zu setzen. Denn es ist sinnvoll, die Produktivitätsgewinne, die in Zukunft vielleicht noch viel größer sein werden, nicht nur in Geld, sondern auch in Zeit umzusetzen. Und es ist eine Frage der sozialen Gerechtigkeit, dass daran alle Mitglieder einer Gesellschaft Anteil haben. Höchstarbeitszeiten und Mindestruhezeiten zum Beispiel müssen in allen Branchen umgesetzt werden, auch in denen, die am stärksten »digitalisiert« daherkommen und die Arbeitsschichten von Algorithmen einteilen lassen.

DAS DILEMMA GETEILTER ARBEIT UND WARUM WHISTLEBLOWER DIE HELDEN UNSERER ZEIT SIND

Menschliche Arbeit ist soziale Arbeit, und es ist diese Sozialität – vielmehr als die vermeintliche Genialität einzelner Individuen an der Spitze großer Unternehmen –, der wir ihre große Produktivität verdanken. Arbeitsteilung als solche muss nicht problematisch sein, sie kann Formen von Arbeit ermöglichen, die enorm bereichernd sind, weil sie eine tiefgehende Auseinandersetzung mit einem bestimmten Gegenstandsbereich und die Entwicklung und den Einsatz ganz spezifischer Fähigkeiten erlauben. Und weil geteilte Arbeit immer mit der Arbeit anderer abgestimmt werden muss, schafft sie auch neue Formen des sozialen Miteinanders. Je mehr körperlich oder psychisch anstrengende Routineaufgaben wir an Roboter und Algorithmen delegieren können, umso mehr können wir uns auf die menschlichen Seiten von Arbeit konzentrieren.

Gibt es also keine dunklen Seiten der Arbeitsteilung? Doch – und sie führen zurück zu jenem anderen, widerständigen Typus des Helden: dem Whistleblower. Denn die gegenwärtigen Systeme geteilter Arbeit sind schwer zu durchschauen und werden in Zukunft wahrscheinlich noch um ein Vielfaches komplexer. Oft wissen nur ein paar Insider, was in einer spezialisierten Nische passiert. Spezialisten können von Nicht-Spezialisten kaum kontrolliert werden. Und mit »Spezialisten« sind keineswegs nur Fachleute gemeint; man kann auch Spezialistin für die spezifischen Besonderheiten in einer Firma oder Institution oder für die lokalen Bedingungen, unter denen eine bestimmte Form von Arbeit stattfindet, sein.

Diese Tatsache macht Systeme geteilter Arbeit anfällig für schwarze Schafe: für Individuen oder Gruppen, die vorgesehene Aufgaben nicht so erledigen, wie es im Zusammenhang mit anderen Arbeitsschritten funktional wäre. Das kann aus Schludrigkeit oder Faulheit heraus passieren oder auch aus krimineller Energie – oder aber schlicht aus dem Wunsch, bestimmte eng verstandene Zielvorgaben zu erfüllen, ohne sich über die weiter gehenden Konsequenzen Gedanken zu machen, wie das zum Beispiel beim Diesel-Abgas-Skandal bei VW der Fall war. Die Ingenieure wollten die Einhaltung der gesetzlich vorgegebenen Emissionswerte erreichen, aber dass die *Absicht* hinter dem Gesetz war, für bessere Luft zu sorgen, ignorierten sie geflissentlich. Sie hielten die Vorgaben auf dem Papier ein – aber auf eine Art und Weise, die unmoralisch, illegal und letztlich auch kontraproduktiv war, weil sie dem Unternehmen auf lange Sicht massiv geschadet hat, ganz zu schweigen von den Schädigungen derjenigen, die unter der schlechteren Luft leiden. Das ist eine der Tücken geteilter Arbeit: Sie legt es nahe, dass man die Dinge sehr stark aus einer einseitigen, weil partiellen, Perspektive sieht. Man ist darum bemüht, einen winzigen Schritt in der komplexen Kette arbeitsteiliger Prozesse zu erledigen – da ist es kein Wunder, dass der Blick für das große Ganze verlorengehen kann und von manchen auch ganz bewusst außer Acht gelassen wird, um kurzfristige Ziele zu erreichen, egal mit welchen Mitteln.

Wenn Dinge schieflaufen, wenn zum Beispiel im Internet eine massive, verdachtsunabhängige Überwachung von Privatpersonen erfolgt oder bei militärischen Einsätzen der Schutz von Zivilisten völlig aus dem Blick gerät, ist es gut, wenn es Whistleblower gibt, die Missstände publik machen. Kritikerinnen mögen vielleicht einwenden, dass sie zunächst interne Kanäle nutzen sollten – aber das reicht in der Regel nicht aus. Die wenigsten Whistleblower gehen mit ihren Anliegen sofort an die Öffentlichkeit, schon deswegen, weil sie sich der schwerwiegenden Konsequenzen, die so ein Schritt für sie bedeuten kann, bewusst sind. Dass manche von ihnen dennoch bereit sind, diese Konsequenzen zu tragen, verdient großen Respekt – wenn es Helden der heutigen Zeit gibt, dann sind sie es!

Die Möglichkeit, dass die eigene Tätigkeit irgendwann Gegenstand einer Whistleblower-Veröffentlichung sein könnte, hat eine prophylaktische Wirkung, die man nicht unterschätzen sollte. Ohne sie wären Fälle der Sabotage und des Machtmissbrauchs oder auch der Vertuschung von Fehlern vermutlich noch viel häufiger, als sie es sowieso sind.

Die neuen digitalen Technologien machen es leichter, Skandale aufzudecken. Bei der Veröffentlichung der Pentagon Papers im Jahr 1971 zum Beispiel war es für Daniel Ellsberg und sein Team eine riesige logistische Herausforderung, die Akten aus dem Gebäude zu schmuggeln, sie zu kopieren und an Journalisten weiterzugeben. Heute würde ein USB-Stick genügen; doch natürlich ist dies auch den Organisationen bewusst, die ihre Sicherheitsmaßnahmen entsprechend hochfahren.

Dennoch scheint die Hoffnung gerechtfertigt, dass mit den neuen Technologien hier ein gewisser Wandel eintreten wird. Denn die Erwartungen an Transparenz und »Accountability« steigen, wenn die technischen Möglichkeiten sich verbessern. Das ist kein Grund für naiven Enthusiasmus – es gibt das weite

Feld der falschen Anschuldigungen, der Schmutzkampagnen und Online-Rufmorde. Aber in Bezug auf die vielfachen Missbrauchsmöglichkeiten, die in Systemen geteilter Arbeit mit ihrer hochgradigen Spezialisierung existieren, birgt dieser Wandel viel positives Potenzial. So mancher schmutzige Deal, der noch vor wenigen Jahren kaum aufgedeckt worden wäre, kommt heute vielleicht gar nicht zustande, weil allen Beteiligten klar ist, dass eine einzige von einer »falschen« Person gelesene E-Mail genügen könnte, um mehr Licht auf die Vorgänge zu werfen, als ihnen lieb wäre.

Anstatt uns nur zu fragen, wo das nächste Genie sitzt, das in einem Akt kreativer Zerstörung ein bahnbrechendes neues Businessmodell erfindet, brauchen wir ein realistisches Bild dessen, was Einzelne leisten können – nämlich, auf sich alleine gestellt, fast gar nichts! Aber das heißt nicht, dass Individuen nicht mehr zählen würden, im Gegenteil. Ihre Rolle kann entscheidend dafür sein, dass unsere arbeitsteiligen Systeme, deren Kontrolle aufgrund des hohen Maßes an Spezialisierung oft schwierig bis unmöglich ist, nicht missbraucht und korrumpiert werden. Arbeitsteilung gelingt, wenn sie als soziales Projekt verstanden wird, an dem alle beteiligt sind und das allen zugutekommt – und wenn eine hinreichend große Zahl an Menschen sich dafür verantwortlich fühlt, dass sie gelingt.

Wenn wir uns fragen, wen es in der heutigen Zeit zu feiern gilt, wer öffentliche Aufmerksamkeit verdient hat und als Vorbild gelten kann, ist dies die Richtung, in die wir blicken sollten: Wer sind diejenigen, die dafür sorgen, dass unsere komplexen Systeme geteilter Arbeit rechtlich und moralisch auf Kurs bleiben? Wer wäre auch unter Inkaufnahme persönlicher Opfer bereit, Dinge öffentlich zu machen? Es müssen nicht die großen, weltweit beachteten Fälle von Whistleblowing sein; die vielen »kleinen« Fälle, in denen Leute vor Ort sich dafür einsetzen, dass die Dinge gut laufen – obwohl es so einfach wäre, Schludrigkeiten oder egoistisches Fehlverhalten zu vertuschen –, sind ebenso wichtig.

Denn schließlich ist auch das ein Aspekt des sozialen Charakters von Arbeit: Die Arbeitswelt ist kein technisches »System«, in ihr stellen sich zwischenmenschliche und moralische Fragen, bei denen die Einzelnen Stellung beziehen müssen und alleine oder gemeinsam mit anderen für ihre Überzeugungen einstehen müssen. Diese Aufgabe werden uns Roboter und Algorithmen auch in Zukunft nicht abnehmen, und es wäre fatal, wenn Menschen sich selbst oder andere als bloße »Rädchen im System« verstehen. Welche Aufgaben in unserem Netz geteilter Arbeit die Maschinen sinnvollerweise übernehmen sollen und was so grundlegend menschlich ist, dass sie dies nicht können und dürfen – darum werden sich entscheidende Kämpfe der Zukunft drehen.

3.

NICHT NATURGEWALT, SONDERN POLITISCHE AUFGABE: WARUM WIR DIE DIGITALE ARBEITSWELT GESTALTEN MÜSSEN

Kennen Sie dieses Gefühl, wenn sich irgendein kompliziertes Problem auf einmal von selbst löst? Diese Mischung aus Ungläubigkeit – eigentlich ist es zu schön, um wahr zu sein – und Erleichterung, dass diese Sache, an der man so lange herumgekaut hat, sich in Luft auflöst? So selten so etwas vorkommt, so häufig begegnet man diesem Muster – Erleichterung, gemischt mit einer Spur von Ungläubigkeit –, wenn es um die digitale Transformation geht. Auf einmal scheinen alle Probleme lösbar zu sein: der demographische Wandel (wenn man Roboter statt Menschen beschäftigen kann), die Wettbewerbsfähigkeit der deutschen Industrie (wenn man nur schnell genug digitalisiert), sogar die gesellschaftliche Integration (wenn sich Nachbarn auf Plattformen vernetzen).

Natürlich gibt es auch diejenigen, die nicht Lösungen, sondern nur neue Probleme sehen. Aber selbst deren Kassandrarufe klingen eher resignierend und passiv – es scheint, als würden Pessimisten wie Optimisten glauben, dass wir Prozessen beiwohnen, die uns wie das Schicksal ereilen, ohne dass wir etwas tun könnten oder müssten.

Dass die Dinge sich irgendwie von selbst regeln, dass alles einer höheren Logik folgt, dass man nichts tun kann und deshalb sowohl Privatleute als auch Politikerinnen aus ihrer Verantwortung entlassen sind – diese Logik klingt vertraut. Lange vor dem digitalen Wandel hieß es von den »Märkten«, dass sie von »unsichtbarer Hand«, also ohne Eingriff der Politik geregelt und dabei automatisch dem Gemeinwohl dienen würden – eine Phantasie, die spätestens 2008 zu einem bösen Erwachen führte. Märkte steuern sich eben doch nicht selbst und schon gar nicht zum Wohle aller, im Gegenteil: Wenn Spekulationsblasen platzen, trifft das häufig gerade diejenigen besonders hart, die dafür die geringste Verantwortung tragen.

Inzwischen hat sich herumgesprochen, dass der Schein von den selbstregulierenden Märkten trügt. Die Langzeitwirkungen der globalen Finanz- und der auf sie folgenden Eurokrise verfolgen uns bis heute. Wer ohne mit der Wimper zu zucken die »unsichtbare Hand« beschwört, bekommt heute oft Gegenwind (und der Erfinder dieses Bildes, Adam Smith, würde sich wohl im Grab umdrehen, wenn er wüsste, welch Eigenleben es entwickelt hat und für welch haarsträubende Zwecke es missbraucht wird). Aber in Bezug auf die digitale Transformation gibt es eine ähnliche Haltung: Sie wird oft als etwas wahrgenommen, das einer höheren Logik folgend einfach *passiert*. Die einen bejubeln, die anderen beklagen das, aber beide Lager sind sich einig, dass man nichts tun kann.

Doch diese Annahme ist gefährlich. Sie lässt als einzige Handlungsoptionen Anpassung und persönliche Vorteilsnahme offen – eine zynische Haltung, die letztlich dazu führt, dass sich Individuen keine Gedanken mehr darüber machen, *was genau es ist*, was sie in ihrem Arbeitsleben tun und welche Verantwortung sie tragen.

Niemand hat diese Haltung besser auf den Punkt gebracht als Tom Wolfe in einer berühmten Szene seines Romans *Fegefeuer der Eitelkeiten*. Dort wird der Investmentbanker Sherman McCoy von seiner kleinen Tochter gefragt, was er beruflich mache. Der Vater ihrer Freundin »mache« Bücher, was »mache« er, der Investmentbanker? Er handle mit Bonds, antwortet McCoy, und diese Bonds würden dazu dienen, dass Leute Geld bekämen, um Autobahnen oder Krankenhäuser zu bauen. Autobahnen und Krankenhäuser findet die Tochter großartig, aber ihr Vater muss eingestehen, dass er nicht direkt daran beteiligt ist, sie zu bauen. Seine Frau springt ihm zur Seite. Es sei, wie wenn man einen Kuchen zerschneide und aufteile und jedes Mal ein paar Krümel behalten dürfe; je mehr Kuchenstücke herumgereicht würden, desto mehr Krümel würden anfallen. McCoy ist über diese Erklärung indigniert – Krümel, wie das klingt! Am Ende fängt die Tochter an zu weinen, und McCoy holt sich genervt einen Martini.

Wolfe schildert hier eine Figur, die sich selbst in gewisser Weise entmündigt hat. Eine wirkliche Erklärung dafür, wie er eigentlich sein Geld verdient und in welche größeren Zusammenhänge sich die eigene Tätigkeit einordnet, kann McCoy nicht liefern. Die Prozesse, die sein Handeln bestimmen, hinterfragt er nie, als wären sie gottgegeben.

Wolfes Roman erschien 1987, zur Hochphase des Glaubens an die Segnungen der freien Finanzmärkte. Heute könnte man eine ähnliche Szene aus einer anderen Branche erzählen: Der Protagonist wäre dann nicht Investmentbanker, sondern würde in einem digitalen Start-up arbeiten, das irgendetwas »Disruptives« macht, das vermeintlich genau deshalb der Gesellschaft dient. Wie früher in der Finanzwelt scheint in Teilen der Szene, die sich als Vorreiter der digitalen Transformation versteht, das Gefühl vorzuherrschen, dass alles so sei, wie es sein müsse, dass es okay sei, einfach mitzumachen, ohne die eigene Tätigkeit wirklich begründen oder einordnen zu können – denn man folgt ja einem naturwüchsigen Prozess, den einzelne Menschen ohnehin nicht kontrollieren könnten.

Wie irreführend diese Vorstellung ist, zeigt sich, wenn man sich klarmacht, an wie vielen Stellen und auf welchen Ebenen diese Prozesse sehr wohl von Menschen gesteuert werden – natürlich einerseits von denjenigen, die als Marktteilnehmer daran beteiligt sind, neue Technologien voranzutreiben, aber auch von Politikerinnen, die die Rahmenwerke für Märkte schaffen, und von denjenigen, die an der Spitze der Organisationen stehen, in denen Menschen arbeiten. An diesen Stellen bündelt sich Gestaltungsmacht, und mit solcher Macht ist Verantwortung verbunden – Verantwortung, die im direkten Gegensatz zu dem bequemen Zynismus steht, den Wolfe beschreibt.

In diesem Kapitel möchte ich diskutieren, welche Ebenen der Steuerung digitaler Arbeitsprozesse existieren – welche »sichtbaren Hände« es also gibt, in denen reale Gestaltungsmöglichkeiten liegen, in der Politik wie in Unternehmen.

OPTIMISTEN, PESSIMISTEN, REALISTEN

Das Narrativ, dass die Prozesse der digitalen Transformation irgendwie automatisch ablaufen, ohne menschliches Handeln und ohne die Möglichkeit oder Notwendigkeit von Steuerung, gibt es in zwei Varianten, einer optimistischen und einer pessimistischen. Für die Optimisten wird digitale Technik die Lösung aller Probleme bringen, mit denen sich Gesellschaften über Jahrhunderte herumgeschlagen haben. Materielle Knappheit? Die Roboter werden alles im Überfluss produzieren. Politische Konflikte? Digitale Vernetzung wird helfen, Demokratie und Menschenrechte bis in den letzten Winkel der Erde zu tragen; man denke an die Begeisterung über die Rolle sozialer Medien zu Beginn des sogenannten »Arabischen Frühlings«.

Armut? Dank ihrer Smartphones können Menschen überall zu »Micro-Entrepreneurs« werden und sich aus ihrer Not befreien.

Überspitzt gesagt gibt es für diese Techno-Optimisten nichts, was sich nicht durch die richtige App lösen ließe. Dass digitale Innovationen auch weniger edlen und sogar kriminellen Zwecken dienen können, ist in diesem Bild ebenso wenig vorgesehen wie unbeabsichtigte Folgen, etwa dass in sozialen Medien nicht nur Nachrichten, sondern auch *fake news* einen fruchtbaren Boden finden.

Die pessimistische Variante des Narrativs von den automatischen, spontanen Prozessen der digitalen Transformation folgt derselben Logik der Unausweichlichkeit, wendet sie aber negativ. Diese *muss* demnach massenhaft Arbeitsplätze vernichten, es kann gar nicht anders sein, als dass wir zu Marionetten der globalen Internetkonzerne werden, und *natürlich* wird die Demokratie dran glauben müssen. Wir können eigentlich nichts tun, als beim Weltenbrand zuzuschauen, und vielleicht noch versuchen, bis dahin eine einigermaßen gute Zeit zu haben.

Selten werden diese Positionen so explizit vertreten, wie ich sie hier beschreibe. Kein Wunder, wirkt ihr Fatalismus doch reichlich schlicht. Und doch sind sie als unterschwellige Annahmen weit verbreitet und folgenreich – sie liefern den Grundton für ganze Weltbilder. Ein Beispiel für einen insgesamt eher pessimistischen Fatalismus findet sich zum Beispiel in Yuval Noah Hararis Besteller *Homo Deus*. Auch wenn Harari sich halbherzig von einer fatalistischen Weltsicht abgrenzt und sein Buch als »eine Einladung, die Zukunft zu verändern«, beschreibt, ist der Ton insgesamt doch extrem apodiktisch. Er stellt z.B. den menschlichen Kontrollverlust über bestimmte Technologien als kaum vermeidbar dar.

Dass derartige Narrative so wirksam sind, liegt vielleicht auch daran, dass sie mit philosophischem Denken verwandt sind, das tiefe Wurzeln in der Ideengeschichte des Westens hat. Einerseits ist da die Vorstellung von einem wohlgeordneten Kosmos, den ein Schöpfergott so eingerichtet hat, dass sich die Dinge irgendwie zum Guten wenden werden, auch wenn wir kleinen Menschlein mit unserer begrenzten Einsichtsfähigkeit nur Chaos und Elend sehen. Im Hintergrund, so dieses Bild, sind höhere Mächte am Werk, die die Prozesse weise und wohlwollend lenken. Dieses Bild hat über die Aufklärer im 17. und 18. Jahrhundert seinen Weg in die Ökonomie gefunden – Adam Smith' »unsichtbare Hand« des Marktes, die eigeninteressierte Akteure zu Förderern des Gemeinwohls macht, ist letztlich nur vor dem Hintergrund der Vorstellung einer kosmischen Ordnung zu verstehen, die ein gütiger Gott wohlwollend gestaltet hat. Später findet sich dieses Denken in bestimmten Interpretationen von G. W. F. Hegels Vorstellung von einem »Weltgeist« und einer »Vernunft in der Geschichte« wieder, die dafür sorgen würden, dass die Menschheit trotz Krieg und Leid letztlich unaufhaltsam auf eine bessere Zukunft zusteuere.

Parallel zur pessimistischen Variante gibt es die Vorstellung von einer gefallenen Welt, in der kein menschliches Streben, wie hochherzig es auch immer sein mag, etwas am vorbestimmten Lauf der Dinge ändern kann. Eine besonders für den wirtschaftlichen Bereich relevante Version dieses Denkmusters ist eine bestimmte Lesart der marxistischen Theorie, der zufolge der Kapitalismus eine unaufhaltbare Dynamik besitze, die durch immer größere Krisen auf seine Selbstzerstörung zulaufe. Wenn er dann zusammengebrochen sei, werde eine bessere Gesellschaft auf Grundlage eines völlig anderen Wirtschaftssystems folgen, so das Versprechen. Bis dahin aber könnten wir, polemisch gesagt, nur abwarten und Tee trinken.

Vielleicht ist es normal, dass in Zeiten technologischer Umbrüche diese längst totgeglaubten Geister wieder zum Leben erwachen, entweder in Gestalt von Utopien glücklicher, von anstrengender Arbeit entlasteter zukünftiger Generationen, die in Flugtaxis zwischen vollautomatisierten Häusern, durchrobotisierten Fabriken und virtuellen Vergnügungswelten hin- und herjetten, oder als Dystopien von »Robocalypsen« und zu Monstern gewordenen Computern, die Menschen aus Fleisch und Blut nur noch als Rohmaterial betrachten.

Oft wird dabei eine Rhetorik evolutionärer Entwicklung verwendet, inklusive der Vorstellung natürlicher Selektion und des »Drucks« zur Anpassung. Aber das ist eine ziemlich fehlgeleitete Übertragung naturwissenschaftlicher Ansätze auf die soziale Welt. Und die darwinistische Theorie enthält keine Wertungen – sie beschreibt, wie sich das Zusammenspiel von Arten und Gattungen entwickelt hat, ohne zu behaupten, dass die Dinge besser oder schlechter würden. Übertragen auf die Entwicklung neuer Technologien dagegen enthalten diese Darstellungen oft unterschwellige Werturteile, die bestimmte Handlungsformen nahelegen und andere diskreditieren. Das ist nicht besonders konsistent – denn im darwinistischen Dschungel handelt niemand bewusst, und niemand diskutiert darüber, wie man handeln *sollte*.

Wenn wir ohne Rückgriff auf die Idee »unsichtbarer Hände« oder auf einen unsichtbar wirkenden »Weltgeist«, aber auch ohne fatalistische Fantasien von naturnotwendig ablaufenden Prozessen über die digitale Transformation nachdenken, stellen sich viele Fragen neu. Dabei muss man gar nicht leugnen, dass technische Entwicklungen Eigendynamiken hervorrufen können, etwa wenn eine Technologie, die für einen bestimmten Bereich entwickelt wurde, sich auch in anderen Bereichen als anwendbar erweist. Aber damit ist nichts darüber gesagt, wie diese Entwicklungen gesteuert werden – was erlaubt oder verboten, was vermarktet oder ignoriert wird, wem die Rechtsregeln Verantwortung zuschreiben und wem nicht. Fatalismus, ob in der optimistischen oder der pessimistischen Variante, bietet keine Orientierung für die Beantwortung der Frage, wie man mit den neuen Entwicklungen umgehen *soll*. Am gefährlichsten ist er, wenn er selbsterfüllend wird: Wenn aufgrund der Annahme, dass man nichts tun könne, niemand etwas tut, und es dann tatsächlich so aussieht, als wären die Entwicklungen nicht durch menschliches Handeln beeinflussbar.

Immer wenn etwas als unvermeidbar dargestellt wird, lohnt es sich zu fragen, wer von dieser Darstellung profitiert. Wer hat etwas davon, wenn man die Dinge einfach laufen lässt, und wer hat das Nachsehen? Es ist kein Zufall, dass die optimistischen Stimmen oft aus dem Bereich der Internet-Start-ups und des Silicon Valley kommen (und all der anderen »Valleys«, die es kopieren möchten). Diesen Akteuren kommt es sehr gelegen, wenn sie sich als Löser aller Probleme darstellen können – Regulierungen, Einschränkungen, schon bloßer Skeptizismus sind dann böswillig aufgestellte Hindernisse auf dem Weg in eine bessere Zukunft. Die Pessimisten dagegen kommen typischerweise aus anderen Lagern, ihnen liegt das Gemeinwohl am Herzen, oder zumindest behaupten sie das. Es ist eine fast schon tragische Ironie, dass sie mit ihrem Fatalismus Gefahr laufen, zu Handlangern der blinden Optimisten zu werden.

Unsichtbare Hände gibt es nicht, weder im Guten noch im Bösen. Es gibt technische Entwicklungsprozesse, die eine gewisse Eigendynamik entfalten können, aber es gibt, um im Bild zu bleiben, auch sichtbare, menschliche Hände, die in Eigendynamiken eingreifen können. Die wichtigsten Eingriffe betreffen dabei zwei Ebenen, auf denen die Weichen für die digitale Transformation entscheidend gestellt werden: einerseits die Gestaltung des Rahmenwerks der Märkte, andererseits die Gestaltung der Arbeitswelt auf der Ebene von Organisationen.

DIE GESTALTUNG DER MÄRKTE UND DIE ROLLE DER POLITIK

Eigentlich ist es ein Kuriosum, dass sich die Vorstellung, Märkte würden von selbst das Gemeinwohl befördern, in den Jahren vor der Großen Finanzkrise von 2008 auch in Deutschland weit verbreitet hatte. Denn hier gibt es eine Tradition, die schon seit Jahrzehnten ein viel realistischeres Bild vertritt: den Ordoliberalismus. Wie andere im angelsächsischen Raum verbreitete Spielarten des Liberalismus hält auch der Ordoliberalismus daran fest, dass Märkte eine wichtige Rolle im Wirtschaftsleben einer modernen Gesellschaft spielen. Aber er betont im Gegensatz zu diesen, dass hierfür der Staat einen klaren Rahmen setzen muss. Damit er dies tun kann, muss das herrschen, was in der sozialdemokratischen Denktradition als »Primat der Politik« über die Wirtschaft firmiert und was der Ordoliberalismus ebenfalls voraussetzt: Demokratische Politik muss die Macht haben, den Rahmen für das Wirtschaftsleben zu setzen, anstatt sich von Wirtschaftsinteressen bloß treiben zu lassen.

Mittlerweile hat sich im öffentlichen Bewusstsein die Einsicht weitgehend durchgesetzt, dass Märkte nur dann zum Wohl der Gesellschaft funktionieren, wenn sie durch eine kluge Ordnungspolitik gestaltet werden. Allerdings lässt die Umsetzung wichtiger Vorschläge weiterhin auf sich warten. Wir haben immer noch keine Tobin-Steuer auf Finanzmarkttransaktionen, die »Sand ins Getriebe« der Finanzmärkte werfen und Spekulation eindämmen würde. Immer noch liegt der Schwerpunkt an den Finanzmärkten auf kurzfristigen Gewinnen, wodurch auf viele Firmen Druck ausgeübt wird, sich ebenfalls an kurzfristigen Zahlen zu orientieren – dabei ließe sich durch eine Änderung der Berichtszeiträume oder steuerliche Anreize ein langfristiger orientiertes und damit viel besser mit dem Gemeinwohl zu vereinbarendes Wirtschaften fördern. Immer noch zahlen Finanzinstitute selbst in Jahren, in denen sie Verluste schreiben, horrende Boni aus. Auch wenn man über die Details der Vorschläge streiten kann: dass sich nach der Finanzkrise doch verhältnismäßig wenig getan hat, wirft kein gutes Licht auf die Fähigkeit und den Willen der Politik, den ordnungspolitischen Rahmen auch gegen die kurzfristigen Interessen bestimmter Branchen durchzusetzen.

Wenn es um die Gestaltung des Rahmenwerks von Märkten geht, muss die Logik eine andere sein, als wenn innerhalb der Märkte selbst gehandelt wird. Innerhalb der Märkte ist es – innerhalb gewisser Grenzen, die keineswegs nur die Grenzen der geltenden Gesetze sind – legitim, seine eigenen Interessen zu verfolgen. Wenn der Markt gut reguliert ist, führt seine Wettbewerbsdynamik dazu, dass die Kunden gute Produkte zu fairen Preisen erhalten, ohne dass dabei die Umwelt verschmutzt oder die Arbeiter ausgebeutet werden. Gerade deshalb aber muss auf der Ebene der Politik eine Logik der demokratischen Gemeinwohlorientierung vorherrschen, die sich an der Einschätzung der Situation durch unabhängige Instanzen orientiert. Wenn es zum Beispiel darum geht, Märkte in Bezug auf schädliche Umwelteffekte zu regulieren, sollten Politikerinnen nicht auf die Lobbyisten der betroffenen Firmen, sondern auf neutrale Gutachter hören. Denn auf der Ebene der Politik gibt es erst recht keine »unsichtbare Hand«, die ohne den aktiven

Einsatz menschlicher Individuen irgendwie alles zum Besten führen würde.

Anders formuliert: Die »Hände«, die Märkte gestalten, sind die Abgeordneten in Parlamenten, die als Volksvertreter über Gesetze und Regulierungen abstimmen. Es sind die Bürgerinnen und Bürger, die sie wählen oder ihnen mit Abwahl drohen. Und es sind Richterinnen und Richter, die Recht sprechen und dafür sorgen, dass die demokratisch beschlossenen Regeln eingehalten werden. Es ist ihre Verantwortung, dies auf eine Art und Weise zu tun, die der Funktion ihres Amtes entspricht – auch wenn sie als Menschen potenziell anfällig sind für korrumpierende Einflüsse, etwa Versprechen von Wahlkampfspenden oder lukrativen Posten nach dem Ende ihrer Amtszeit.

Das Problem, das sich hier stellt, ist denkbar einfach zu verstehen und dennoch von höchster Brisanz. Die kapitalistische Wirtschaftsform produziert ökonomische Ungleichheit: Ob aufgrund eigener Leistungen oder durch Glück, auf jeden Fall stehen am Ende Einzelne mit mehr Geld da als andere. Der politische und rechtliche Rahmen aber muss die gleichen Rechte aller sichern. Wenn dieser Rahmen zugunsten derjenigen, die mehr haben, verzerrt wird – sei es, weil sie durch Lobbyismus Einfluss auf die Politik nehmen, sei es, weil sie sich bessere Anwälte leisten können –, dann verschiebt sich das System zu ihren Gunsten. Damit wird es ihnen leichter gemacht, *noch* mehr Geld zu verdienen, um dann *noch* mehr politischen Einfluss zu nehmen und *noch* mehr Regeln zu ihren Gunsten zu verzerren – ein sich selbst verstärkender Prozess, der die Ungleichheit in unseren Gesellschaften weiter anwachsen lässt und dafür sorgt, dass die Märkte immer weniger zum Wohl aller und stattdessen immer stärker zugunsten derjenigen wirken, die sowieso schon ganz oben stehen.

Ist diese Entwicklung unvermeidbar, wie manche meinen – gleiten Gesellschaften, die freie Märkte zulassen, über kurz oder lang zwangsläufig in feudale Verhältnisse ab, die zuletzt auch die Märkte selbst zerstören? In der Vergangenheit war dies, wie der Wirtschaftshistoriker Bas van Bavel herausgearbeitet hat, oft der Fall. Aber bedeutet das, dass es auch im derzeit laufenden historischen Experiment, der Kombination von freien Märkten und Demokratien, so enden muss? Oder ist die Position, die van Bavel einnimmt, selbst ein Teil des beschriebenen Problems, weil sie mit ihrem Fatalismus die Inaktivität legitimiert, die jene problematischen Prozesse erst recht möglich macht?

Diese Fragen nach Gestaltungsmöglichkeiten stellen sich auch in Bezug auf die Märkte, in denen neue digitale Technologien zum Einsatz kommen. Vielfach geht es bei solchen Technologien darum, Informationen besser zu verarbeiten und damit Effizienzgewinne zu realisieren. Dabei geht es immer auch um Verteilungsfragen: Wer profitiert, welche möglichen Nebeneffekte werden welchen Gruppen aufgebürdet? Ein Beispiel, das unmittelbare Auswirkungen auf die Arbeitswelt hat, sind Technologien für das Zeitmanagement in Firmen. *Scheduling software* kann mithilfe von Datenanalyse vorhersagen, zu welchen Zeitpunkten besonders viele Beschäftigte benötigt werden. Für Firmen bietet das die verlockende Möglichkeit, ihren Angestellten nicht mehr feste Slots anzubieten, sondern sie »auf Abruf« zu beschäftigen. Das spart Kosten – aber es hat fatale Folgen, wenn die Angestellten ihr Leben überhaupt nicht mehr sinnvoll planen können. Einige US-Bundesstaaten haben deswegen gesetzliche Vorschriften erlassen, dass Beschäftigte mindestens sieben Tage im voraus verbindlich über ihre Schichten informiert werden müssen – während andere Bundesstaaten sie der Willkür ihrer Arbeitgeber ausliefern.

Man kann sich auch andere Lösungen als Verbote vorstellen. Zum Beispiel könnte ein Teil der Arbeitnehmer in Verträge einwilligen, denen zufolge sie wirklich »auf Abruf« bereitstehen, aber dafür erheblich höhere Gehälter beziehen, ähnlich den Nacht- oder Wochenendzuschlägen, die es in Deutschland schon gibt (allerdings ist nicht so klar, ob die Firmen dann noch so erpicht darauf wären, derartige Verträge anzubieten – es würde dann vermutlich nur noch an den Stellen passieren, an denen Flexibilität wirklich hohe Zusatzgewinne verspricht). Es ist nicht naturgegeben, wie mit derartigen technologischen Neuerungen umgegangen wird, es gibt Möglichkeiten der Regulierung und Sanktionierung. Darf zum Beispiel ständige Erreichbarkeit erwartet werden, oder gibt es gesetzlich verankerte Ruhezeiten? Werden sogenannte *zero hour contracts* ohne festgelegte Stundenzahl und damit auch ohne planbares Einkommen erlaubt, wie dies in Großbritannien der Fall ist, oder werden sie nur unter strengen Auflagen oder überhaupt nicht zugelassen? Wie sieht es mit der Sozialversicherung derjenigen aus, die unter solchen Bedingungen arbeiten?

Ein anderer Bereich, in dem in Zukunft rechtliche und politische Kämpfe um die Gestaltung des Rahmenwerks von Märkten zu erwarten sind, ist die Verwendung von Algorithmen zur Vergabe von Jobs. Angenommen, die Angestellte einer Personalabteilung muss auf Grundlage von Bewerbungsmappen aus Dutzenden oder gar Hunderten Kandidaten eine kleine Anzahl auswählen, die zum Vorstellungsgespräch eingeladen wird. Aus der psychologischen Forschung ist bekannt, dass Menschen bei derartigen Entscheidungen von einer Vielzahl unbewusster Faktoren beeinflusst werden, die zu Verzerrungen – sogenannten *biases* – führen können. Beispielsweise könnte die Angestellte bei der Auswahl für die Besetzung einer Ingenieursstelle von der Vorstellung geleitet sein, dass Ingenieure junge, sportliche, weiße Männer sind. Sie diskriminiert nicht bewusst weibliche, nichtweiße oder ältere Bewerber, bewertet deren Lebensläufe aber womöglich unbewusst strenger als die derjenigen Bewerber, die dem Klischee entsprechen. Vielleicht ist sie auch ein bisschen großzügiger, wenn ein Bewerber aus der gleichen Stadt kommt wie sie selbst oder ein besonders griffiges Briefpapier verwendet, oder sie geht mit den Bewerbungen, die sie vormittags voller Frische und Energie liest, anders um als mit denen, die sie später am Tag mit nur halb so viel Enthusiasmus bearbeitet.

Dieses Problem lösen wir, versprachen clevere Software-Entwickler – und auch in der deutschen öffentlichen Debatte hörte man viel Positives über diese neuen Möglichkeiten. Wenn statt Mitarbeitern Algorithmen entscheiden würden, ließen sich menschliche Fehlbarkeit und unbewusste Benachteiligungen ausschließen. Bestimmte Faktoren könnten als harte Ausschlusskriterien definiert, andere in komplexen Rangordnungen gewichtet werden. Darüber hinaus könnten selbstlernende Programme eingesetzt werden, die Daten früherer Bewerberinnen auswerten und so in die Lage versetzt werden, Muster zu erkennen. So ließe sich beispielsweise überprüfen, ob wirklich ein belegbarer Zusammenhang zwischen einem Universitätsabschluss und der Leistungsfähigkeit eines Mitarbeiters besteht.

Die großen Hoffnungen, die anfangs in solche Programme gesetzt wurden, haben sich nicht erfüllt: Anstatt übersehene Talente zu entdecken und kleinliche Vorurteile zu überwinden, haben sich algorithmische Entscheidungen als nicht weniger vorurteilsbehaftet herausgestellt als menschliche, weil sie selbst oftmals von Faktoren abhängen, die menschengemacht sind. Wenn beispielsweise die zugrunde liegenden Datensätze selbst schon verzerrt sind, weil in der Vergangenheit bestimmte Gruppen diskriminiert wurden, repliziert sich das Problem.

Das Ergebnis kann zum Beispiel sein, dass Männern beim Surfen im Internet häufiger als Frauen Jobanzeigen für hochrangige Positionen angezeigt werden. Datenfehler oder ungleichmäßig erhobene Daten für verschiedene Gruppen können ebenfalls Verzerrungen bewirken. Selbst wenn Faktoren wie Ethnie, Geschlecht oder Alter explizit ausgeschlossen werden, kann es sein, dass die Programme über andere Faktoren wie die Postleitzahl oder Unterbrechungen in der Erwerbsbiographie Angehörige verschiedener Gruppen identifizieren und unterschiedlich behandeln. Und schließlich: Je komplexer die Programme sind, desto schwieriger ist es selbst für Fachleute zu verstehen, *warum* sie bestimmte Entscheidungen treffen. Die Betroffenen haben dann also keine Möglichkeit, zu erfahren, weshalb sie nicht zu einem Vorstellungsgespräch eingeladen wurden – das Versprechen von mehr Transparenz löst sich in Luft auf.

Ob und wie derartige Algorithmen eingesetzt werden dürfen, ist eine Frage des rechtlichen Rahmens – und dessen Gestaltung ist hier schwierig. Gängige Anti-Diskriminierungsgesetze tun sich schwer mit den neuen Phänomenen. Denn eine *Absicht* zur Diskriminierung kann man nicht unterstellen; der Algorithmus sucht ja nur nach Eigenschaften, die für die Erfüllung der vorgesehenen Aufgaben relevant sind. Außerdem ist es oft schwierig, systematische Muster zu erkennen; jeder Bewerber hält zunächst nur die eigene Absage oder Zusage in den Händen. Wenn – zum Beispiel infolge der Untersuchung einer NGO – ein Muster erkennbar wird, stellt sich die Frage, ob die betroffene Firma dazu gebracht werden kann, den verwendeten Algorithmus offenzulegen. In der Regel wird sie sich darauf berufen, dass dieser ihr Geschäftsgeheimnis ist, denn würde er offengelegt, könnte er ja von Konkurrenten kopiert werden.

Hier kommen also schwierige Fragen auf die gesetzgebenden Instanzen zu. Expertinnen und Experten fordern zu Recht, dass man für Algorithmen genau wie für andere Technologien in der Vergangenheit Sicherheitsvorkehrungen und Standards entwickeln muss. Sonst droht ein Szenario, in dem unter dem Vorwand der Objektivität und technischen Neutralität alte Ungerechtigkeiten fortgeschrieben und neue hinzugefügt werden. »Weapons of Math Destruction«, Waffen der Mathematik-Vernichtung, nennt die amerikanische Technologie-Expertin Cathy O'Neil derartige Programme, weil sie unter dem Deckmantel des angeblichen technologischen Fortschritts sehr viel gesellschaftlichen Schaden anrichten können und in den USA teilweise bereits angerichtet haben. Wie viele andere schlussfolgert auch sie, dass hier gesetzliche Standards nötig sind.

Eine Herausforderung, die spätestens mit dem Taxi-Ersatzdienst Uber die öffentliche Debatte erreicht hat, ist dabei, dass in der digitalen Arbeitswelt nicht alles, was wie eine Firma aussieht, formalrechtlich als eine Firma auftritt. Uber und viele andere Plattformen versuchen, sich vor Verpflichtungen ihren Angestellten gegenüber dadurch zu drücken, dass sie behaupten, keine Arbeitgeber zu sein, sondern eben nur Plattformen, auf denen Marktteilnehmerinnen miteinander Verträge schließen. Das ist ein recht durchsichtiger Schachzug, denn viele Uber-Fahrer arbeiten ausschließlich für dieses Unternehmen und befinden sich de facto in der Rolle von Angestellten. Ähnliche juristische Manöver, mit denen Regulierung umgangen oder vermieden werden sollte, hatte es auch vor der großen Finanzkrise im Bankensektor gegeben. Dort hatten sich zahlreiche Firmen – oft Ausgründungen regulärer Banken – als Nicht-Banken geriert, um der Bankenregulierung zu entgehen. Wie ein amerikanischer Kommentator damals schrieb: Wenn es wie eine Firma läuft und wie eine Firma schnattert, dann sollte es wie eine Firma behandelt werden.

Ein weiterer Faktor bei der Gestaltung digitaler Märkte ist die Tatsache, dass es sich oftmals gar nicht um »Märkte« im klassischen Sinne eines Wechselspiels zwischen zahlreichen Anbietern und Nachfragern handelt, sondern um Netzwerke, in denen es eine Tendenz zur Monopolbildung gibt. Das Interessante an Facebook ist, dass man dort so große Gruppen von Menschen treffen kann – lauter unterschiedliche *facebooks*, jeweils für Untergruppen oder unterschiedliche Länder, wären wenig reizvoll. Auch von der Angebotsseite her ist es effizienter, wenn es eine große Plattform gibt, die von Nutzerinnen aus der ganzen Welt verwendet werden kann, weil die Software, wenn sie einmal entwickelt wurde, ohne Mehrkosten für größere Zahlen von Nutzern verwendet werden kann. Ähnliche Netzwerk- oder Skaleneffekte (oder die Kombination aus beidem) finden sich auch bei vielen anderen Wirtschaftsmodellen der digitalen Welt: In der Gründungsphase herrscht enormer Wettbewerbsdruck, weil man schnell einen großen Markt erobern möchte; wenn dies einmal gelungen ist, kann man die Monopolstellung oft recht einfach verteidigen. Für neue Anbieter ist es dann ungleich schwerer, in den Markt noch einzusteigen.

Unter Ökonominnen ist umstritten, wie man aus regulatorischer Perspektive mit diesem Phänomen umgehen soll. Eine weit verbreitete Theorie besagt, dass sich Netzwerk-Firmen auch weiterhin um Effizienz bemühen werden, wenn sie die alleinigen Platzhirsche sind, weil sie ständig im Bewusstsein leben, dass andere Firmen ihnen nacheifern und sie verdrängen könnten. Und es stimmt, dass zum Beispiel Facebook ständig mit neuen Innovationen experimentiert. Allerdings übernimmt es dabei auch viele Ideen, die von Konkurrenzfirmen entwickelt wurden, oder kauft diese gleich auf, um zu verhindern, dass es zu einer Massenmigration zu einem anderen sozialen Netzwerk kommt. Wenn dies von Kartell- und Regulierungsbehörden zugelassen wird, ist nicht verwunderlich, dass Marktmacht entsteht. Radikale Kritiker plädieren für eine Umwandlung derartiger Firmen in öffentliche Unternehmen, mit dem Argument, dass sie Güter bereitstellen, die den Charakter einer öffentlichen Infrastruktur haben. Ich werde in Kapitel V eine andere Stoßrichtung vorschlagen – die Demokratisierung von Unternehmen –, aber auch sie kommt nicht ohne regulative Eingriffe aus.

Eine weitere Dimension der Gestaltung des Rahmenwerks von Märkten betrifft die Institutionen, die *um sie herum* existieren. Märkte existieren nicht in einem Vakuum, und welche Effekte sie haben, hängt maßgeblich davon ab, in welche Gesellschaften sie eingebettet sind – und wie gut diese in der Lage sind, die digitale Transformation zum Wohl der Gesellschaft zu gestalten. Ein klassisches Beispiel für dieses Wechselspiel sind öffentliche Schulen und Universitäten, die Menschen ermöglichen, unterschiedliche Formen der Qualifizierung zu erwerben, mit denen sie dann in die Arbeitswelt eintreten. Ohne Bildung auf die Verwertbarkeit im Arbeitsmarkt reduzieren zu wollen: Wenn sich Märkte verändern, müssen sich auch die Institutionen ändern, die mit ihnen verbunden sind, damit das Gemeinwohl gewahrt bleibt.

Gerade in Deutschland ist die Vorstellung verbreitet, dass schulische, praktische oder universitäre Ausbildungen dazu dienen, dass man in jungen Jahren einen Beruf erlernt – und dann *ist* man Krankenschwester oder Gärtner oder Programmiererin oder Banker. Dieses Denken ist stark von der Tradition protestantischer Theologie und, wie ich im letzten Kapitel beschrieben habe, auch von Ideen zur menschlichen Selbstverwirklichung aus der Epoche der Romantik geprägt. Darin liegt viel Wertvolles: eine Wertschätzung von Arbeit, eine realistische Einschätzung des Einflusses, den sie auf Menschen hat, das Eingeständnis, dass etwas, das man jahrelang tut, einen formt. Aber nicht alle Berufsbilder werden in den nächsten Jahrzehnten bestehen bleiben – so wie es heute nur noch wenige Kutscher oder Hufschmiede gibt, wird es in Zukunft möglicherweise nur noch wenige Taxi- oder Busfahrer geben. Derartige Veränderungsprozesse sind der Preis, den eine Gesellschaft für technischen Fortschritt zahlt. Er wird aber nicht von allen gleichermaßen gezahlt, sondern verlangt oft bestimmten Gruppen besonders hohe Opfer ab. Konkret stellt sich die Frage: Was passiert mit denjenigen, deren Jobs später im Leben von digitalen Veränderungen betroffen sind, die neue Tätigkeiten erlernen oder sich auf ganz neue Bereiche einstellen müssen?

Das gedankliche Modell, dass Bildungsinstitutionen vor allem die Jugend betreffen, die ein für alle Mal auf ein bestimmtes Berufsbild vorbereitet und dann in die Welt hinausgeschickt ist, passt nicht mehr in eine Situation, in der das Verhältnis zwischen der Lebensarbeitszeit und der Lebensdauer bestimmter Tätigkeiten sich massiv verändert hat. Aber wer sagt, dass dies nicht auch eine große Chance sein könnte, zumindest dann, wenn Universitäten und andere Bildungseinrichtungen entsprechende Angebote machen, etwa Weiterbildungskurse, die berufliche Veränderungen auch später im Leben erlauben? Und nur am Rande bemerkt: bei derartigen Kursangeboten muss es nicht ausschließlich um die ökonomische Verwertbarkeit gehen; es ist gut vorstellbar, dass für viele Menschen gerade nach einigen Jahren in der Arbeitswelt der humanistische Aspekt von Bildung an Attraktivität gewinnen könnte.

Darüber hinaus gibt es weitere Regulierungsmöglichkeiten, was den Jobwechsel später im Leben betrifft, zum Beispiel Überbrückungsgelder und Beratung für diejenigen, die ihren

Job verloren haben, oder verbesserte Möglichkeiten für Firmen und Arbeitssuchende, miteinander in Kontakt zu kommen. Dabei könnte mit mehr oder weniger Druck auf die Arbeitgeberseite gearbeitet werden. Vorstellbar wäre zum Beispiel, dass Firmen ähnlich wie bei der Integration von Menschen mit Behinderung auch eine Quote für die Beschäftigung von umgeschulten Arbeitnehmerinnen auferlegt bekommen, aus der sie sich nur befreien können, wenn sie in einen Topf einzahlen, der für die Finanzierung von Maßnahmen zur Weiterqualifizierung genutzt wird.

Allerdings werden derartige Vorschläge zur Regulierung von Märkten, insbesondere Arbeitsmärkten, oft mit einem furchtsamen Einwand beantwortet: All dies sei nicht möglich, da Firmen heute transnational agieren würden und kein Land es sich leisten könne, ihnen so starre Auflagen zu machen. Gelegentlich wird sogar unterstellt, die Argumentation zugunsten staatlicher Regulierung sei Wasser auf den Mühlen der neu erstarkten Nationalisten – schließlich treten auch die für eine umfassende Kontrolle der nationalen Wirtschaft ein, notfalls mit Hilfe von Schutzzöllen. Dahinter steckt die Vorstellung, man könnte alte Jobs zurückbringen, egal, wohin die Technik sich inzwischen entwickelt hat. Das ist ein fragwürdiges Argument – denn es gibt in vielen Fällen ja gute Gründe dafür, dass manche Arten von Jobs durch Maschinen ersetzt wurden, und es sind auch nicht unbedingt *gute* Formen von Arbeit, die man hier »zurückbringen« würde. Wahrscheinlich wird sich in den USA in Echtzeit verfolgen lassen, wo dieses Experiment hinführt.

Abschottung ist meines Erachtens keine Antwort – vielmehr geht es um *Abstimmung* des Regelwerks, dem Märkte, auch internationale Märkte, unterliegen, um auf die technischen Veränderungen vorbereitet zu sein und sie zum Wohl der Bevölkerung als ganzer einsetzen zu können. In der Tat wäre es an vielen Stellen am sinnvollsten, wenn mehrere Länder sich die Regeln ihrer Märkte *gemeinsam* auferlegen würden, zum Beispiel auf Ebene der Europäischen Union. Ob sie den Markt der über 500 Millionen EU-Bürgerinnen mit ihrer im weltweiten Maßstab hohen Kaufkraft einfach ignorieren, dürften sich die meisten Firmen zweimal überlegen. Einiges passiert in dieser Hinsicht schon, zum Beispiel in Sachen Datenschutz, aber nicht genug. Die EU hat sich den »gemeinsamen Binnenmarkt« auf die Fahnen geschrieben; sie wäre für viele Fragen zum Schutz der Arbeitnehmer und der politischen Gestaltung der Arbeitswelt ein geeigneter Rahmen.

Doch egal, ob man seine Hoffnungen auf europäische oder nationale Öffentlichkeit und Parlamente setzt: Keinesfalls darf die Verantwortung der Politik, den Rahmen der Märkte zu gestalten, mit dem Verweis auf die angebliche Macht der internationalen Konzerne aufgegeben werden. Denn damit tritt man in die Falle, die ich weiter oben schon beschrieben habe: Pessimistische Prophezeiungen werden selbsterfüllend, wenn die Politik starr vor Angst der Dinge harrt, die da kommen sollen, anstatt im Sinne des Gemeinwohls zu gestalten – wo nötig, auch gegen Profitinteressen.

DIE GESTALTUNG DER ARBEITSWELT IN »HIERARCHIEN«

Wenn es um die digitale Transformation geht, ist allerdings wichtig, im Blick zu behalten, dass diese nicht nur in Märkten stattfindet, in denen Individuen miteinander Verträge abschließen, aus denen sie jederzeit wieder aussteigen könnten. Sie findet vielmehr vor dem Hintergrund von Strukturen statt, in denen die Mehrheit der Arbeitenden Angestellte sind – eben in der »Arbeitswelt«, deren Strukturen übrigens quer zu der Unterscheidung von »öffentlich« und »privat« liegen und sich intern oft gleichen. Es gibt deshalb einen weiteren Typus von »Händen«, die gestaltend eingreifen: all jene, die innerhalb von Unternehmen oder Behörden Leitungsfunktionen innehaben. Sie haben Macht über andere und damit auch die Pflicht, mit dieser Macht verantwortungsvoll umzugehen.

Um die Tragweite dieses Arguments zu sehen, muss man sich klarmachen, dass unsere Wirtschaftssysteme keine reinen Marktwirtschaften in dem Sinne sind, dass sie allein aus dem Rahmenwerk und den innerhalb des Rahmenwerks stattfindenden Verträgen zwischen atomistischen Individuen bestehen – und das nicht nur, weil ein erheblicher Anteil der Bevölkerung im öffentlichen Dienst arbeitet, in Verwaltungen, Müllentsorgungsunternehmen oder Schulen. Hinzu kommt: Arbeitsmärkte sind mit Märkten für Äpfel und Birnen – wie sie in ökonomischen Lehrbüchern gerne als Beispiel verwendet werden – kaum vergleichbar.

Ich hatte im letzten Kapitel ausgeführt, wie sehr unsere Wirtschaft auf dem Prinzip geteilter und sich gegenseitig ergänzender Arbeit basiert. Die Koordination dieser Arbeit findet vielfach innerhalb von Unternehmen statt – in »Hierarchien«, wie es in der ökonomischen Literatur heißt. Arbeitnehmer handeln nicht jeden Morgen von neuem einen Vertrag über die von ihnen zu erbringenden Leistungen mit den Arbeitgeberinnen aus. Stattdessen sind sie langfristig beschäftigt: Sie erhalten einen festen Lohn, manchmal mit leistungsabhängigen Lohnanteilen, und erklären sich im Gegenzug bereit, den Anweisungen ihrer Vorgesetzten Folge zu leisten. Natürlich gibt es klare rechtliche Grenzen bezüglich dessen, was Chefs von ihren Angestellten verlangen dürfen. Dennoch ist es wichtig, sich klarzumachen, dass Arbeit innerhalb von Hierarchien einem grundlegend anderen Prinzip als dem des freien Marktes folgt – und dass die digitale Transformation somit nicht nur in Märken, sondern auch innerhalb von Hierarchien stattfindet.

Die vom US-amerikanischen Ökonomen Ronald Coase (1910–2013) in den 1930ern formulierte »Theorie der Firma« hilft zu verstehen, warum das so ist. Seine Ausgangsfrage war: Warum finden manche Tätigkeiten innerhalb von Hierarchien statt, während andere in Märkten stattfinden, wo sie durch den Mechanismus von Angebot und Nachfrage koordiniert werden? Coase kam zu dem Schluss, dass sich manche Formen arbeitsteiliger Interaktion nicht im freien Austausch auf dem Markt organisieren ließen, weil die Transaktionskosten, also die Kosten für das Zustandekommen von Verträgen, zu hoch seien. Von der Informationsbeschaffung über die Kontaktaufnahme zu potenziellen Geschäftspartnern und dem Ausloten der jeweiligen Interessenlage bis hin zur Ausformulierung der Verträge: All diese Schritte kosten Zeit und Geld. Es ist sehr viel effizienter, sich einmal darauf zu einigen, dass eine Person die Rolle des Chefs übernimmt und Anweisungen erteilt, während eine andere Person gegen Geld diesen Anweisungen folgt – also einen klassischen Arbeitsvertrag abzuschließen.

In der Forschungsrichtung der »Theorie der Firma«, die sich aus Coase' bahnbrechendem Aufsatz entwickelte, wurden noch weitere Argumente für die Vorteilhaftigkeit von Hierarchien angeführt. Zum Beispiel kann es sinnvoll sein, dass jemand dafür abgestellt wird, Teamprozesse zu koordinieren und zu überwachen, um Trittbrettfahrer zu verhindern, die sich auf der Leistung anderer ausruhen. Oft ist es praktisch, einen »offenen« Vertrag wie den Arbeitsvertrag abzuschließen, in dem nicht von vornherein präzise festgelegt wird, welche Leistungen erbracht werden, sondern in dem der Arbeitnehmer sich bereiterklärt, unter sich wandelnden Umständen jeweils das zu tun, was der Arbeitgeber von ihm verlangt – natürlich innerhalb gewisser Grenzen. Wenn Arbeitsverträge langfristig angelegt sind, können Arbeitnehmer die spezifischen Fähigkeiten erwerben, die für ihren eigenen Job nützlich sind, anstatt nur generische, überall einsetzbare Qualifikationen zu erwerben. Organisationen als sogenannte »vermittelnde Hierarchien« können somit unterschiedliche Arten von Investitionen zusammenbringen, die sich in freien Märkten nicht finden würden.

Besonders sinnvoll sind Angestelltenverhältnisse, wenn die Aufgaben, die es zu erledigen gibt, unscharf definiert und schwer voneinander abgrenzbar sind, so dass nicht klar ist, was der »Marktpreis« einer Leistung wäre. Wenn zum Beispiel ein Team gemeinsam brainstormt, Ideen entwickelt, Vorschläge aufeinander aufbaut und gegeneinander abwiegt, dann lassen sich die Beiträge der Einzelnen nicht auf Euro und Cent berechnen. Vielmehr müssen in solchen Fällen alle Beteiligten die Ziele und vielleicht auch die Werte und die Kultur der Organisation teilen, um sinnvoll zusammenarbeiten zu können. Eine strategische Haltung, bei der jeder versucht, für sich alleine das Maximum an finanziellem Profit herauszuschlagen, ist für solche Formen der Zusammenarbeit regelrecht schädlich. Stattdessen sind Vertrauen und Offenheit gefragt.

Es ist erstaunlich, wie selten die Verhältnisse innerhalb von Firmen in der akademischen Debatte über die Arbeitswelt thematisiert werden. Viele ökonomische Theorien blenden das Thema komplett aus, indem sie von »Marktakteuren« sprechen – diese Akteure können Menschen aus Fleisch und Blut, aber auch transnationale Unternehmen mit Tausenden von Mitarbeitern sein, in denen das Management erhebliche Macht über die Belegschaft hat. Und obwohl die »Theorie der Firma« detailliert erklärt, warum die internen Strukturen von Unternehmen *keine* Märkte sind, gibt es Ansätze, die Unternehmensstrukturen komplett durch die Brille von Markttransaktionen sehen, als »Nexus von Verträgen.«

Damit werden die Machtverhältnisse, die innerhalb von Unternehmen vorherrschen, oft verschleiert, weil so getan wird, als könnten die Arbeitnehmer jederzeit das Unternehmen verlassen und sich somit der Macht ihres Chefs entziehen. Es wird suggeriert, sie könnten genauso einfach einen neuen Job finden, wie sie sich entscheiden, zum Abendessen eine andere Gemüsesorte einzukaufen. Das ist vielleicht für einige hochqualifizierte Gruppen der Fall, nach deren Fähigkeiten hohe Nachfrage auf dem Arbeitsmarkt besteht, gegenwärtig zum Beispiel für Programmierer. Aber für die größere Zahl der Arbeitsverhältnisse gilt, dass die Angestellten stärker von ihrem Job abhängen, als ihr Arbeitgeber von ihnen abhängt – auch wegen der ungleichen regionalen Verteilung von Jobs und weil es kaum praktikabel ist, ständig wegen des Jobs umzuziehen. Das schafft ein Machtgefälle.

Natürlich hängt die Intensität dieses Machtgefälles auch von den gesetzlichen Rahmenbedingungen ab. Besonders wichtig sind hierbei die Regelungen dazu, wie prekär Arbeitsverträge gestaltet werden können, ob beispielsweise den Firmen vorgeschrieben wird, Menschen nicht in befristeten Kettenverträgen, in denen sie völlig von der Gunst ihrer Chefs abhängig sind, zu beschäftigen, oder welche Informationsrechte Arbeitnehmerinnen gegenüber ihren Arbeitgebern haben – wenn sie beispielsweise, wie es in Deutschland seit Inkrafttreten des »Entgelttransparenzgesetzes« der Fall ist, unter bestimmten Umständen die Gehälter ihrer Kolleginnen und Kollegen erfahren können, kann das ihre Verhandlungspositionen verbessern. Der gesetzliche Rahmen ist auch entscheidend dafür, wie einfach oder schwer es Arbeitnehmern gemacht wird, sich gewerkschaftlich zu organisieren, oder welche Unternehmensformen zugelassen sind und durch das Steuersystem befördert werden – ein Thema, auf das ich im fünften Kapitel ausführlicher zurückkommen werde. All diese Faktoren wirken auf das Zusammenleben im Inneren von Firmen ein und beeinflussen, wie die Macht- und Arbeitsverhältnisse dort aussehen.

Aber nicht alles, was im Arbeitsalltag der Menschen passiert, lässt sich gesetzlich festschreiben. Das liegt nicht nur daran, dass es für Arbeitnehmerinnen oft aufwendig und teuer ist, ihre Rechte vor Gericht einzuklagen. Viele Faktoren des täglichen Miteinanders sind so subtil, dass sie nur schwer vor Gericht zu regeln wären. Das betrifft vor allem die soziale Seite der Arbeit: Wie ist der Umgangston, wie respektvoll wird miteinander umgegangen, wie sehr kann man sich aufeinander verlassen? All das hängt wesentlich von denjenigen ab, die an der Spitze oder zumindest weit oben in den Hierarchien der Unternehmen stehen.

Die Macht der Chefs über ihre Angestellten, dieses so heikle und deswegen selten öffentlich diskutierte Thema, erleben Menschen viel unmittelbarer als die Macht des Staates. Der

Staat ist in der Regel weit weg – viele Mechanismen, durch die staatliche Macht unser Leben bestimmt, laufen im Hintergrund ab, so dass wir sie kaum wahrnehmen. Was dagegen unsere Chefs von uns verlangen, wie sie den Ton prägen, der am Arbeitsplatz vorherrscht, beeinflusst uns unmittelbar und täglich.

Ich werde im fünften Kapitel dafür plädieren, auch in die Machtstrukturen von Unternehmen stärker so zu organisieren wie Machtstrukturen im politischen Bereich: mittels demokratischer Kontrolle. Aber auch nach solchen Reformen würde es der Fall bleiben, dass die sozialen Strukturen der Arbeit von Macht durchzogen sind. Diese Macht bringt für diejenigen, die sie ausüben, Verantwortung mit sich – auch dafür, wie der Umgang mit der digitalen Transformation gestaltet wird.

Innerhalb von Hierarchien entscheiden die Chefs zum Beispiel, ob und wie digitale Technologien eingesetzt werden, um Arbeitsabläufe präzise zu erfassen und zu takten. Wenn dann alles nach einem digital vorgegebenen Schema erledigt werden muss, das eigenes Nachdenken weitgehend überflüssig macht, kann das für manche Arbeitsschritte hilfreich sein – aber es kann die Individuen auch zu bloßen Marionetten machen, die nicht mehr das Gefühl haben, ihre Arbeit selbst mitgestalten zu können, und deshalb in Passivität oder Zynismus verfallen.

Die Forderungen, die im öffentlichen Diskurs und teilweise auch von Seiten der Politik an die Führungskräfte in Unternehmen gerichtet werden, sind freilich oft widersprüchlich. Einerseits dürften deutsche Firmen auf keinen Fall »die Digitalisierung verpassen«, andererseits soll natürlich auch kein »blinder Technikoptimismus« herrschen.

Die beste Strategie dürfte in vielen Fällen sein, die Mitarbeiterinnen in die Entscheidungsfindung einzubinden – sie sind es schließlich, die mit den digitalen Technologien arbeiten sollen und konkret erleben, was sich dadurch verändert. Was passiert zum Beispiel mit dem Arzt-Patienten-Verhältnis, wenn nicht mehr von Person zu Person, sondern über eine Webcam kommuniziert wird? Nur die Betroffenen selbst können das beurteilen, während die Führungskräfte diese Erfahrungen oft gar nicht machen.

Natürlich kann es auch Widerstände gegen die Einführung neuer Praktiken oder Technologien geben, die ungerechtfertigt sind – dann etwa, wenn verstärkte Kontrolle ganz offensichtliche Vorteile hat. Ein Beispiel, noch aus der vordigitalen Zeit: Die Einführung von Checklisten bei Operationen hat in vielen Krankenhäusern zu einer massiven Reduktion der Fehlerquote geführt. In dem oftmals hektischen Zusammenspiel der Operationsteams können leicht Dinge unter den Tisch fallen – buchstäblich oder metaphorisch – und die Gesundheit der Patienten kann dadurch unnötig gefährdet werden. Hier ist klar, dass Klagen über »mehr Bürokratie« unangemessen wären angesichts dessen, was auf dem Spiel steht.

Digitale Technologien versprechen an vielen Stellen, noch weit bessere Lösungen für menschliche Schwächen oder Fehler anzubieten. Allerdings müssen sich diejenigen, die über ihre Einführung entscheiden, darüber im Klaren sein, dass sie auch neue Probleme schaffen können – zum Beispiel, weil mündliche Kommunikation durch technische Systeme ersetzt wird, die auch neue Missverständnisse schaffen können. Gerade, wenn es um den zwischenmenschlichen Bereich geht, ist die menschliche Urteilskraft und die Fähigkeit, unterschiedliche Faktoren gleichzeitig zu sehen und gegeneinander abzuwägen, unverzichtbar – und dies ist etwas, worin Menschen Computern in der Regel noch überlegen sind. Viele digitale Technologien, gerade im Bereich der algorithmischen Informationsverarbeitung, sind daher als Hilfsmittel sinnvoll, sollten aber nicht die endgültige Autorität bei der Entscheidungsfindung haben. Und auch, wenn man sie bewusst nur als Hilfsmittel einsetzt, muss man sich klarmachen, dass Menschen trotzdem dazu neigen, sich allzu sehr auf computergenerierte Ergebnisse zu verlassen; Psychologen nennen dies »automation bias«. Führungskräfte, die über die Einführung derartiger Technologien entscheiden, benötigen also auch ein realistisches Verständnis der psychologischen Prozesse, die in der Interaktion von Menschen und Maschine stattfinden.

Auf diejenigen, die in den Hierarchien der Unternehmen Macht über die Gestaltung der Arbeit anderer haben, kommt somit eine wichtige Aufgabe zu. Sie müssen einen Mittelweg zwischen Technologiegläubigkeit und Verweigerungshaltung finden. Es mag bequemer erscheinen, vor dieser Verantwortung die Augen zu verschließen und in der Annahme zu verharren, dass die Dinge ihren Gang nehmen und sich nicht ändern lassen. Dann aber hätten die Fatalisten gewonnen: nicht weil sie von vornherein recht hatten, sondern weil man ihnen durch Passivität recht gegeben hat.

Die meisten Menschen wollen nicht arbeiten wie Sherman McCoy aus *Fegefeuer der Eitelkeiten*. Sie wollen nicht einfach nur mitschwimmen und irgendwie das Beste für sich herausholen, ohne weitere Fragen zu stellen und den Sinn des Ganzen zu verstehen. Wo die Dinge in Unternehmen und Organisationen gut laufen, liegt es vermutlich daran, dass es viele Menschen gibt, die ihre Arbeit anders auffassen und bereit sind, an ihrem Arbeitsplatz Verantwortung zu übernehmen und mitzudenken. Das setzt voraus, dass man ihnen ermöglicht, mehr zu sein als passive »Rädchen im System« – und die Verantwortung dafür, dass das so ist, liegt in den Händen derjenigen, die hierarchisch organisierte Arbeitswelten gestalten.

4.

RISIKO, HAFTUNG, VERANTWORTUNG: FAIRNESS IN DER ARBEITSWELT

Warum eigentlich heißt es so oft, dass Privateigentum eine sinnvollere Sache sei als Gemeinschaftseigentum? Jeder, der in einer Wohngemeinschaft oder einem Büro eine gemeinsame Küche nutzt, kennt eine Standardantwort: Was niemandem gehört, dafür fühlt sich niemand zuständig. Deswegen stapelt sich das benutzte Geschirr im Abwaschbecken, keiner füllt Salz in der Spülmaschine nach, und die Küchenhandtücher müssten auch mal wieder gewaschen werden. Das sei die »Tragik der Allmende«, heißt es dann oft: Gemeinsame Ressourcen werden von den Einzelnen übermäßig beansprucht, weil es sich für niemanden lohnt, sich über eine bessere Nutzung Gedanken zu machen, wenn die anderen das nicht tun. (Ihre WG- oder Büroküche sieht besser aus? Dann gibt es in Ihrem Fall wahrscheinlich Mechanismen, etwa soziale Normen, die das beschriebene Szenario verhindern. Tatsächlich haben Sozialwissenschaftlerinnen verschiedene Mechanismen gefunden, mit denen die »Tragik der Allmende« verhindert werden kann, allen voran Elinor Ostrom, die dafür als bislang einzige Frau den Wirtschaftsnobelpreis erhalten hat.)

Hinter der »Tragik der Allmende« steht ein Diktum, das oft als Grundprinzip der marktwirtschaftlichen Ordnung beschrieben wird: Verantwortung und Haftung müssen zusammengebracht werden. Mit *Verantwortung* ist dabei ganz allgemein gemeint, dass jemand für eine bestimmte Sache zuständig ist und deswegen einerseits die Freiheit hat, über sie zu entscheiden, andererseits aber auch die berechtigte Zielscheibe von moralischer Kritik ist, wenn diese Entscheidungen sich als fragwürdig herausstellen. Mit *Haftung* ist ein justiziables Verhältnis gemeint, also die Möglichkeit, rechtlich zur Verantwortung gezogen zu werden: Wenn man haftet, muss man sich eventuell von einem Richter fragen lassen, warum man so und nicht anders entschieden hat. Und meistens hat die rechtliche Haftung auch wirtschaftliche Konsequenzen: Man muss dann zum Beispiel aus eigener Tasche Schadenersatz an diejenigen zahlen, die man durch eine falsche Entscheidung geschädigt hat. Im weiteren Sinn verstanden, meint Haftung also, dass man die Folgen der eigenen Entscheidungen selbst zu spüren bekommt.

Nur dann, wenn sie auch haften und damit die Konsequenzen tragen – so die Annahme – würden Menschen verantwortlich handeln. Bei Privateigentum ist das in der Regel der Fall. Wenn sich in meiner eigenen Küche das Geschirr stapelt, kann ich nicht darauf hoffen, dass sich irgendwann ein anderer der Sache annimmt – ich trage die Folgen meiner eigenen Trägheit selbst, und weil ich das weiß, werde ich mich schließlich aufraffen, die Spülmaschine anzuwerfen. Genauso sei es in einer Marktwirtschaft: Weil die dort Verantwortlichen eigenes Kapital riskierten, würden sie sich verantwortlich für das Schicksal ihres Unternehmens einsetzen.

Diese Argumentationslinie wird oft herangezogen, um den Dreiklang aus Privateigentum, Marktwirtschaft und mündiger, weil verantwortlicher Gesellschaft zu preisen. Aber zum einen ist sie schlicht sachlich falsch: Sehr viele Menschen gehen in unserem Wirtschaftssystem mit Gütern um, für die sie nicht als Eigentümer haften, einfach, weil sie ihnen gar nicht gehören, sondern sie bei den Firmen oder Behörden angestellt sind, denen sie gehören. Zum anderen stimmt es nicht, dass *nur* Privateigentum sicherstellen kann, dass Haftung und Verantwortung in Deckung gebracht werden – es gibt zahlreiche andere Mechanismen, zum Beispiel über die Reputation von Organisationen oder Individuen, die ebenfalls funktionieren können.

Drittens wird oft implizit behauptet, dass es für alle Mitglieder der Gesellschaft *gleichermaßen* der Fall sei, dass Verantwortung und Haftung zur Deckung gebracht würden. Das ist aber keineswegs der Fall; schon heute bestehen hier große Ungleichgewichte. Um ein konkretes Beispiel zu nennen: Wer mehr Geld hat, kann sich für alle möglichen Lebensrisiken Versicherungen leisten und sich damit teilweise auch der Haftung entziehen; wer sich diese Versicherungen nicht leisten kann, muss für sich geradestehen. Mit der digitalen Transformation und ihren neuen Möglichkeiten der Überwachung könnten sich diese schon bestehenden Ungleichheiten in Bezug auf das Verhältnis von Haftung und Verantwortung massiv verschärfen – schon jetzt dürften sie viel mit dem diffusen Gefühl von mangelnder Fairness zu tun haben, das dazu beiträgt, populistische Ressentiments zu schüren.

Ich habe schon im vorherigen Kapitel die These verteidigt, dass die Wirtschaftssysteme in den »westlichen« Ländern keine reinen Marktwirtschaften sind, nicht nur aufgrund des öffentlichen Sektors, sondern auch deshalb, weil die innerbetriebliche Organisation dem Prinzip der Hierarchie und nicht dem des freien Marktes folgt. Dennoch hält sich in so manchen Diskursen über die Bundesrepublik Deutschland hartnäckig die Mär, dass wir in einem System leben, in dem jede und jeder die volle Haftung für die eigenen wirtschaftlichen Aktivitäten trägt. An den Stellen, an denen das nicht der Fall sei – zum Beispiel bei einem angestellten CEO, der also nicht Eigentümer des Unternehmens ist –, würde eine indirekte »Disziplinierung«

durch die Märkte stattfinden: Die Produktmärkte, auf denen ein Unternehmen seine Produkte verkaufe, vor allem aber die Finanzmärkte, auf denen seine Aktien gehandelt werden.

Aber sind damit persönliche Verantwortung und Haftung unmittelbar verknüpft? Das ist fraglich. Zum einen sichern sich viele Manager vertraglich ab, um auch im Fall des Misserfolgs und sogar bei vorzeitiger Vertragsauflösung immense Boni zu erhalten – eine Praxis, die zu Recht für öffentliche Entrüstung sorgt. Zum anderen ist überhaupt nicht klar, wann und warum genau Aktienmärkte Unternehmen zur Verantwortung ziehen. Als zum Beispiel die Enthüllungen über Cambridge Analytica zeigten, in welchem Umfang und zu welch fragwürdigen Zwecken Facebook Daten seiner Nutzer weitergegeben hatte, rutschte der Kurs des Unternehmens zwar massiv ab – aber das schien vor allem in der Erwartung zu geschehen, dass Nutzerinnen sich abwenden und Regulierungsbehörden Facebook genauer unter die Lupe nehmen würden. Die Disziplinierung durch die Finanzmärkte war hier also keine direkte Reaktion auf das Handeln des Unternehmens, sondern geschah aufgrund der Erwartung, dass *Dritte* dieses zur Verantwortung ziehen würden. Nur wenigen Akteuren in Finanzmärkten geht es um den tatsächlichen Wert eines Unternehmens. Viel wichtiger für den kurzfristigen Handel ist, was *andere* Marktteilnehmer denken und wer schneller Bewegungen nach oben oder unten erkennt. Für die Haftbarmachung Einzelner ist dies eine ziemlich fragwürdige Methode.

Wir halten an der Rhetorik fest, dass in einer Demokratie für alle Bürgerinnen gleiches Recht gelten müsse, doch in unserem Wirtschaftssystem scheint dieses Prinzip nicht durchgehend zu gelten – wer für eigene Fehler auf welche Art zur Verantwortung gezogen wird und haftet, hängt von der Position im ökonomischen System und der beruflichen Rolle ab. Häufig wird gerade unter Verweis auf die vermeintliche Sanktionierung durch »die Märkte« verhindert, dass bestimmte Akteure tatsächlich zur Verantwortung gezogen werden.

Mit den neuen Methoden der digitalen Datenspeicherung und -auswertung ändern sich auch die Möglichkeiten, Individuen haftbar zu machen. Aber diese Neuerungen treffen auf eine Gesellschaft, in der die Spielregeln schon jetzt nicht für alle gleich sind, und diese Ungleichheiten könnten sich, wenn nichts dagegen unternommen wird, weiter verschärfen. Wer arbeitet in Jobs, in denen Freiräume für individuelle Entscheidungen herrschen? Wessen Arbeit wird durch digitale Methoden so sehr einem starren »Micromanagement« unterworfen, dass der Spaß daran gründlich vergeht? Wer kann in den komplexen Geweben arbeitsteiliger Systeme die eigene Verantwortung vertuschen? Wer muss auf Schritt und Tritt Rechenschaft ablegen über das, was er oder sie tut?

Um ein mögliches Missverständnis gleich aus dem Weg zu räumen: Es geht nicht darum, immer neue Regeln einzuführen, sondern um die Frage, *welche* Regeln für *wen* gelten und wie effektiv sie durchgesetzt werden – gerade angesichts der neuen Möglichkeiten digitaler Kontrolle. Denn es gibt für die Grundordnung einer freiheitlichen, demokratischen Gesellschaft vielleicht kaum eine gefährlichere Tendenz, als wenn der Eindruck entsteht, man hänge die Kleinen und lasse die Großen laufen. Diese Entwicklungen stellen eine der zentralen Gefährdungen einer sozial integrativ wirkenden, der Gesellschaft als ganzer dienenden Arbeitswelt dar. Sie führen zu Ressentiments und verringern die Bereitschaft, sich an die gesellschaftlichen Spielregeln zu halten – wenn »die da oben« dies nicht tun, warum sollte man selbst sich die Mühe machen? Die Wahrnehmung derartiger Tendenzen erhöht die Anfälligkeit für rechtspopulistische Rattenfänger, die um einen Kern gerechtfertigter Empörung eine explosive Mischung aus Xenophobie und Träumen von nationaler Größe packen. Gegen diese Trends gilt es anzukämpfen, und der digitale Umbruch kann dabei helfen, indem er klare Verantwortungszuschreibung ermöglicht. Damit besteht das Potenzial, unsere Arbeitswelt fairer zu machen und dem Problem der Verschiebung von Verantwortung, das in arbeitsteiligen Systemen grundsätzlich besteht, besser zu begegnen.

DIE VERSCHIEBUNG VON VERANTWORTUNG

Die Zuschreibung von Verantwortung und das Haftbarmachen für Fehler ist innerhalb der komplexen Prozesse einer stark ausdifferenzierten Arbeitswelt nicht einfach. Im schlechtesten Fall führt diese Schwierigkeit dazu, dass grundlegende moralische Normen, für deren Einhaltung man sich im Alltag selbstverständlich verantwortlich fühlt, in Netzwerken geteilter Arbeit nicht eingehalten werden. Es ist leicht, sich in jemand hineinzuversetzen, der in unserem unmittelbaren Umfeld lebt und den wir gut kennen – das sind wir von klein auf gewohnt, und vielleicht sind wir so auch evolutionär geprägt, denn Menschen und ihre biologischen Vorgänger lebten stets in Face-to-face-Gemeinschaften. Anders sieht es aus, wenn es um Personen geht, mit denen wir nur indirekt – über die Netzwerke der arbeitsteiligen, globalisierten Wirtschaft – verbunden sind. Was soll es da schon heißen, Verantwortung zu übernehmen?

Man denke zum Beispiel an den Diesel-Abgas-Skandal: Die Emissionen, die über die zugelassenen Werte hinaus in die Luft gepustet werden, kamen dadurch zustande, dass eine Handvoll von Programmierern und Ingenieuren – und möglicherweise eine Reihe von Managern, die davon wussten, aber die Augen verschlossen – einen Abschaltmechanismus programmierten, der die Motoren bei Prüfungen im Teststand besser aussehen ließ, als sie sich im Straßenverkehr verhielten. Umweltexperten haben eine Überschlagsrechnung aufgemacht und sind zu dem Ergebnis gekommen, dass aufgrund dieser zusätzlichen Emissionen mindestens 38 000 Menschen pro Jahr infolge von Herz- oder Lungenkrankheiten oder Schlaganfällen früher starben, als es sonst der Fall gewesen wäre. Man könnte ausrechnen, wie viele dieser Todesfälle auf jeden Beteiligten der Manipulation entfallen. Aber unser moralisches Sensorium ist nicht darauf getrimmt, derartige Fälle wahrzunehmen; allzu komplex sind die Kausalketten, die zwischen Ursache und Wirkung liegen – und auch für die juristische Aufarbeitung sind solche Fälle eine Herausforderung.

Es ist daher hilfreich, sich ein Beispiel vor Augen zu führen, das die Komplexität geteilter Verantwortung durch geteilte Arbeit anschaulich macht. Es findet sich beim US-amerikanischen Dramatiker Arthur Miller (1915–2005), der in vielen seiner zu Klassikern gewordenen Stücke die psychologischen Schattenseiten der modernen Arbeitswelt unter die Lupe nahm, so auch in einem in Deutschland etwas weniger bekannten Stück namens *All my Sons.* Darin führt er paradigmatisch vor, wie in arbeitsteiligen Gesellschaften Verantwortung verschoben werden kann. Die zentrale, im Rückblick erzählte Episode ereignet sich während des Zweiten Weltkriegs, in einer kleinen Fabrik, die der Armee Zylinderköpfe für Flugzeuge liefert. Einige dieser Zylinderköpfe haben Risse, ihre Verwendung führt zum Absturz der Flugzeuge, in die sie eingebaut werden. 21 Piloten sterben, bis die Ursache des Problems entdeckt wird. Joe Keller, einer der beiden Eigentümer der Firma, weist jede Schuld von sich – er sei am entscheidenden Tag nicht in der Firma gewesen. Sein Partner Steve Deever habe an jenem Tag die Aufsicht über die Produktion gehabt, er sei verantwortlich.

So weit ist die strukturelle Parallele zum Fall des Diesel-Abgas-Skandals offensichtlich: Eine scheinbar vernachlässigbare Verantwortungslosigkeit an einem bestimmten Punkt in den arbeitsteiligen Prozessen hat weitreichende Folgen für andere. Die Pointe an Millers Stück ist, dass er diese Folgen, die sonst oft weit in der Gesellschaft verstreut sind, in den familiären Nahbereich holt. Die Familien sind miteinander gut bekannt: Annie, die Tochter Deevers, war mit Kellers Sohn Larry verlobt. Larry war Luftwaffenpilot und ist im Einsatz ums Leben gekommen – und Annie stellt sich die Frage, ob möglicherweise einer der defekten Zylinderköpfe der Firma ihrer beiden Väter den Absturz verursacht hat. Sie bricht mit ihrem Vater, den sie für den Schuldigen hält, denn sie denkt, dass er seine Integrität der Profitgier der Firma geopfert hätte.

Keller versucht in einem Gespräch, Annies Sicht auf ihren Vater zu ändern – und auch hier kann man sich leicht vorstellen, dass ähnliche Rechtfertigungen nach dem Diesel-Abgas-Skandal vorgebracht wurden. Deever, so Keller, sei ein Dummkopf gewesen, aber kein Mörder. Es sei damals in der Firma zugegangen wie in einem Irrenhaus, ständig sei man von der Armee gedrängt worden, neue Zylinderköpfe zu liefern. Es sei nur menschlich gewesen, auch die Tranchen zu verschicken, bei denen der Verdacht bestand, dass sie nicht stabil waren. »That happens, that's the business«, sagt Joe Keller. Deever sei ein ängstlicher Mensch, der nicht gewagt hätte, dem Armeemajor zu gestehen, dass die Tranche fehlerhaft sei. »That's what a little man does«, sagt Keller – eine falsche Einschätzung, aber kein Mord! All dies klingt allzu menschlich: Wer könnte schon von sich behaupten, dass er oder sie nicht auch unter Druck möglicherweise so gehandelt hätte?

Dann stellt sich allerdings heraus, dass die Geschichte so gar nicht stimmt. Deever hatte Keller telefonisch von dem Problem berichtet und ihn dringend gebeten, zu kommen und eine Entscheidung zu treffen. Keller aber gab vor, krank zu sein, und kam nicht in die Firma, obwohl er wusste, dass Deever – der als ein schwacher, von Natur aus ängstlicher Charakter geschildert wird – dem Druck der Geschäftspartner, die die Lieferungen erwarteten, nicht standhalten würde. Möglicherweise hat er ihn sogar aufgefordert, die Haarrisse zu vertuschen und die Zylinderköpfe zu verschicken; so berichtet es Deevers Sohn George später. Keller habe Deever telefonisch versprochen, die Verantwortung zu übernehmen, aber später, vor Gericht, bestritten, dass es dieses Telefonat gegeben habe – und in einer Zeit lange vor den technischen Möglichkeiten zur Nachverfolgung von Telefonaten konnte Deever das Gegenteil nicht beweisen.

Heute wäre dies anders, es gäbe digitale Spuren, die juristisch von Belang wären. Dennoch ist Millers Drama aufschlussreich, weil es eine Konstellation beschreibt, die immer noch typisch für komplexe arbeitsteilige Prozesse ist: das Verschiebespiel von Verantwortung. In *All My Sons* hoffen alle Beteiligten, dass ein anderer in der Produktionskette Verantwortung übernimmt: dass jemandem etwas auffällt, dass jemand Alarm schlägt, so dass man selbst nicht verantwortlich für den Schaden ist, sich aber auch nicht für die ausbleibende Lieferung rechtfertigen muss. Jeder rationalisiert das eigene Handeln als die bestmögliche Option; Keller beispielsweise verweist darauf, dass er die Firma, die er mühsam aufgebaut habe, für seine Kinder habe retten wollen. Am Ende erschießt er sich, um so vielleicht doch noch seine Schuld einzugestehen.

Aufschlussreich an Millers Stück ist auch, wie einfach Verantwortung auf andere abgeschoben werden kann. Dem Gericht gelingt es nicht, Keller juristisch zur Verantwortung zu ziehen. Man mag dies als Justizirrtum auffassen, aber die Konstellation, die das Drama beschreibt, macht es dem zuständigen Richter nicht leicht, zu einem anderen Urteil zu kommen. Kellers Schuld besteht in einer *Unterlassung*, und Unterlassungen sind juristisch schwieriger zu behandeln als aktive Handlungen, weil man nachweisen muss, dass der Betroffene von den Folgen seiner Unterlassung wusste.

Das Szenario in *All My Sons* ist überschaubar. Es besteht – zumindest in der Rückschau – ein klarer Zusammenhang zwischen dem Verhalten von Steve Deever und dem Tod der Soldaten. Es geht um klare technische Zusammenhänge. Im Prinzip ist allen Beteiligten bewusst, dass viel auf dem Spiel steht. Schwieriger wird die Sache, wenn Handlungen Menschen betreffen, die sehr weit weg oder noch gar nicht auf der Welt sind, weil die Schäden erst in Zukunft eintreten werden. Das aber ist in den komplexen Systemen unserer international organisierten Wirtschaftswelt oft genug der Fall: Oft ist unklar, *ob* jemand von Entscheidungen betroffen sein wird – dafür gibt es Wahrscheinlichkeiten, aber keine Sicherheit – und *wen* genau sie betreffen werden. In so einer Situation ist es verlockend einfach, den Gedanken an mögliche Opfer wegzuschieben. Psychologen nennen das den »identifiable victim effect«: Menschen nehmen mehr Anteil und handeln umsichtiger, wenn ihr Handeln einem identifizierbaren Menschen Schaden zufügen könnte, als wenn es ein »statistisches« Opfer geben könnte, also irgendjemanden in einer riesigen Masse potenziell Betroffener, den es mit einer bestimmten Wahrscheinlichkeit trifft. Gerade Letzteres ist aber typisch für viele heutige Fälle, wie eben auch den Diesel-Abgas-Skandal.

Beispiele für die Verschiebung von Verantwortung finden sich in der heutigen Arbeitswelt reichlich. Wenn zum Beispiel die asiatischen Zulieferer eines europäischen Textilkonzerns in ihren Fabriken keinen hinreichenden Brandschutz sicherstellen, sind sicher in erster Linie die lokalen Manager verantwortlich und in zweiter Linie vielleicht die europäischen Einkaufsmanager, die mit ihnen direkt zu tun haben – aber gibt es nicht auch eine Verantwortung der Einkäufer, die vor allem auf niedrige Kosten achten, ohne sich zu fragen, welche Kosten für Brandschutz und angemessene Löhne nun einmal anfallen, und sogar der Kunden, die diese Produkte vor allem deshalb kaufen, weil der Preis niedrig ist? Hier ist man schnell versucht zu sagen, dass man diese Verantwortung niemand konkret zuschreiben kann – schuld ist dann »das System«.

In Diskussionen über die Moral von Politikern ist oft davon die Rede, dass man sich zuweilen »die Hände schmutzig machen«, also moralisch fragwürdige Strategien wählen müsse, um wichtige Ziele zu erreichen. Der Politikwissenschaftler Dennis F. Thompson hat in Bezug auf arbeitsteilige Prozesse das Problem der »vielen Hände« beschrieben, also der Beteiligung so vieler Einzelner, dass sich letztlich keiner von ihnen fragen müsse, ob er Schmutz an den Händen habe. Verantwortung verteilt sich demnach auf so viele Schultern, dass jeder Beteiligte weiß, dass er später nicht belangt werden kann, was wiederum seine gefühlte Verpflichtung verringern kann, moralisch rechtfertigbare Entscheidungen zu treffen.

Die oben geschilderte Vorstellung, »die Märkte« würden dafür sorgen, dass Menschen für ihr Handeln die volle Verantwortung tragen, ist deshalb naiv. Meist ist es eine Frage der öffentlich sichtbaren gerichtlichen Aufarbeitung, ob Firmen und Privatpersonen überhaupt irgendwelche Konsequenzen spüren – nur dann ist wahrscheinlich, dass auch Kunden oder

Investoren sich abwenden. Müssen Akteure dagegen nicht mit gerichtlicher Aufarbeitung oder öffentlicher Aufmerksamkeit rechnen, dann haben sie wenig Interesse, *accountability* herzustellen. Wenn Finanzmärkte überhaupt Druck auf sie ausüben, dann eher den, dass sie ihr Verhalten an der *Bottom Line Profitability* – also den nackten Zahlen – ausrichten und moralische Fragen ausblenden.

Wenn man zusätzlich noch den Faktor digitaler Technologien einbezieht, wird es oft noch komplizierter. Einerseits kann Verantwortung zwar klarer zugeschrieben werden, weil digitale Technologien, die Teil des Arbeitsalltags sind, diesen oft en passant dokumentieren: Wer hat was gewusst, wer hat wem wann welche Aufträge erteilt? Andererseits steigt aber das Risiko von Fehlern. Besonders heikel ist es, wenn digitale Systeme von denen, die sie nutzen, nicht wirklich durchschaut, aber trotzdem in Arbeitsabläufe integriert werden – dann kann die Frage der Zuständigkeit so unklar sein wie im Fall von Keller und Deever.

Beim Zusammenhang von Verantwortungszuschreibung und digitalen Technologien geht es aber nicht nur darum, wie solche Technologien für die Zuschreibung von Verantwortung genutzt werden können, es geht auch darum, wer für sie Verantwortung übernimmt, wenn sie in allen möglichen Lebensbereichen eingesetzt werden. Um auch diese Konstellation an einem Beispiel zu illustrieren: In den USA setzen zahlreiche Gerichte Software dafür ein, die Wahrscheinlichkeit einzuschätzen, dass verurteilte Straftäter rückfällig werden. Solche Software – die kommerziell angeboten wird und deren Code deswegen nicht öffentlich zugänglich ist – arbeitet mit Daten aus der Vergangenheit; Faktoren wie Wohnort, Lebensgewohnheiten oder Familiensituation werden abgefragt und analysiert, dann spuckt das Programm einen Wert aus. Wie sich zeigte, war dabei allerdings die Wahrscheinlichkeit bei Schwarzen, dass sie fälschlicherweise als Hochrisikofälle eingestuft werden, doppelt so hoch wie bei Weißen, die ihrerseits häufiger mit einem zu niedrigen Risiko bewertet wurden. Hinzu kam: Die Bewertungen waren eigentlich nur für Entscheidungen über vorzeitige Entlassungen aus dem Gefängnis auf Bewährung gedacht (wobei sie die Möglichkeit, dass die Individuen sich in der Haft zum Positiven verändern könnten, außer acht ließen). Teilweise aber verwendeten Richter sie schon bei der Bemessung der Strafe – eine Dynamik im Zusammenspiel zwischen Mensch und Technik, die ursprünglich nicht vorgesehen war, von der man sich aber fragen kann, ob nicht absehbar war, dass sie eintreten würde.

Es ist keine einfache Frage, wer die Verantwortung dafür trägt, wenn dann ein Angeklagter eine übermäßig lange Strafe erhält, weil Faktoren wie sein Wohnort oder sein soziales Umfeld als Risikofaktoren gewertet werden, obwohl ihm als Person damit Unrecht getan wird. Haben die Programmierer, die die Software geschrieben haben, genügend Sorgfalt walten lassen? Wer trägt die Verantwortung dafür, dass die Daten, mit denen sie das Programm gefüttert haben, einer Vielzahl von Verzerrungen unterliegen? Kann man es dem Richter vorwerfen, wenn er – möglicherweise im Glauben, damit ein objektiveres Urteil zu fällen – den computergenerierten Wert in seine Urteilsbildung einfließen lässt? Ist überhaupt klar, dass das Programm richtig funktioniert hat, wurde überprüft, ob die Polizeibeamtin, die die Daten für diesen konkreten Fall eingegeben hat, sauber gearbeitet hat?

Eine der großen Gefahren digitaler Systeme ist, dass ihre Aussagen für objektiver gehalten werden, als sie es eigentlich sind, und Fehler deshalb nicht erkannt werden. Im Falle der beschriebenen Software wurde die unterschiedliche Fehlerwahrscheinlichkeit für weiße und schwarze Häftlinge erst bekannt, als eine unabhängige Journalistenvereinigung die Programme genauer unter die Lupe nahm. Und man muss tatsächlich oft sehr genau hinsehen, um zu verstehen, was passiert, wenn Software an Stellen eingeführt wird, an denen bisher Menschen entschieden hatten. Nicht, dass nicht auch Menschen Fehler machen würden – aber diese Fehler erhalten dann zumindest nicht den Anstrich technologischer Objektivität, und es gibt ein menschliches Individuum, das zur Verantwortung gezogen werden kann.

Ein weiteres Problem der Verantwortungszuschreibung, wenn digitale Systeme ins Spiel kommen, ist der schiere Umfang, zu dem sich Fehler auswachsen können. Das hat mit den Skaleneffekten von Software zu tun: Einmal geschrieben, kann sie in der Regel ohne Mehrkosten vervielfacht werden (das wiederum führt zu all den Fragen nach Copyright, Patentschutz und Geheimhaltung, die sich in Bezug auf die digitale Welt stellen). Fehler, die möglicherweise bei der Erstellung passiert sind, betreffen im Extremfall Millionen von Menschen, werden aber erst viel später bemerkt – besonders, wenn es keine Transparenz gibt, weil Firmen sich darauf berufen, dass die Programme unter ihr Geschäftsgeheimnis fallen.

Ob es zu solchen Fällen kommt oder nicht – oder genauer: wie häufig, denn ganz vermeiden lassen sie sich vermutlich nicht –, ist wie so vieles eine Frage der politischen Gestaltung und der Verantwortungsübernahme in Firmen und öffentlichen Einrichtungen. Gefragt sind nüchterne Analysen, wie sich die Möglichkeit der Zuschreibung von Verantwortung und der Umgang mit möglichen Fehlern verändern, wenn digitale Technologien eingesetzt gesetzt werden. Entscheidend dürfte dabei sein, ob ihre Produzenten damit rechnen müssen, gegebenenfalls haftbar gemacht zu werden, sei es durch vorausschauende Gesetze, wie es in Europa üblich ist, sei es durch die Möglichkeit von Sammelklagen, wie sie in den USA weit verbreitet sind. Fatal wäre es, wenn die Anreize, sich über Wirkungen technologischer Produkte überhaupt nur Gedanken zu machen, zu niedrig sind, weil die Akteure vorhersehen können, dass niemand sie zur Verantwortung ziehen wird.

Das Forschungsinstitut *AI Now* argumentiert in einem kürzlich erschienenen Bericht: Wenn digitale Systeme in Bereichen eingesetzt werden, in denen für einzelne Menschen viel auf dem Spiel steht, zum Beispiel in der Gesundheitsvorsorge oder im Rechtswesen, muss es möglich sein, Einsicht zu nehmen und diejenigen, die diese Systeme designen und bedienen, haftbar zu machen. Die algorithmischen Systeme, die dort zum Einsatz kommen, dürften nicht einfach »black boxes« sein, bei denen nicht nachvollziehbar ist, wie die Ergebnisse zustande kommen und wer dafür die Verantwortung trägt.

Stattdessen muss sichergestellt sein, dass es öffentliche Audits, Tests und Reviews gibt, die sicherstellen, dass die Programme rechtsstaatlichen Prinzipien entsprechen. Und es reicht nicht, das einmal zu tun und dann für alle Zeiten grünes Licht zu geben. Denn derartige Programme operieren mit bestimmten Annahmen über die sozialen Kontexte, in denen sie eingebettet sind – und diese können sich ändern. Digitale Hilfsmittel, die menschliche Arbeit ersetzen, müssen laufend und aus verschiedenen Perspektiven kritisch überprüft werden – nur so kann sichergestellt werden, dass sie nicht Unheil anrichten, für das am Ende niemand zuständig war.

DIE TÜCKEN DER BESCHRÄNKTEN HAFTUNG

Wer ist eigentlich zuständig, wenn etwa bei Facebook Daten für politische Zwecke missbraucht oder bei Google Angebote für gut bezahlte Jobs häufiger Männern als Frauen angezeigt werden? Im Alltag sind wir es gewohnt, dass Verantwortung von natürlichen Personen übernommen wird: von Menschen aus Fleisch und Blut, die für das, was sie tun, sowohl moralisch als auch juristisch verantwortlich gemacht werden können. Auch die Rhetorik, die den Markt dafür preist, »individuelle Verantwortung« einzufordern, legt dieses Bild nahe. In der Wirtschaftswelt dagegen gibt es nicht nur natürliche Personen, sondern auch juristische: Organisationen, die rechtlich eigenständig auftreten, zum Beispiel Aktiengesellschaften oder Stiftungen. Derartige Organisationen »handeln« durch die Menschen, die in ihnen Ämter und Rollen innehaben – innerhalb der hierarchischen Strukturen, die ich im vorigen Kapitel beschrieben habe. Das ist ein so alltäglicher Vorgang, dass er uns meistens gar nicht auffällt. Er hat zahlreiche Vorteile, aber er kann auch schwierige Fragen aufwerfen, was die Zurechnung von Verantwortung angeht, gerade wenn digitale Systeme ins Spiel kommen.

Die juristische Wahrnehmung als »Personen« erlaubt es Aktiengesellschaften und anderen Organisationen mit beschränkter Haftung, eine wichtige Rolle in unserem Wirtschaftsleben zu spielen. Sie können als Kapitalsammelstellen für riskante und langfristige Projekte agieren, zum Beispiel für den Bau von Eisenbahnstrecken – historisch ein Meilenstein in der Geschichte der Aktiengesellschaften, insbesondere in den USA. Bildlich gesprochen: Es wird ein Topf geschaffen, in den die

Anleger ihr Kapital einzahlen, und aus dem sie im Erfolgsfall Dividenden beziehen können, der aber von ihrem Privatvermögen getrennt bleibt und von extra dafür angestellten Personen gemanagt wird. Die Anleger wissen also, dass im Fall einer Pleite zwar ihr eingesetztes Kapital verlorengeht, ihr Privatvermögen aber unangetastet bleibt. Das ermöglicht es, höhere Risiken einzugehen, als wenn Privatpersonen ihre wirtschaftliche Existenz aufs Spiel setzen müssten. Diese juristische Konstruktion ermöglicht es, große Mengen an Kapital zu relativ günstigen Konditionen zusammenzuführen, auch deshalb, weil die Anteilseigner wissen, dass sie ihre Anteile nicht für immer behalten müssen, sondern sie auf dem Aktienmarkt weiterverkaufen können; ihre Geldanlage ist also liquide. Juristische Personen – der »Topf«, in dem das Kapital liegt – haben im Prinzip ein ewiges Leben und können, so sie nicht bankrott gehen, mit wechselndem Personal und wechselnden Eigentümern der Anteile immer weitergeführt werden.

Wir sind es gewohnt, derartige Organisationen als privatwirtschaftliche Akteure zu verstehen. Aber wie der amerikanische Jurist und Politologe David Ciepley neulich in einem Aufsatz betont hat, sind sie nicht dem freien Markt entwachsen, sondern sowohl historisch als auch der rechtlichen Logik nach Geschöpfe des Staates, der ihnen das Privileg erteilt, als juristische Personen aufzutreten. Die geschichtlichen Vorbilder der heutigen Aktiengesellschaften waren große Handelsgesellschaften wie die britische Ostindienkompanie, die im Auftrag der Krone Handel mit den Kolonien betrieb. Das Privileg, als Korporationen aufzutreten, wurde ihnen oft erteilt, um öffentliche Aufgaben, zum Beispiel den Bau eines Kanals, voranzubringen. Natürlich sind Aktiengesellschaften umgekehrt auch keine rein staatlichen Akteure wie etwa Bauämter: Sie haben kein öffentliches Mandat, sondern die Freiheit, innerhalb der rechtlichen Spielregeln eigene Ziele zu verfolgen. Aber ohne die staatlich genehmigte Satzung, die die Beschränkung der Haftung und die Trennung des Firmeneigentums vom restlichen Eigentum der Anteilseigner ermöglicht, wären sie nicht vorstellbar – das Prinzip des freien Marktes wäre eigentlich, dass Firmeneigentümer auch mit ihrem privaten Vermögen voll haften.

Diese juristischen Fragen prägen den Charakter von Organisationen sehr grundlegend – und damit auch den Charakter der Arbeitswelt und die Art und Weise, wie sie die Gesellschaft prägt. Sie schaffen unter anderem das Problem, dass Eigentum und Kontrolle auseinanderfallen: Eigentümer ist die Firma als juristische Person, die Kontrolle haben natürliche Personen als Mandatsträger. Das kann zu Interessenkonflikten führen: Wie verhindert man, dass Mandatsträger sich auf Kosten der juristischen Person – und damit auf Kosten der Anteilseigner – bereichern? Diesem Problem wird durch zahlreiche Kontrollmechanismen entgegenzutreten versucht, zum Beispiel dadurch, dass die Boni von Managern an die Entwicklung des Aktienkurses gekoppelt werden.

David Ciepley und viele andere Kritiker argumentieren allerdings, dass in der Ausgestaltung dieser Kontrollmechanismen die genauen rechtlichen Strukturen juristischer Personen allzu oft übersehen wurden. Deswegen wurde Aktiengesellschaften ein Bündel an Rechten und Pflichten zugeschrieben, das nicht zu ihrem hybriden Charakter passt. Die Anteilseignerinnen werden oft wie Eigentümerinnen im Sinne des Privateigentums behandelt, die die volle Kontrolle über ihr Eigentum hätten – dabei bringen sie nur einen bestimmten Teil ihres Vermögens in die Firma ein, der klar von ihrem Privatvermögen getrennt ist. Trotzdem werden ihnen zahlreichen Rechte auf Kosten anderer Beteiligter gewährt, zum Beispiel auf Kosten der Arbeitnehmer – obwohl diese ja ebenfalls etwas in das Unternehmen einbringen, nämlich ihr »Humankapital«, um dieses scheußliche Wort einmal zu verwenden. Aber bei den Arbeitnehmerinnen wird darauf verwiesen, dass hier nur ein Vertragsverhältnis vorläge: Arbeit gegen Lohn. Dass Arbeitnehmer ein weiter gehendes Interesse an der langfristigen Entwicklung einer Firma haben könnten, weil ihnen an ihrem Job und vielleicht sogar am Wohlergehen der Firma liegt, wird damit implizit bestritten. Aktiengesellschaften sollten vielen Theorien zufolge am besten von den Aktionären alleine kontrolliert werden, weil angenommen wird, dass diese das gleiche Verhältnis zu den Firmen hätten wie zum Beispiel eine Mittelständlerin, die eine Firma gegründet hat und mit ihrem Privatvermögen komplett haftet – eine höchst fragwürdige Analogie.

Außerdem wurden die Anreize für die Manager auf kurzfristige Kurssteigerungen ausgerichtet, anstatt den Charakter von Aktiengesellschaften als langfristige Kapitalsammelstellen ernst zu nehmen. In manchen Fällen führt dies dazu, dass die langfristig orientierten Strukturen von Aktiengesellschaften von kurzfristig orientierten Managern regelrecht ausgeplündert werden, indem zum Beispiel teure, aber enorm wichtige Forschungsabteilungen einfach eingestampft werden – kurzfristig verursachen sie ja »nur« Kosten. Umgekehrt wird die Tatsache, dass Aktiengesellschaften den Status juristischer Personen haben, genutzt, um ihnen möglichst viele Rechte zu verschaffen. In den USA zum Beispiel wurden ihnen auch politische Rechte zugesprochen, die sinnvollerweise nur natürlichen Personen zustehen können, zum Beispiel das Recht auf freie Meinungsäußerung, das seit dem berühmten Urteil des Supreme Court im Fall *Citizens United vs. Federal Election Commission* das Recht auf quasi unbeschränkte Spenden an politische Kandidaten beinhaltet.

Verantwortung und Haftung sind unter solchen Voraussetzungen höchst problematisch verteilt. Das Ungleichgewicht zwischen Anteilseignern und Managern auf der einen Seite, und Arbeitnehmern, anderen »Stakeholdern« sowie letztlich der gesamten Gesellschaft auf der anderen Seite führt dazu, dass für Erstere starke Anreize bestehen, eigene Interessen über die aller anderen zu stellen. Wenn es aber darum geht, Verantwortung zu übernehmen, zum Beispiel für die Gefährdung von Mitarbeitern oder Anwohnerinnen durch mangelnde Sicherheitsstandards, können sie sich hinter der juristischen Person der Firma unsichtbar machen.

Das ist eine Einladung zu eigennützigem Handeln auf Kosten der Gesellschaft – und so hat denn auch der Juraprofessor Lawrence E. Mitchell die Unverantwortlichkeit von Aktiengesellschaften polemisch als »Amerikas neuesten Export« bezeichnet. Verantwortungsbewusstes Management von Aktiengesellschaften müsse langfristig orientiert sein, so Mitchell, während die kurzfristigen Anreize durch Boni und Aktienoptionen dazu geführt hätten, dass Arbeitnehmer unter Druck gesetzt, die Umwelt verschmutzt und Gesetze nicht eingehalten worden seien. Das »Externalisieren« von Kosten, also das Abschieben von Kosten auf andere Akteure und die Gesellschaft als Ganzes, sei in Aktiengesellschaften zur Routine geworden. Die gesetzlichen Kontrollen hätten an vielen Stellen versagt – nicht nur in den USA, sondern weltweit. Die Gewinne werden privatisiert und landen auf den Konten der Aktienbesitzer und der Manager. Die Kosten werden sozialisiert, also auf andere abgewälzt. Es versteht sich von selbst, dass dies nicht dazu beiträgt, dass die Arbeitswelt als fair und gesellschaftlich integrativ wahrgenommen wird.

Noch drastischer ist diese Konstellation, wenn für Firmen die Möglichkeit eines Bankrotts – der immerhin die Anteilseigner trifft und oftmals auch für das Management unangenehme Folgen zeitigt – ausgeschlossen wird. Spätestens seit der Finanzkrise ist allgemein bekannt, dass es Unternehmen gibt, die von der Politik als *too big to fail* betrachtet werden, weil ihr Bankrott die Wirtschaft oder zumindest das Finanzsystem massiv in Mitleidenschaft ziehen würde. Solche Firmen werden mit Steuergeldern vor der Pleite gerettet – und obwohl es sich nur schwer empirisch überprüfen lässt, darf man davon ausgehen, dass das den Akteuren bewusst war und ihr Handeln beeinflusst hat, sie also etwa höhere Risiken eingehen ließ, als der Fall gewesen wäre, wenn sie damit hätten rechnen müssen, persönlich zur Haftung gezogen zu werden. Dabei kann keine angebliche oder tatsächliche »Systemnotwendigkeit« begründen, warum auch die *Individuen* an der Spitze der betreffenden Unternehmen systemnotwendig sein sollten. Sie könnten durchaus ausgetauscht und persönlich haftbar gemacht werden, ohne dass das Finanzsystem zusammenbräche – und wenn sie dies antizipieren müssten, würden sie sich vielleicht anders verhalten.

Es ist kaum verwunderlich, dass solche Entwicklungen viele Menschen an der Sinnhaftigkeit – ganz zu schweigen von der Fairness – unseres Wirtschaftssystems zweifeln lässt. Dafür muss man kein grundsätzlicher Kritiker der Marktwirtschaft sein, sondern es geht um Kritik an einem ausschließlich gewinnorientierten, unternehmerischen Handeln, das sich nicht mehr der Notwendigkeit unterworfen sieht, negative Folgen für Menschen zu vermeiden. Ebenso wenig geht es darum, komplexe arbeitsteilige Organisationen abzulehnen – sondern darum, diese so zu strukturieren, dass die enorm gut bezahlten Individuen an ihrer Spitze nicht von jeder Form der Haftung befreit sind, während ein angestellter Arbeitnehmer für seine Fehler direkt und mit massiven Konsequenzen zur Verantwortung gezogen wird und eine mittelständische Unternehmerin für alles, was in ihrem Laden schiefläuft, mit ihrem Privatvermögen haftet.

Wenn man Organisationen mit beschränkter Haftung zulässt, stellen sich Fragen nach ihren Rechten und Pflichten mit neuer Dringlichkeit. David Ciepley ruft dazu auf, ihre Zwitterform aus privat und öffentlich zu überdenken und danach zu fragen, wie ein höheres Maß an Verantwortungsübernahme durch Aktiengesellschaften sichergestellt werden kann. Der Management-Professor Colin Mayer argumentiert ähnlich: Er schlägt vor, statt rein gewinnorientierten Aktiengesellschaften sogenannte *trust companies* zu schaffen, die auf den langfristigen Interessensausgleich zwischen allen beteiligten Gruppen ausgerichtet sind. Tatsächlich werden eine Reihe großer Unternehmen in Deutschland als Stiftungsunternehmen geführt, der Vorschlag ist also durchaus realitätstauglich. In den USA experimentiert die Bewegung der sogenannten *benefit corporations* mit juristischen Formen, die explizit den sozialen Nutzen ihrer Geschäftstätigkeit betonen; allerdings ist dies ein rein freiwilliger Ansatz, der ohne grundsätzliche rechtliche Änderungen auskommt und damit kaum weitreichend genug sein dürfte. Aber an derartigen Beispielen zeigt sich: Es gibt Möglichkeiten, wie die rechtlichen und damit die Anreizstrukturen verändert werden können. Die Tatsache, dass mit der digitalen Transformation zahlreiche neue Unternehmen entstehen und bestehende Unternehmen umstrukturiert werden, ist ein guter Anlass, um über die Vor- und Nachteile verschiedener Rechtsformen nachzudenken.

Das Hauptargument für Unternehmen mit beschränkter Haftung ist, dass man damit große Mengen an Kapital einsammeln kann. Das wirft sofort die Frage nach der Relevanz dieses Umstandes für digitale Unternehmen auf – denn viele von ihnen operieren gerade *nicht* mit großen Kapitalmengen, sondern starten mit kleinen Gruppen von Programmierern, die Ideen entwickeln, deren Wert den finanziellen Erstaufwand um ein Vielfaches übersteigen kann. Es ist nicht von vornherein klar, ob die Form einer Aktiengesellschaft dafür nötig ist und ob sie die optimalen Anreize für das Management schafft, die technischen Innovationen zum Wohl der Kunden einzusetzen, ohne Risiken für andere Gruppen oder für die Gesellschaft als Ganze zu schaffen.

In anderen Bereichen, die vom digitalen Wandel betroffen sind, sieht die Sache anders aus – wenn es zum Beispiel um vollautomatisierte Fertigungssysteme geht, können sowohl der Kapitalbedarf als auch das Risiko sehr hoch sein und Varianten beschränkter Haftung eine wichtige Rolle spielen. Ob dies jedoch transnationale Aktiengesellschaften sein müssen – und nicht zum Beispiel auch Stiftungsunternehmen oder Genossenschaften sein könnten –, ist alles andere als ausgemacht. Wir sollten uns von der Denkgewohnheit verabschieden, derzeit vorherrschende Rechtsformen für die einzig möglichen zu halten. Für eine faire und funktionale Verteilung von Rechten und Pflichten, Verantwortlichkeiten und Haftung in einer vom digitalen Wandel geprägten Arbeitswelt sind möglicherweise andere viel besser geeignet.

Wenn zum Beispiel die Nutzer einer Internet-Plattform einen wesentlichen Beitrag zur Wertschöpfung dadurch leisten, dass sie ihre Daten bereitstellen, sollten sie dann nicht auch das Recht haben, bei Geschäftsentscheidungen mitzureden? Sollten also zum Beispiel die Nutzer von Facebook in den Governance-Strukturen der Firma vertreten sein? Das hätte möglicherweise verhindert, dass es zur Nutzung der Daten durch dubiose Firmen wie Cambridge Analytica gekommen wäre. Im nächsten Kapitel werde ich auf diese Themen genauer eingehen und die These vertreten, dass wir im Zuge der digitalen

Transformation auch die Einführung demokratischer Organisationsformen in der Wirtschaft vorantreiben sollten. Zunächst aber soll es noch weiter darum gehen, wie die digitale Transformation die Zuschreibung von Haftung und Verantwortung verändern könnte – denn hier drohen gefährliche Szenarien.

DIE KLEINEN HÄNGEN, DIE GROSSEN LAUFEN LASSEN?

Die digitale Transformation erreicht uns nicht in einem Urzustand, in dem wir von Grund auf neu überlegen könnten, wie wir eine von digitalen Technologien geprägte Gesellschaft optimal gestalten können. Sie trifft auf Gesellschaften, die bereits sehr ungleich sind – das betrifft die Verteilung von Einkommen und Vermögen ebenso wie die Verteilung von Haftung und Verantwortung. Schon die Praktiken, die zur Finanzkrise von 2008 führten, wären ohne digitale Technologien nicht möglich gewesen. Viele Menschen verloren damals ihre Jobs, ihre Immobilien, ihre Vermögen, Familien zerbrachen. Sie hatten vielleicht kurzsichtig oder naiv gehandelt, indem sie Häuser kauften, die sie sich eigentlich nicht leisten konnten – aber sie handelten nicht unmoralisch und wurden oftmals von skrupellosen Finanzdienstleistern mit falschen Versprechen gelockt.

Doch während ihre Existenzen zerbrachen, kamen diejenigen, die noch vor dem Platzen der Blase enorme Gewinne damit machten, in der Regel mit einem blauen Auge davon – vielleicht sank der Wert ihres Aktienportfolios, aber kaum jemand wurde juristisch haftbar gemacht. Phil Angelides, der

Vorsitzende der US Financial Inquiry Commission, kritisierte das Bild, das sich danach ergab, scharf: Es musste der Eindruck entstehen, als sei niemand aus der Führungsriege der Finanzbranche in irgendeiner Form für die Krise verantwortlich. Man habe »die Mäuse« verfolgt, aber keinen einzigen »Löwen«. Die absehbaren Folgen seien Zynismus und Verärgerung über das Rechtssystem.

In unserer arbeitsteiligen Wirtschaft leisten Menschen verschiedene Beiträge. *Völlige* Gleichheit der Aufgaben, der Verantwortung und des Einkommens kann es dabei nicht geben, denn sie würde gerade das unmöglich machen, was der Vorteil von Arbeitsteilung ist: dass Menschen ihre unterschiedlichen Begabungen und Vorlieben einbringen können. Aber in bestimmter Hinsicht muss trotzdem Gleichheit herrschen – Gleichheit vor dem Gesetz und Gleichheit der Sanktionierung, sofern man sich nicht an die Spielregeln hält, seien es gesetzliche Regeln oder moralische Grundsätze. Es ist fatal, wenn sich der Eindruck verbreitet, dass die Regeln nicht für alle gelten, dass also die Kleinen gehängt und die Großen laufen gelassen werden. Das gilt insbesondere, wenn die Gehälter Letzterer immer weiter steigen. In der Theorie gibt es dafür das Instrument der »Claw Back«-Klauseln, mit dem ein Teil des Gehalts unter vorher definierten Bedingungen – etwa nach Fehlentscheidungen – wieder zurückgefordert werden könnte. In der Praxis eingesetzt wird es kaum.

Man mag einwenden, dass der Fokus auf Haftung und Verantwortung auf einem pessimistischen Menschenbild beruhe. Ist es nicht gerade eine aufs Ökonomische fokussierte, »neoliberale« Haltung, Menschen zu unterstellen, dass sie niemals von sich aus das Richtige tun, sondern durch Druck, Kontrollen und Anreize dazu gebracht werden müssen? Typischerweise identifiziert man derartige Kritikpunkte mit linken Denkerinnen, während das skeptische Menschenbild und die Forderung nach Kontrolle eher im rechten politischen Lager zu Hause sind. Aber wenn es um die Verteidigung des derzeitigen Wirtschafts- und Finanzsystems und um das *Fehlen* von Kontrollmechanismen in den oberen Rängen vieler großer Firmen geht, werden viele derjenigen, die sonst nach Druck und Kontrolle rufen, erstaunlich leise.

Um es polemisch zuzuspitzen: Das Prinzip, wonach Verhalten kontrolliert werden müsse, scheint vor allem für die unteren Ränge der sozialen Pyramide zu gelten. Kommt dann noch das Überwachungspotenzial digitaler Technologien hinzu, ergibt sich ein erschreckendes Bild: »Unten« wird mit allen Möglichkeiten der schönen neuen Arbeitswelt kontrolliert, während man in den oberen Etagen der Unternehmen davor geschützt ist.

Konkreter geht es also um die Frage, wie digitale Technologien im Arbeitsalltag eingesetzt werden und welche Vorstellungen von Überwachung und Kontrolle dabei maßgeblich sind. Dies hat großen Einfluss darauf, wie Menschen ihre Arbeit erleben und wie sie sie gestalten können. Haben sie die Möglichkeit, sich ihren Arbeitstag selbst einzuteilen, oder wird er ihnen von Apps oder Computerprogrammen vorgeschrieben? Welche Teams haben das Recht, sich selbst zu organisieren? Wo wird Mitarbeitern durch digitale Überwachung und den ständigen Vergleich mit anderen ein Klima des Drucks und der Angst auferlegt, das Kollegialität unmöglich macht? Selbst wenn solche Mechanismen vielleicht kurzfristig gewisse Effizienzvorteile haben sollten (oft eine fragwürdige Annahme) – ist das ein Preis, den wir bereit sind zu zahlen, oder genauer: den wir Angestellte zwingen wollen zu zahlen?

Die Realität solcher Szenarien lässt sich beispielsweise anhand der Fahrdienste Uber und Lyft betrachten, die die Manipulation von Fahrerinnen mittels digitaler Technologien sehr systematisch betreiben. Wie Recherchen der *New York Times* ergaben, werden sie über die Apps, die sie mit Aufträgen versorgen, psychologisch bewusst unter Druck gesetzt – beispielsweise, indem sie zu Zeiten hoher Nachfragen Nachrichten erhalten, denen zufolge sie »ganz kurz« vor einer bestimmten Einkommenssumme stünden. Die Summe wird beliebig gesetzt, knapp über der Summe, die der Fahrer schon erreicht hat – es geht schlicht darum, die menschliche Tendenz auszunutzen, dass man nicht kurz vor einem Ziel aufgeben will. Oder den Fahrern wird – nach dem von Netflix und YouTube bekannten Prinzip des automatisch startenden nächsten Videos – ein neuer Vorschlag für eine Fahrt gemacht, während sie die vorherige noch gar nicht beendet haben. Die zugrunde liegenden Erkenntnisse kommen unter anderem aus der Forschung zur Psychologie von Computerspielen – und weil man außerdem festgestellt hatte, dass die Mehrzahl der Fahrer männlich ist und sie auf eine weibliche Stimme positiver reagieren als auf eine männliche, ist es natürlich die freundliche »Laura«, die sie aus der App heraus anspricht.

Solche Praktiken sind kein direkter Zwang, doch sie sind so manipulativ, dass sie in einer rechtsstaatlich eingebetteten Arbeitswelt keinen Platz haben sollten. Einige der Maßnahmen wären tatsächlich illegal, auch in den USA, wenn es sich bei den Fahrern um Angestellte handeln würde. Aber sie sind formal unabhängige Vertragspartnerinnen, für die Schutzmechanismen, die in Arbeitskämpfen über Jahrzehnte hinweg erstritten wurden, nicht gelten. Diese Tatsache sowie die Menge an Daten, die sie über das Verhalten der Fahrer sammeln, ermöglicht es den Firmen, mit den Programmdesigns zu experimentieren und dann die Variante auszuwählen, die das optimale Ergebnis erzielt – im Sinne des Geschäftsergebnisses natürlich.

Lassen sich solche Szenarien auf andere Arbeitsbereiche übertragen? Technisch möglich ist ungeheuer viel; nichts leichter, als das Browsing-Verhalten und die Zahl der Tastenanschläge von Büromitarbeitern zu erfassen oder mithilfe von Gesichtserkennungssoftware zu registrieren, wer wie oft zur Kaffeemaschine läuft. Die eigentliche Frage ist deshalb nicht, was möglich, sondern, was rechtlich zulässig ist und tatsächlich praktiziert wird. Wird Unternehmen gestattet, ihre Mitarbeiterinnen bei allen Arbeitsschritten zu überwachen, und wenn ja, in welchem Maße und mit wessen Zustimmung?

Firmen begründen die Einführung aller möglichen Formen von Kontrolle in der Regel mit dem Verweis auf die zu steigernde Effizienz, dabei ist gar nicht klar, ob dieses Argument überhaupt valide ist. Die meisten Berufe sind mehr als die Summe mechanischer Verrichtungen bestimmter Arbeitsschritte – dort, wo es doch so ist, wird die Arbeit voraussichtlich in Zukunft von Computern oder Robotern erledigt werden, und das ist vielleicht auch gut so. Menschliche Arbeit geht darüber weit hinaus. Wie gut ein Team zusammenarbeitet, hat maßgeblich mit der sozialen Dynamik zu tun; diese zu pflegen und positiv zu entwickeln kostet Zeit und lässt sich nur schwer digital erfassen. Kreative Ideen hat man nicht in einem von einem Computerprogramm vorgegebenen Zeitfenster, sondern eher in unvorhersehbaren Momenten – und oft bei Formen der Teamarbeit, die von Offenheit und Vertrauen geprägt sind, so dass man riskieren kann, auch unkonventionelle Ideen auszuprobieren. Werden Arbeitsteams in Zukunft noch die Freiheit haben, ihre Zusammenarbeit selbst zu gestalten, oder werden Angestellte aus einem Kontrollwahn heraus so stark vereinzelt und gegeneinander in ein Konkurrenzverhältnis gesetzt, dass derartiges Vertrauen unmöglich wird?

Ob und wie solche Szenarien realisiert werden und welche Rechte auf Freiheit von Überwachung Arbeitnehmer verteidigen können, wird sich vermutlich in harten politischen wie juristischen Auseinandersetzungen entscheiden. Das Recht auf den Schutz der Privatsphäre ist dabei ein zentraler Aspekt, aber die Debatte sollte sich nicht ausschließlich darauf fokussieren. Ebenso wichtig ist das Verhältnis von Kontrolle und von Arbeit, die von denjenigen, die sie ausführen, als verantwortungsvolle und gute Arbeit erlebt wird. Alleine oder im Team darüber entscheiden zu können, wie man sich die Aufgaben einteilt, kann maßgeblich dafür sein, wie man die Arbeit erlebt. Spielräume, in denen sich die Individualität der Einzelnen zum Ausdruck bringen kann, machen Arbeit menschlich; sie ermöglichen es, dass wir uns nicht als Anhängsel von Maschinen oder Computerprogrammen, sondern als Individuen begegnen. Wenn man an den Unterschied zwischen einem echten Kundengespräch und den geskripteten und unter Zeitdruck ablaufenden Anrufen in den Service-Callcentern internationaler Konzerne denkt, bekommt man eine Ahnung davon, was hier auf dem Spiel steht.

Zugleich bieten neue Technologien die Möglichkeit, den Mangel an Haftung, der an manchen Stellen der Arbeitswelt vorherrscht, zu korrigieren. Sie können zum Beispiel dazu eingesetzt werden, die Kommunikationsmöglichkeiten zwischen Management und Belegschaft zu verbessern – schon die Einführung von Firmen-Intranets hat hier vieles verändert, und in Zukunft könnte man digitale Foren noch viel stärker dafür nutzen, dass Mitarbeiterinnen kritische Nachfragen zu strategischen Entscheidungen stellen können. Selbst dann, wenn es keine direkten Sanktionsmöglichkeiten gäbe, könnte es dazu führen, dass sich Manager zweimal überlegen, wie sie Entscheidungen ihren Mitarbeiterinnen gegenüber rechtfertigen. Viele Argumente, die man in der Vergangenheit darüber anbringen konnte, dass ausführliche und frühzeitige Kommunikation, z.B. die zeitnahe Information über strategische Richtungsentscheidungen, »nicht praktikabel« sei, wirken angesichts neuer Kommunikationsmöglichkeiten wie schale Ausreden.

Auch interaktive Formen der Kommunikation, bei denen zum Beispiel Angestellte direkte Fragen an den Vorstand stellen, sind technisch leicht zu realisieren. Und tatsächlich passiert schon vieles in diese Richtung – allerdings ist die Frage: Passiert es, um einen Eindruck von Partizipation zu erwecken, der die Belegschaft letztlich ruhigstellen soll, oder gibt es wirkliche Verschiebungen in den Verantwortungs- und Haftungsstrukturen? Werden die Gelegenheiten zur Kommunikation »von oben« gewährt, oder können sie auch »von unten« eingefordert werden? Und wer hat in diesen Kommunikationsprozessen welche Rechte, was konkrete Informationen, etwa Zahlen und Fakten über unterschiedliche Szenarienanalysen für Richtungsentscheidungen, betrifft? Welche internen oder externen Instanzen können verbindlich Informationen verlangen, und was passiert, wenn diese enthüllen, dass eine Führungsperson ihrer Verantwortung nicht gerecht geworden ist – wer kann sie dann haftbar machen?

Menschliche Arbeit bedeutet immer auch, Verantwortung für das zu übernehmen, was man tut – das gilt für Managerinnen wie für »kleine« Angestellte. Man mag sich der Haftung für das eigene Handeln entziehen können – die moralische Verantwortung wird man dadurch nicht los. Arbeiten heißt nicht nur, bestimmte konkrete Schritte auszuführen, sondern auch, sich zu überlegen, warum sie zu tun sind, wie sie sich in einen größeren Zusammenhang einfügen. Das war – um dies noch einmal in Erinnerung zu rufen – auch ein wichtiger

Aspekt von Durkheims Argument dafür, dass geteilte Arbeit nicht notwendigerweise zu Verdummung führt. Diese Aspekte von Arbeit können Roboter und Algorithmen nicht übernehmen; sie können an vielen Stellen die Ausführung übernehmen, aber nicht das Mitdenken, das Einordnen und eben die Übernahme von Verantwortung.

Wenn in einer Gesellschaft der Eindruck entsteht, dass gerade die wirtschaftlichen Eliten nicht bereit sind, Verantwortung zu übernehmen, sondern ausschließlich ihre eigenen Interessen verfolgen, kann das fatale Folgen haben. Denn Menschen neigen dazu, ihr Verhalten an das anderer anzupassen – sie sind bereit, sich kooperativ zu verhalten, wenn andere dies auch tun, aber sie schalten auf strategisches Verhalten um, wenn sie überzeugt sind, dass die anderen ebenfalls rein strategisch operieren. Daraus kann sich eine selbstverstärkende Dynamik entwickeln.

Wie sehr das Vertrauen in die Fairness der Spielregeln das eigene Verhalten beeinflussen kann, zeigt eine Studie von Simon Gächter und Jonathan F. Schulz. Die beiden Forscher führten in 23 Ländern Experimente durch, bei denen die Probanden die Gelegenheit hatten, zu schummeln und damit mehr Geld zu verdienen als mit ehrlichen Antworten. Die Ergebnisse verbanden sie mit einem Index, der Daten zur Häufigkeit von Regelverletzungen in den entsprechenden Ländern bündelt; in ihn gingen Faktoren wie politischer Betrug, Steuervermeidung und Korruption ein. Es zeigte sich: Je höher die Neigung zur Regelverletzung in einem Land ist, desto größer ist auch die Neigung der Einzelnen, sich unehrlich zu verhalten. Die Werte der Individuen entwickeln sich offenbar gemeinsam mit den vorherrschenden Normen und Institutionen und werden von diesen beeinflusst.

Wenn Regelverletzungen der Normalfall sind, haben die

Einzelnen kein schlechtes Gewissen dabei, ebenfalls die Regeln zu brechen. Gerade in stark arbeitsteiligen Gesellschaften ist dies gefährlich, da in ihnen unkooperatives oder unsachgemäßes Verhalten besonders häufig zu Schädigungen von anderen Personen, Organisationen oder der Gesellschaft insgesamt filmen kann.

In der langfristigen historischen Perspektive ist es eher die Ausnahme als die Regel, dass Verantwortung und Haftung für alle Mitglieder einer Gesellschaft einigermaßen gleichmäßig zur Deckung gebracht werden. Dass die mächtigeren Mitglieder einer Gesellschaft überhaupt irgendjemandem Rechenschaft schuldig sind, ist eine kaum zu überschätzende Errungenschaft moderner Rechtsstaaten. Zudem haben heute mehr Menschen als je zuvor Einblicke in diese Prozesse, auch dank der Whistleblower und Leaker, die bereit sind, hohe persönliche Risiken einzugehen, um Machtmissbrauch und Korruption aufzudecken.

Doch der bloße Ruf nach mehr Transparenz, der in diesem Zusammenhang oft ertönt, wird nicht ausreichen. Denn Daten allein decken nicht automatisch die verantwortliche Stelle auf; je mehr Daten publik gemacht werden, umso leichter können sie Verantwortlichkeit möglicherweise sogar verschleiern. Es geht also nicht um Datenmengen an sich, sondern um die Auswahl und Deutung von Information. Wir brauchen das, was die irische Philosophin Onora O'Neill »intelligent accountability« nennt: Methoden zur sinnvollen Beurteilung der Tätigkeiten von Menschen, die Macht ausüben. Dazu gehört, dass diejenigen, die diese Tätigkeiten bewerten, selbst über hinreichende Expertise verfügen, aber auch, dass diejenigen, die von den Tätigkeiten direkt betroffen sind, eine Stimme im Evaluationsprozess erhalten. Selbst ein global agierender Behemoth wie Facebook muss nicht unbeherrschbar sein – aber wir müssen noch viel mehr darüber lernen, welche Methoden zur Kontrolle digitaler Macht am besten funktionieren.

SOZIALE NETZE FÜR DIE DIGITALE WELT

Wir müssen uns also nicht nur von überkommenen Vorstellungen lösen – etwa, dass Märkte immer selbstständig Fehlverhalten rückmelden und sanktionieren oder dass die rechtliche Form der Aktiengesellschaft die einzig mögliche Struktur für große Organisationen ist. Um Haftung und Verantwortung in der digitalen Welt zuweisen zu können, brauchen wir auch neue Ansätze für neue *Risiken*. Wer hat welche Konsequenzen zu tragen, wenn Dinge sich nicht wie erhofft entwickeln? Diese Risiken sind einer der Gründe dafür, dass die Prozesse der »Digitalisierung« so viel Angst auslösen – Angst davor, überflüssig zu werden, Angst davor, den Job zu verlieren, Angst davor, dass nur noch unmenschliche, von Mikromanagement und scharfen Kontrollen strukturierte Jobs zur Verfügung stehen werden. Nur wenn es gelingt, den neuen Realitäten durch eine kluge Anpassung der sozialen Netze zu begegnen, lassen sich solche Ängste entkräften.

Realistisch betrachtet wird es Umbrüche geben: Jobs werden wegfallen, Menschen werden ihre Arbeit verlieren und zumindest gewissen Perioden der Unsicherheit ertragen müssen. Eine erste, wichtige Frage ist deshalb, was sie alles verlieren, wenn sie ihren Job verlieren. Verlieren sie auch die Sicherheit einer soliden Krankenversicherung, weil diese über ihren Arbeitgeber organisiert war? Welche Rentenansprüche bleiben erhalten, welche gehen verloren? Können die Kinder auf ihrer bisherigen Schule bleiben, weil es eine Schule ist, die allen offensteht, oder steht ihre Zukunft auf dem Spiel, weil die öffentlichen Schulen miserabel, die privaten aber nur mit einem hohen Einkommen bezahlbar sind? Kann man noch Picknicks im Grünen veranstalten, weil es öffentliche Parks gibt, oder sind die einzigen »öffentlichen« Räume kommerzielle Räume wie Shopping Malls, in denen nur jene erwünscht sind, die Geld für Konsum haben?

Je turbulenter der Arbeitsmarkt einer Gesellschaft zu werden droht, umso wichtiger ist, dass die wesentlichen Elemente der Daseinsfürsorge nicht daran geknüpft sind, wer gerade in welcher Form von Beschäftigung steht. Umbrüche in der Erwerbsbiographie müssen möglich sein, ohne dass sie einen kompletten Absturz nach sich ziehen. Dazu muss der *Versicherungs*aspekt, der in unseren Sozialversicherungssystemen angelegt ist, wieder stärker in den Mittelpunkt rücken. Wohlfahrtsstaatliche Maßnahmen werden allzu oft als bloße Umverteilung von oben nach unten beschrieben – dabei dienen Versicherungen allen Beteiligten. Die digitale Transformation macht etwas klar, das eigentlich auch vorher schon galt: Es lässt sich nicht vorhersagen, wer auf der Gewinner- und wer auf der Verliererseite stehen wird. Es hat nicht unbedingt etwas mit persönlicher Leistung oder kluger Lebensplanung zu tun, ob jemand seinen Job behält oder nicht – viel häufiger hat er oder sie schlicht Glück oder Pech gehabt.

Die Funktion einer Versicherung beruht darauf, die statistischen Regelmäßigkeiten, die wir auf der Makroebene beobachten können, auszunutzen: Man weiß zum Beispiel, dass zehn von hundert Arbeitnehmerinnen durch die digitale Transformation ihren Job verlieren werden, aber man weiß nicht, wen es treffen wird. *Alle* stellen sich besser, wenn sie einen kleinen Beitrag in einen Topf einzahlen, aus dem die zehn Arbeitslosen versorgt werden: Diejenigen, die es trifft, weil sie abgesichert sind, und alle anderen, weil sie ruhiger schlafen können im Bewusstsein, dass auch sie abgesichert wären, wenn es sie treffen würde.

Manche Kommentatorinnen setzen ihre Hoffnung angesichts der wahrscheinlich bevorstehenden Umwälzungen auf ein bedingungsloses Grundeinkommen: eine gewisse Summe Geld, die jedem Individuum monatlich aufs Konto überwiesen wird, egal, ob er oder sie arbeitet oder nicht. Ursprünglich geht diese Idee auf den englischen Sozialphilosophen Thomas Paine zurück, der schon Ende des 18. Jahrhunderts forderte, dass alle Menschen ein hinreichend großes Stück Land zur Verfügung gestellt bekommen sollten, so dass sie sich selbst versorgen könnten. Heutzutage geht es natürlich nicht um Land, sondern um Geld – und eines der Argumente der Befürworter ist, dass mit einem an alle Bürgerinnen gleichermaßen ausgezahlten Grundeinkommen nicht nur viel Verwaltungsaufwand eingespart wird, sondern auch die komplexen Fragen nach Anspruchsberechtigung und den Anreizen, dennoch eine Arbeit aufzunehmen, gelöst werden könnten. In Finnland, Kenia und den Niederlanden laufen derzeit Tests dazu, wie ein bedingungsloses Einkommen das Verhalten der Einzelnen und die Sozialdynamik insgesamt beeinflusst.

Nehmen wir an, es wäre möglich, ein solches Einkommen auszuzahlen, das tatsächlich alle grundlegenden Bedürfnisse abdeckt, und sehen wir für den Moment von den Fragen danach ab, wie man der Situation von Menschen gerecht werden würde, die deutlich mehr Unterstützung benötigen, weil sie beispielsweise gehbehindert sind und einen Rollstuhl benötigen. Gehen wir auch davon aus, dass dieses Einkommen nicht schlicht zu Inflation führen oder an die Besitzer knapper Güter, beispielsweise die Vermieter von Wohnungen in Ballungsräumen, weiterfließen würde. Würden die Fragen zur Zukunft der Arbeitswelt damit beantwortet, beispielsweise nach gleichem Zugang zu guten Jobs über die gesamte Lebensarbeitszeit hinweg? Eine Hoffnung der Befürworter ist, dass derzeit schlecht bezahlte Jobs, zum Beispiel im Bereich der Pflege, besser bezahlt würden, weil die Betroffenen es sich auch leisten könnten, nicht zu arbeiten. Es ist aber fraglich, ob der Kampf um eine *gute Arbeitswelt* damit schon gewonnen wäre.

Ein zentrales Problem ist, dass die erhoffte Unabhängigkeit vom Arbeitseinkommen nicht unbedingt erreicht würde. Viele Arbeitnehmer und Familien würden ihren Lebensstil vermutlich an die Summe aus Arbeitseinkommen *und* bedingungslosem Grundeinkommen anpassen – die Angst vor der Arbeitslosigkeit bestünde dann weiterhin, weil ein Leben *nur* mit dem Grundeinkommen mit erheblichen Einbußen verbunden wäre. Vor allem aber würde sich weiterhin die Frage stellen, wie *gute* Jobs gestaltet werden können und wer Zugang zu ihnen hat: zu Jobs, in denen die Einzelnen sich in einem gewissen Maß selbst verwirklichen, aber auch einen sinnvollen Beitrag zum Gemeinwohl leisten können. Die Frage nach Reformen *innerhalb* der Arbeitswelt, die die in ihr vorherrschenden Macht- und Verantwortungsstrukturen betreffen, würde durch ein bedingungsloses Grundeinkommen nicht beantwortet – und umgekehrt kann man möglicherweise Fortschritte in dieser Hinsicht auch ohne die Einführung eines bedingungslosen Grundeinkommens erzielen, falls sich dieses als nicht realisierbar erweisen sollte.

Dass so mancher Boss aus dem Silicon Valley – eine Spezies, die typischerweise staatlichen Aktivitäten eher feindlich gegenübersteht – sich ebenfalls für die Idee eines bedingungslosen Grundeinkommens aufgeschlossen zeigt, sollte zu denken geben. Angenommen, es käme wirklich so weit, dass ein Großteil der gesellschaftlich notwendigen Arbeit von Robotern und Algorithmen entweder übernommen oder mit deren Hilfe erledigt würde, während staatliche Organe gleichzeitig ein bedingungsloses Grundeinkommen an alle Mitglieder der Gesellschaft auszahlen. Wer hätte dann das Sagen über die Arbeits- und Wirtschaftswelt? Wären es die Bürgerinnen, vermittelt durch die Institutionen demokratischer Politik, insbesondere die Volksvertreter in den Parlamenten? Oder wären es die Eigentümer der Algorithmen und Roboter? Wer würde es zum Beispiel in der Hand haben, die Höhe eines bedingungslosen Grundeinkommens festzulegen? Bestünde nicht die Gefahr, dass wir auf eine Situation zusteuern, in der die Masse der Bevölkerung mit möglichst niedrigen Beträgen abgespeist wird, während eine kleine globale Wirtschaftselite den Geldhahn nach Belieben auf- oder zudrehen kann? Diese Fragen würden allein durch ein bedingungsloses Grundeinkommen nicht im Sinne des Gemeinwohls und der Demokratie beantwortet. Hier sind andere, zusätzliche Schritte gefragt.

Wichtiger als *Bedingungslosigkeit* des gedachten Grundeinkommens ist die darin steckende Idee grundlegender *Sicherheit*: die Gewissheit, dass das soziale Netz einen zuverlässig auffängt, wenn man unter die Räder der »kreativen Zerstörung« wirtschaftlicher Innovation gerät und für einen beruflichen Neubeginn auf Unterstützung angewiesen ist. Hierauf einen Rechtsanspruch zu haben drückt eine Form der bürgerschaftlichen Teilhabe aus. Es ist nicht per se verkehrt, Hilfe nur denen zukommen zu lassen, die sie wirklich benötigen; das Problem vieler Sozialversicherungssysteme sind vielmehr die zahllosen, teilweise zermürbenden und bis tief in die Privatsphäre eindringenden Kontrollen, mit denen sichergestellt werden soll, dass »Bedürftigkeit« tatsächlich vorliegt. Die Befürworterinnen eines bedingungslosen Grundeinkommens liegen sicherlich richtig mit dem Impuls, diesen Apparat wohlfahrtsstaatlicher

Bürokratie zurückfahren oder komplett abschaffen zu wollen. Aber dafür muss das Grundeinkommen nicht bedingungslos sein; es gäbe viele praktikable Mittelwege des Abbaus von Bürokratie und Kontrolle, die nicht auf komplette Bedingungslosigkeit setzen – und damit mehr Ressourcen für diejenigen zur Verfügung stellen könnten, die wirklich bedürftig sind.

Über die Detailfragen einer möglichen Ausgestaltung lässt sich streiten. Wichtig bleibt aber festzuhalten: Ein mögliches bedingungsloses Grundeinkommen verringert nicht die Notwendigkeit, über die Arbeitswelt der Zukunft nachzudenken – eine Arbeitswelt, in der wir vielleicht erheblich weniger Zeit verbringen werden als heute, die aber der unseren weiterhin ähneln wird und die vor allem viel positives Potenzial birgt, wenn es gelingt, den Einzelnen die Möglichkeit zu geben, sie *mit*zugestalten.

Um es mit den Worten des Sozialphilosophen und Ökonomen Albert Hirschman zu sagen: Ein bedingungsloses Grundeinkommen ermöglicht zwar »exit«, aber nicht »voice«. »Exit« steht für die Abstimmung mit den Füßen, die Möglichkeit zu gehen, wenn einem an einer Institution etwas nicht passt. Für Institutionen ist der Exit von Individuen – seien es Kunden, seien es Mitarbeiterinnen oder andere *stakeholder* – oft ein wichtiges Alarmsignal, dass sie sich verändern müssen. »Voice« dagegen bedeutet, mitreden zu können: aussprechen zu können, was einem an einer Institution nicht passt, und im besten Fall auch ein Mitspracherecht dabei zu haben, wie die Sachen geändert werden könnten.

Exit und *voice* stehen in einem komplexen Verhältnis zueinander: Wer allzu leicht gehen kann, macht sich möglicherweise nicht die Mühe, die Stimme zu erheben; andererseits ist *voice* oft effektiver, wenn sie von der Möglichkeit zu gehen begleitet wird. Ein bedingungsloses Grundeinkommen könnte also die

Möglichkeit der Mitbestimmung indirekt stärken, aber es ist nicht ihre Voraussetzung. Um dem Einzelnen eine Stimme in der Arbeitswelt zu geben, kann auch an rechtlichen und politischen Stellschrauben gedreht werden, die ich im nächsten Kapitel genauer diskutieren werde.

Um aber bei der Gestaltung des Sozialstaats zu bleiben: In Zeiten zunehmend unsicherer Beschäftigung muss der wichtigste Fokus sozialstaatlicher Reformen sein, den Versicherungsgedanken der Sozialsysteme zu stärken. Das Bewusstsein der Möglichkeit, dass der Jobverlust einen auch selbst treffen könnte, hilft dabei, sich klarzumachen, dass diejenigen, die Unterstützung aus den Sozialkassen erhalten, dies in der Regel nicht tun, weil sie gerne auf der faulen Haut liegen, sondern, weil sie schlicht und einfach Pech hatten und für einige Zeit Hilfe benötigen. Auch die Praktiken der Regulierung des Sozialstaats müssen aus diesem Versicherungsgedanken heraus verstanden werden – und nicht aus einem Kontrollwahn heraus, der zur Folge hat, dass in Not geratene Menschen wie Kriminelle behandelt werden.

Dagegen wird oft ins Feld geführt, dass es Menschen gebe, die soziale Netze als Hängematte verwenden statt als Notfallabsicherung. Dieses Problem kann nur durch deren konkrete Ausgestaltung gelöst werden – ein Themenkomplex, der so groß ist, dass ich ihn hier nicht einmal anreißen kann. Aber selbst, wenn es stimmen würde, dass sich manche Menschen in den sozialen Netzen ein wenig ausruhen: Wie schlimm wäre das eigentlich? Ist das wirklich das Hauptproblem einer Gesellschaft, in der einige in einem Jahr mehr verdienen als die meisten in all ihren Erwerbsjahren zusammen? Ich möchte den Missbrauch von Sozialversicherungssystemen keineswegs schönreden oder gar rechtfertigen – aber wir sollten die Proportionen im Blick behalten.

Grundsätzlich stehen die Chancen dafür, das Sozialsystem an die Herausforderungen der digitalen Transformation anzupassen, gar nicht schlecht. *Wenn* es gelingt – und das ist vielleicht die größte sozialpolitische Herausforderung der Gegenwart –, dass die mit der Digitalisierung einhergehende Produktivitätssteigerungen nicht nur wenigen zugutekommen, sondern der ganzen Gesellschaft, dann sollten die Kassen der Sozialversicherungssysteme gut gefüllt sein. Dabei müssen wir möglicherweise ein Prinzip über Bord werfen, das sie lange geprägt hat: dass nämlich ein Großteil der Einnahmen über die Besteuerung oder Beitragsbelastung von Arbeitsplätzen generiert wird. Wenn sich die Wertschöpfung in der Produktion stärker hin zu Robotern und Algorithmen verschiebt und menschliche Arbeit stärker an anderen Stellen, zum Beispiel in der Pflege, eingesetzt wird, dann muss neu darüber nachgedacht werden, aus welchen Quellen die Sozialversicherungssysteme finanziert werden.

Und noch etwas muss sich ändern, jenseits finanzieller Belange. Die Nutzung der Sozialversicherungssysteme ist in unserer Gesellschaft mit einem enormen Stigma belegt: Wer den Job verliert, wer gar Hartz IV bezieht, gilt vielen als Versagerin, die anderen auf der Tasche liegt. So falsch diese Haltung ohnehin oft war: In Zeiten zunehmend turbulenter Arbeitsmärkte tritt ihre Unangemessenheit umso stärker hervor. Wenn berufliche Brüche zum Normalfall werden, brauchen wir einen Kulturwandel, der uns Arbeit und Arbeitslosigkeit mit anderen Augen sehen lässt.

Die damit verbundenen Spannungen dürften im deutschen Sprachraum besonders ausgeprägt sein: Hier ist Arbeit für sehr viele Menschen eben immer noch »Beruf« und nicht nur »Job«, hier wurde »Humankapital« 2004 zum Unwort des Jahres gewählt, und die Vorstellung, dass man mit seinem Beruf eine gewisse Identität erwirbt und aus dieser heraus einen Beitrag zur Gesellschaft leistet, ist sehr lebendig. Das »hire and fire« des amerikanischen Arbeitsmarktes, die schnellen Wechsel zwischen Branchen und Funktionen sind uns immer noch fremd. Doch das Modell eines lebenslangen Berufs, der sich eng mit der eigenen Identität verwebt, wird in Zukunft nicht mehr allen offenstehen – oder zumindest nur mit der Einschränkung, dass das, was wir unter einem Berufsbild verstehen, massive Veränderungen durchlaufen kann. Das ist ein Verlust, keine Frage – aber es kann auch seine befreienden Seiten haben. Schließlich ist unser Arbeitsleben um Jahrzehnte länger, als es historisch für die Mehrzahl der Menschen der Fall war.

Wir neigen dazu, über berufliche Laufbahnen – sei es innerhalb eines Menschenlebens oder in Bezug auf mehrere Generationen in einer Familie – in Mustern von Aufstieg oder Abstieg nachzudenken. Aber wer sagt, dass man die Dinge so linear sehen muss? Vielleicht wird ein Arbeitsleben in Zukunft mehrere Aufstiegs- und Abstiegsgeschichten umfassen; vielleicht ist man als Jurist in einem Bereich ausgebildet, in dem Algorithmen einen Großteil der Arbeit übernehmen, schult dann um auf Programmierer, um selbst Code zu schreiben, denkt später darüber nach, sich selbständig zu machen, aber als Absicherung und Zusatzverdienst einen öffentlich subventionierten Job anzunehmen, den der Staat denjenigen anbietet, die sich eine Zeitlang über Wasser halten müssen. Angesichts derartiger Erwerbsbiographien könnte die simplizistische Vorstellung von Aufstieg und Abstieg nach und nach an Bedeutung verlieren – sicher verdient man nicht überall gleich viel, aber dafür haben die Jobs andere Qualitäten oder passen vielleicht einfach besser zur jeweiligen Lebensphase. Und vielleicht werden wir, wenn derartige Geschichten normal werden, weniger in Kategorien von »unten« und »oben« denken und stattdessen stärker verinnerlichen, dass für das Zusammenleben in einer hochkomplexen Gesellschaft sehr unterschiedliche Beiträge geleistet werden müssen, die alle ihren Wert haben.

Mit den biologischen Rhythmen des Lebens ist dies möglicherweise sogar besser vereinbar. Es erlaubt zum Beispiel, Familienphasen besser in berufliche Biographien zu integrieren. Wie die Publizistin Eva Corino es in einem kürzlich erschienenen Buch nannte: das »Nacheinander-Prinzip«. Die Arbeitswelt ist im Moment noch nicht darauf eingestellt, aber es gibt viele Vorschläge, wie dies erleichtert werden könnte, etwa durch Praktika für Wiedereinsteiger oder digital gestützte Formen der Aus-, Weiter- oder Umbildung. Ein Beispiel aus Großbritannien ist die Initiative »Now Teach«, die erfahrenen Berufstätigen die Möglichkeit gibt, sich für den Lehrerberuf weiterbilden zu lassen. Sie erfuhr innerhalb kürzester Zeit immensen Zuspruch. Vor einer Arbeitswelt, die flexiblere Lebensläufe zulässt, muss man also keine Angst haben, im Gegenteil – wichtig ist, dass die Spielregeln so gestaltet sind, dass alle die Chance haben, sich zu fairen Konditionen umzuorientieren, wenn ihr Job wegfällt, oder auch dann, wenn sie Lust auf etwas Neues haben.

Perfekte Fairness wird es dabei nicht geben, und dass Reiche und Mächtige versuchen, sich über das Gesetz zu stellen und für sich größere Anteile abzuschöpfen, als es anderen möglich ist, ist eine historische Konstante, die sich eindämmen, aber vermutlich nie komplett abschaffen lässt. Aber es lassen sich institutionelle Bedingungen herstellen, die für alle einen einigermaßen gleichen Rahmen schaffen – die weder die, die an der Spitze stehen, aus der Haftung entlassen noch die weniger Privilegierten mit ihrem Risiko alleine lassen. Können wir auch in Zeiten der digitalen Transformation allen Mitgliedern der Gesellschaft das Gefühl geben, dass es in ihr grundsätzlich fair zugeht? Denn nur dann kann die Gesellschaft vom Einzelnen erwarten und verlangen, sich auch aus eigener Motivation an die gemeinsamen Spielregeln zu halten.

5.

HIERARCHIE ODER DEMOKRATIE? PARTIZIPATION IN DER DIGITALEN ARBEITSWELT

Was stellt man sich vor, wenn man an eine Firma oder Behörde denkt? Ein zentrales Gebäude, das – vor allem, wenn es in einer Epoche errichtet wurde, in der die Organisation viel Geld hatte – mit Herrschaftsarchitektur protzt? Die Präsidentin oder den Vorsitzenden an der Spitze? Die Logos und Schriftzüge der jeweiligen *organizational identity*, mit viel Aufwand kreiert von PR-Agenturen? Ein eindeutiges Bild der Organisationen, in denen die überwiegende Mehrheit der arbeitenden Bevölkerung einen Großteil ihrer wachen Zeit verbringt, gibt es nicht. Sie sind abstrakte Entitäten, rechtliche Strukturen, in denen unterschiedliche Akteure unterschiedliche Rechte, Pflichten und Aufgaben haben. Am ehesten lassen sie sich durch Organigramme darstellen: große Landkarten mit Kästchen und Pfeilen, die Zuständigkeiten und Anweisungsbefugnisse symbolisieren.

In der Regel haben diese Organigramme mehr oder weniger die Form einer Pyramide: Alle Fäden laufen oben zusammen (und diejenigen, die oben stehen, haben ihre Büros natürlich in den eindrucksvollsten Gebäuden). Die wesentlichen Entscheidungen werden an der Spitze der Pyramide getroffen. Dafür müssen Informationen auf allen Ebenen der Pyramide gesammelt und durch die Hierarchieebenen nach oben gereicht werden. Oben wird gesichtet, wo man steht, dann wird beschlossen, wo es hingehen soll, und diese Beschlüsse werden über die Ebenen hinweg wieder nach unten durchgereicht. Ob dann dort alles umgesetzt wird, was von oben kommt, ist eine andere Frage; das wird zwar durch zahlreiche Kontrollmechanismen sicherzustellen versucht, aber auch diese müssen über die Ebenen hinweg funktionieren und tun dies nicht immer einwandfrei. Alles in allem ist dieses Bild hierarchisch geprägt. Wenn von unten neue Ideen kommen, müssen sie sich Ebene für Ebene durchsetzen, bevor sie oben ankommen und dort eventuell für gut befunden werden. Und wer selbst von unten aufsteigen möchte, muss den Erwartungen entsprechen, die oben gelten.

Dass sich Firmen historisch so entwickelt haben, ist nicht verwunderlich – schließlich waren in der Vergangenheit die meisten Gesellschaftsbereiche hierarchisch organisiert. Für die Wirtschaft gilt das ganz besonders: Der Begriff »Ökonomie« stammt vom altgriechischen Wort »oikos«, das »Haushalt« bedeutet. Die griechischen Stadtstaaten der Antike waren, was den *politischen* Bereich angeht, oft Demokratien: Die männlichen, alteingesessenen Bürger entschieden gleichberechtigt über die gemeinsamen Belange der Polis. Das Wirtschaftsleben dagegen fand innerhalb der Haushalte statt (oder wurde durch zugewanderte Handwerker, freigelassene Sklaven oder andere Menschen ohne Bürgerstatus organisiert). Im Haushalt stand der Patriarch an der Spitze, während Frauen, Kinder und Sklaven sich ihm unterordnen mussten. Und während in der Polis die Prinzipien von Öffentlichkeit und Transparenz vorherrschten, spielte sich das Wirtschaftsleben im Haushalt hinter dem Schleier der Privatheit ab. Dieses gedankliche Erbe wirkt bis heute nach: Politisch sind wir alle Demokraten, in der Arbeitswelt akzeptieren wir die vermeintliche Notwendigkeit einer hierarchischen Ordnung.

Nun gibt es gute Gründe dafür, dass es in der Wirtschaftswelt, wie ja auch an manchen Stellen in der politischen Welt, Hierarchien gibt – im dritten Kapitel hatte ich, unter Rückgriff auf die »Theorie der Firma«, einige dieser Gründe diskutiert. Dennoch bietet die digitale Transformation einen willkommenen Anlass, das Prinzip der Hierarchie in der Arbeitswelt zu hinterfragen – und zwar nicht, um Modebegriffe von »projektförmiger«, »schwarmförmiger« oder »agiler« Arbeit aufzunehmen. Derartige Vorschläge werden in der Regel mit dem Hintergedanken der Effizienzsteigerung eingeführt und ändern wenig an der Machtverteilung in Firmen und Organisationen; im schlimmsten Fall verstärken sie die Probleme der Verantwortungsdiffusion, die ich im letzten Kapitel diskutiert habe.

Worum es gehen muss, ist etwas viel Grundsätzlicheres: Soll die Wirtschaftswelt uneingeschränkt hierarchisch organisiert sein, mit Managerinnen und Kapitalgebern im Sattel, oder können wir sie partizipativer und demokratischer gestalten? In diesem Kapitel werde ich dafür argumentieren, die Pyramiden der Wirtschaftswelt den Prinzipien der Polis anzunähern: offenen, partizipativen Gemeinwesen, in denen demokratische Entscheidungsprozesse eine wichtige Rolle spielen.

So ein Wandel geschieht natürlich nicht von selbst. Wir stehen an einem Punkt, an dem wir einerseits mit der praktischen Herausforderung konfrontiert sind, die neuen Möglichkeiten digitaler Kommunikations- und Organisationsprozesse besser zu verstehen und Kriterien dafür zu entwickeln, welche Organisationsformen sich für welche Tätigkeitsfelder eignen. Andererseits ist es eine Frage der schieren Macht: Die Eliten, die derzeit an der Spitze der wirtschaftlichen Hierarchien stehen, werden ihre Position kaum ohne Widerstand aufgeben.

Doch die Voraussetzungen für das Organisieren arbeitsteiliger Tätigkeiten in großen Strukturen haben sich infolge digitaler Technologien massiv verändert – und sie werden sich vermutlich noch weiter verändern. Ein zentraler Aspekt dabei ist, dass die Kosten für schnelle, direkte Kommunikation massiv gesunken sind, sowohl für schriftliche als auch für mündliche Kommunikation, etwa per Videokonferenz. Ebenfalls gesunken sind die Kosten für die Erfassung und Bereitstellung von Information, mit der zum Beispiel Lagerstände oder Kundenaufträge in Echtzeit dargestellt werden können. Die klassischen Argumente für Hierarchien, die vielfach auf die »Transaktionskosten« der Arbeitsvorgänge Bezug nehmen, verlieren damit teilweise an Gültigkeit. Andere, bessere Organisationsformen werden denkbar – wobei mit »besser« nicht ausschließlich wirtschaftliche Effizienz gemeint ist.

Bei der Gestaltung der Arbeitswelt geht es auch darum, dass wir einen Großteil unserer Lebenszeit in sozialen Räumen verbringen, die wir längst nicht mehr – wie im *Oikos* der Antike – nach dem Modell von Privathaushalten verstehen können. Die Regeln, nach denen wir die Wirtschaftswelt gestalten, sind Regeln, die wir uns als Gesellschaft gemeinsam geben – vor allem in Form der demokratischen Gestaltung des Rahmenwerks von Märkten, aber auch durch die sozialen Normen, die in ihnen gelten. Angesichts der sich vollziehenden Veränderungen sollten wir die Chance ergreifen, diese Regeln weiterzuentwickeln und neue Möglichkeiten der Partizipation zu erproben.

In gewisser Weise wären Schritte in diese Richtung eine spezifisch deutsche Antwort auf die Herausforderungen der digitalen Transformation. Denn die Arbeitswelt in Deutschland ist schon heute viel partizipativer organisiert, als es in vielen anderen Ländern der Fall ist. Es gibt hier das Betriebsverfassungsgesetz und die Mitbestimmung von Arbeitnehmervertretern in Aufsichtsräten, außerdem sind die Rechte der Arbeitnehmerinnen besser geschützt als in vielen anderen Ländern. Das ist kein Grund für nationale Überheblichkeit; dennoch sollten wir an dieser Tradition festhalten.

DIE SCHWÄCHE VON HIERARCHIEN

Der Vater der Fließbandproduktion und des *scientific management*, Frederic Taylor (1856–1915), ging davon aus, dass alle Planung komplett an der Spitze von Unternehmen stattfinden sollte, während die Arbeiter rein mechanische Schritte ausführen sollten. Alle geistige Arbeit sollte aus den Werkhallen entfernt und in die Planungsabteilungen verlegt werden. Die Arbeiter, die die Tätigkeiten am Fließband ausführten, wurden als Bestandteile des Produktionsprozesses verstanden – als rein mechanisch arbeitende Körper, während der »Kopf« der Organisation das höhere Management war. Dieser Ansatz erlaubte es auch, die hohen Gehälter an der Spitze der Pyramide zu rechtfertigen und Gehälter weiter unten als reine Kostenfaktoren zu sehen, die es zu minimieren galt. Von den meisten Arbeitenden wurden Mitdenken und Verantwortungsübernahme nicht erwartet, im Gegenteil: die Gelegenheit dazu wurde ihnen systematisch verweigert.

Menschen zu bloßen Rädchen zu degradieren, diese Praxis war im Wirtschaftssystem lange akzeptiert. Aber es ist ein zutiefst menschlicher Impuls, sich als aktiv handelnd zu erleben. Fjodor Dostojewski (1821–1881) brachte das in seinen *Aufzeichnungen aus dem Kellerloch* auf den Punkt, indem er einen namenlosen ehemaligen Beamten über den »modernen Menschen« polemisieren ließ – ein eineinhalb Jahrhunderte alter Text, der eine eigentümliche Aktualität besitzt. Selbst wenn man dem Menschen das größte Glück verschaffen würde – »bis über beide Ohren, so dass an der Oberfläche des Glücks nur noch Bläschen aufsteigen, wie im Wasser« –, wäre er damit nicht zufrieden. Er will nicht nur »Pfefferkuchen knabbern«, er will auch nicht ständig nur »vernünftig« sein. Denn er will sich davon überzeugen, dass er »ein Mensch und keine Klaviertaste« ist, auf der fremde Mächte spielen. Dostojewskis Protagonist behauptet sogar: »Genaugenommen scheint das ganze Anliegen des Menschen tatsächlich bloß darin zu bestehen, dass der Mensch sich immerfort beweist, er sei ein Mensch und kein Stiftchen!«

Was Dostojewski seiner Figur in den Mund legt, ist durchaus zwiespältig. Um sich zu beweisen, dass sie keine »Stiftchen« sind, tun manche Menschen nicht nur dumme, sondern auch gefährliche oder unmoralische Dinge. Was an diesen Textpassagen dennoch so aktuell ist, ist die Beschreibung des Ausgeliefertseins an Impulse, die stets von anderen gegeben werden, und der Verweis darauf, dass die Flucht in den Konsum – »Pfefferkuchen knabbern« – nicht genügt, um sich des eigenen Menschseins zu vergewissern. Wie aber kann man das erleben in einer Arbeitswelt, die strikt hierarchisch organisiert ist und vom Einzelnen geradezu erwartet, dass er arbeitet wie ein »Stiftchen« – mit exakt so viel Elan, wie nötig ist, damit die Aufgabe erledigt wird, dabei aber so unauffällig und angepasst wie möglich?

Darin liegt eine große Schwäche hierarchisch organisierter Arbeitswelten: Sie bergen die Gefahr, dass sie Menschen demotivieren und ihren Eigenantrieb abtöten (sofern dieser sich, weil er eben doch nicht abgetötet werden kann, nicht ins Destruktive wendet, hin zu Informationsverweigerung, Diebstahl oder aktiver Sabotage). Hierarchien setzen auf externe Kontrolle, auf die Verlockung höherer Gehälter bei der gleichzeitigen Drohung stagnierenden Einkommens oder sogar des Jobverlusts. Das hat durchaus einen motivierenden Effekt, aber es kann die *intrinsische* Motivation, gute Arbeit zu leisten, massiv reduzieren – man ist kein frei agierender Mensch, sondern das Stiftchen, das von oben gesagt bekommt, was es zu tun hat. Wie viel Energie dadurch verlorengeht, wie viele Aufgaben nicht oder nur schlecht erledigt, wie viele Ideen nicht verwirklicht werden, lässt sich nicht messen, aber ich wage die Hypothese, dass diese Verluste erheblich sind.

Nun ist die heutige Arbeitswelt zum Glück nicht mehr die der russischen Beamtenschaft im 19. Jahrhundert oder der tayloristischen Fließbandarbeit. Viele Angestellte haben durchaus gewisse Freiräume darin, wie sie ihren Arbeitsalltag gestalten oder Aufgaben im Team aufteilen, sie können Ideen und Impulse in die Firmen und Behörden einbringen. Doch die Grundstruktur der meisten Arbeitsplätze bleibt hierarchisch – und mit neuen digitalen Verfahren, die »von oben« in Firmen oder Behörden eingeführt werden, besteht die Gefahr, dass Freiräume verlorengehen, weil versucht wird, noch das letzte Quäntchen Effizienz aus den Mitarbeiterinnen herauszuholen.

Gerade in den USA, wo der Arbeitsschutz wenig ausgeprägt ist, zeigen einige Fälle auf drastische Weise, was das konkret bedeuten kann. Ein Beispiel, das Schlagzeilen machte, betrifft eine Software, mit der Starbucks die Schichten seiner Mitarbeiter optimieren wollte. Die Aktivitäten der Angestellten in den Starbucks-Läden wurden so genau wie möglich erfasst, damit sie möglichst optimal eingesetzt werden konnten – aus Sicht des Unternehmens natürlich. Das Versprechen der Softwarefirma war, dass sich die Arbeitskosten dadurch dramatisch senken würden. Vielen Mitarbeitern dagegen machte dieses Programm das Leben zur Hölle: Sie erfuhren erst sehr kurzfristig, für welche Schichten sie eingeteilt wurden, und mussten mit der ständigen Angst leben, dass sie niemanden finden würden, der ihre Kinder aus der Tagesstätte oder Schule abholte, oder dass sie andere wichtige Termine kurzfristig verschieben müssten. Besonders gefürchtet waren die sogenannten *clopening*-Schichten, eine Wortschöpfung aus *close* und *open*: Wer Pech hatte, wurde so eingeteilt, dass er sowohl die Schließung des Coffeeshops am Abend als auch die Öffnung früh am nächsten Morgen übernehmen musste, Schlafbedarf hin oder her. Erst als ein Bericht der *New York Times* öffentlichen Druck aufbaute, versprach Starbucks Besserung und gelobte, die *clopening*-Schichten komplett abzuschaffen. Ein Jahr später allerdings hatte die Firma ihre selbstgesetzten Ziele noch nicht erreicht.

In Deutschland wäre so ein Vorgehen aufgrund der strengeren Regeln zur Arbeitszeit nicht zulässig. Daran zeigt sich, dass angesichts neuer technologischer Möglichkeiten alte, von manchen vielleicht als überholt empfundene Schutzrechte neue Relevanz bekommen. Das heißt nicht, dass man keine Software zur Schichteinteilung nutzen könnte – es kommt aber darauf an, wie sie programmiert ist und wessen Input dabei relevant ist. Die gesellschaftlichen Machtverhältnisse zwischen Arbeitgebern und Arbeitnehmern zeigen sich hier sehr konkret: Ohne Schutzrechte wirken derartige digitale Technologien zugunsten derjenigen Partei, die am längeren Hebel sitzt.

Nun könnte man einwenden, dass vernünftige Chefs so etwas ohnehin nicht machen würden – sie würden keine Software einführen, die ihre Mitarbeiterinnen unmenschlich behandelt, weil sie wüssten, dass dies deren Motivation untergräbt und das Risiko von Reputationsschäden mit sich bringt. Vielleicht gibt es sogar die eine oder andere Chefin, die es schlicht und einfach moralisch falsch fände, Menschen so zu behandeln. Auch wenn Firmen hierarchisch geführt werden, so der Einwand, müssen der gesunde Menschenverstand und grundlegende Standards der Zwischenmenschlichkeit nicht über Bord geworfen werden.

Das stimmt sicherlich, und man könnte viele Beispiele des gelungenen hierarchischen Zusammenspiels anführen. Aber die Bereitschaft, menschlichem Vernunftempfinden zu folgen, ist offenbar gerade an der Spitze großer Organisationshierarchien nicht immer vorhanden. Dass Macht korrumpiert, ist nicht nur eine abgedroschene Phrase – und dies führt zum zweiten großen Problem hierarchischer Organisationsformen. Wie Psychologen experimentell nachgewiesen haben, sind Menschen weniger offen für die Ratschläge anderer, wenn sie sich mächtig fühlen, also optimistisch und selbstsicher sind und das Gefühl haben, alles unter Kontrolle zu haben.

Ein drittes Problem hierarchischer Organisationen ist ein ganz praktisches: Diejenigen an der Spitze sollen Entscheidungen für andere Menschen treffen, sind aber gleichzeitig davon abhängig, dass ihnen dieselben Menschen korrekte, vollständige und unverzerrte Informationen über die operative Basis liefern. Die dort Beschäftigten bemerken zuerst, wenn etwas nicht läuft wie erwartet oder neue Faktoren auftreten, die berücksichtigt werden sollten; für die effektive Kontrolle der Organisation sind ihre Beobachtungen essenziell. Aber warum sollten sie diese nach oben weitergeben, wenn sie befürchten müssen, dass die Informationen sich negativ auf die Wahrnehmung der eigenen Arbeit durch Vorgesetzte auswirken könnten?

Oft wird die Möglichkeit, Organisationen von oben zu kontrollieren, massiv überschätzt. Der amerikanische Politikwissenschaftler und Ökonom Anthony Downs hat schon 1967 in einer Studie zu Bürokratie verschiedene »Gesetze« zur Kontrollierbarkeit von Organisationen formuliert. Das »Gesetz der unvollständigen Kontrolle« besagt beispielsweise, dass niemand das Verhalten großer Organisationen vollständig kontrollieren könne; das »Gesetz abnehmender Kontrolle«, dass Kontrolle umso schwieriger wird, je größer Organisationen werden; das »Gesetz der Gegenkontrolle«, dass ein Anwachsen der Kontrollanstrengungen auch den Widerstand oder die Ausweichbewegungen verstärkt; und das »Gesetz der sich ständig ausweitenden Kontrolle« beschreibt die Tendenz von Kontrolleinheiten, sich auszuweiten, egal wie viel es eigentlich zu kontrollieren gibt.

Aus einer Zeit, in der politische Systeme ebenfalls noch streng hierarchisch funktionierten, ohne demokratische Kontrolle und freie Presse, stammt die Fabel vom König, der als Bettler verkleidet durch die Lande zieht, um zu hören, was das Volk wirklich über ihn denkt. Denn die eigenen Berater und Höflinge haben allen Grund, die Situation in einem jeweils für sie selbst günstigen Licht darzustellen. Vielleicht wünscht sich so mancher Top-Manager das heimlich: einfach mal unerkannt mit den Leuten reden, mitbekommen, was sie wirklich denken, ungeschönt und ungefiltert. Je größer Organisationen sind, umso schwieriger ist es, Kommunikationssysteme aufrechtzuerhalten, die intern, aber auch im Umgang mit dem Umfeld der Organisation sicherstellen, dass die wesentlichen Informationen bei den Entscheidern ankommen – und auch *nur* die wesentlichen Informationen, denn sonst kommt es zu einer Informationsüberflutung, der niemand gewachsen ist.

Diese Aufgabe ist selbst ohne die verzerrenden Effekte, die sich aus hierarchischen Beziehungen ergeben, schwer zu bewältigen. Je größer die Organisation, umso stärker ist sie unterteilt in Abteilungen und oft auch geographisch getrennte Einheiten, die voneinander wenig bis gar nichts wissen. Meistens werden dann nur noch aggregierte Zahlen, Durchschnittswerte oder Beispielsfälle kommuniziert – mit der Gefahr, dass diejenigen, die sie weitergeben, sie so darstellen, wie es ihren eigenen Interessen am besten entspricht. Dabei kommt es zu verfälschenden Wirkungen, die so häufig sind, dass dem Phänomen ein eigenes »Gesetz« zugeordnet ist, benannt nach dem amerikanischen Organisationswissenschaftler und Psychologen Donald T. Campbell (1916–1996). »Campbells Gesetz« besagt, dass soziale Indikatoren, die als Entscheidungsgrundlagen verwendet werden, korrumpierenden Tendenzen ausgesetzt sind und dass sie oft auch die Prozesse, die mit ihrer Hilfe überwacht werden sollen, verzerren und korrumpieren. Sein klassisches Beispiel: Als US-Polizeistationen nach der Rate aufgeklärter Fälle bewertet wurden, versuchten die Polizistinnen, möglichst wenig Fälle, und nur möglichst leicht lösbare, anzunehmen. Der Versuch, sie mithilfe dieses Indikators leistungsgerecht zu bewerten, ging also nach hinten los.

Kann man es noch verantwortliches Arbeiten nennen, wenn diejenigen, die weiter oben in den Hierarchien stehen, Entscheidungen treffen müssen über Dinge, von denen sie nicht viel wissen, während diejenigen weiter unten nur das tun, was von oben gefordert wird, ohne Gedanken an Sinn und Zweck ihres Tuns? Gerade für diejenigen, die besonders motiviert sind, die an ihrer Arbeit genuines Interesse haben und bereit sind, sich mit sinnvollen Vorschlägen einzubringen, ist das eine schwierige Situation: Sie sind hin- und hergerissen zwischen dem Drang, ihre Arbeit *gut* zu machen, und der Notwendigkeit, die Kriterien zu erfüllen, die von oben vorgegeben werden, die aber möglicherweise mit guter Arbeit nicht viel zu tun haben. Damit soll nicht gesagt sein, dass *immer* diejenigen weiter unten in der Pyramide recht haben, und auch nicht, dass man auf jede Form von Kontrolle verzichten sollte. Aber je stärker Organisationen sich blind auf die Messung fixer Indikatoren verlassen, umso größer ist diese Gefahr – und es muss nicht extra hinzugefügt werden, dass die digitale Transformation hier neue Risiken schafft. Wenn man der Verlockung erliegt, etwas zu messen und als Indikator zu verwenden, einfach weil es sich digital erfassen lässt, kann dies ungeahnte Nebenfolgen haben.

Eine derart mechanistische, *top-down*-Kontrolle von Arbeit – die natürlich kaum offiziell so beschrieben wird – passt ironischerweise viel besser zu den Tätigkeiten, die genauso gut Roboter und Algorithmen übernehmen könnten, als zu all jenen, bei denen menschliche Fähigkeiten zum Tragen kommen. Die Art von »Intelligenz«, die solche Systeme liefern können, ist oft sehr eng: Sie funktionieren am besten, wenn es unter streng kontrollierten Rahmenbedingungen klare Routine-Aufgaben zu erledigen gibt (deswegen sind sie bei vielen Spielen so gut in der Lage, Menschen zu schlagen). Menschen dagegen können viel besser damit umgehen, komplexere Kontexte zu verstehen und auf Veränderungen in der Umgebung flexibel zu reagieren. Sie können den *Sinn* einer Tätigkeit erfassen und deswegen auch beurteilen, wie dieser Sinn unter sich wandelnden Umständen aufrechterhalten werden kann. Algorithmen können zwar den effizientesten Weg finden, ein Ziel zu erreichen, aber sie können sich keine Gedanken über das Ziel selbst machen.

Zugespitzt gesagt: Roboter und Algorithmen passen wunderbar in hierarchische Strukturen. Das, was menschliche Arbeit ausmacht, passt nur bedingt dort hinein. Menschliche Arbeit ist am nötigsten und am wenigstens ersetzbar, wo es um die Anpassung an komplexe Kontexte geht, wo soziale Dynamiken in all ihrer Vielschichtigkeit eine Rolle spielen und wo die Suche nach *neuen* Lösungen gefragt ist. Es ist keine

Frage der formalen Ausbildung oder der Gehaltshöhe, wo in diesem Spektrum ein Job liegt – es ist allerdings durchaus eine Frage der Bereitschaft einer Gesellschaft, Geld für menschliche Arbeit auszugeben, wenn Roboter scheinbar billige Lösungen versprechen. Ob zum Beispiel in den Bereichen der Erziehung und der Pflege die menschliche Seite im Mittelpunkt stehen oder ob es um das rein funktionale Abarbeiten von To-do-Listen gehen soll, die eines Tages vielleicht Roboter übernehmen könnten, ist keine Frage der technischen Möglichkeiten. Es ist eine politische Frage danach, *wie* diese Möglichkeiten eingesetzt werden: blind und mechanisch oder so, dass es eine Rolle spielt, ob jemand den Sinn der Arbeit versteht und sie entsprechend flexibel ausführen kann – menschlich eben!

NEUE KOMMUNIKATIONS-TECHNOLOGIEN, NEUE ENTSCHEIDUNGSFORMEN

Glücklicherweise sind Organisationen heute nicht mehr so ausschließlich von strikt pyramidenförmigen Hierarchien geprägt, wie das historisch der Fall war. Und die deutsche Arbeitswelt ist, was derartige Fragen angeht, vergleichsweise progressiv, besonders im Vergleich zur angelsächsischen Welt. Das betrifft vor allem die bessere rechtliche Absicherung der Arbeitnehmerinnen, unter anderem gegen Kündigungen. In den USA sind viele Beschäftigte nach den Regeln von *employment at will* angestellt, sie sind also fast vollständig der Willkür ihrer Arbeitgeber ausgeliefert. Der Arbeitsmarkt ist flexibler, *hire and fire* ist die Normalität. So manche deutsche Chefin träumt vielleicht von derartigen Verhältnissen – der Schutz der Arbeitgeber wird oft als Kostenfaktor und Mangel an Flexibilität dargestellt. Aber für den Umgang mit Wissen und die offene innerbetriebliche Kommunikation ist der Kündigungsschutz ein riesiger Gewinn. Wer sofort gefeuert werden kann, wenn er »aufmuckt«, für den sind Offenheit und Ehrlichkeit nur dann eine Option, wenn ihm ohnehin nicht viel an seinem Job liegt. Allzu ungleich verteilte Macht ist Gift für einen ungehinderten, unverzerrten Informationsfluss – aber genau den brauchen Unternehmen und Behörden, wenn sie sich an die wandelnden Bedingungen der digitalen Zeit anpassen wollen.

Dabei kommt es ihnen zugute, dass infolge der digitalen Transformation die Kosten dezentraler Kommunikation sinken und neue Formen der Entscheidungsfindung jenseits der klassischen Hierarchien möglich geworden sind. Es ist kaum noch vorstellbar, dass Kommunikation zwischen zwei Abteilungen eines Unternehmens in Papierform über die Schreibtische der jeweiligen Chefinnen läuft – stattdessen stimmen sich die Mitarbeiter einfach auf horizontaler Ebene online ab und können in Entscheidungen eingebunden werden, ohne dass die Kosten steigen. Da laufend neue Tools zur dezentralen Steuerung auf den Markt kommen, wächst das Potenzial für eine stärker von unten gesteuerte Arbeitswelt, in der die Einzelnen mitdenken und sich einbringen.

Ein interessantes Beispiel für partizipative Entscheidungsformen, die mithilfe neuer Technologien auch in der Arbeitswelt eingesetzt werden können, sind sogenannte *deliberative mini publics*. Die politikwissenschaftliche Forschung untersucht sie schon seit Längerem und experimentiert mit verschiedenen Formaten. Dabei werden unterschiedliche Teilnehmerinnen als Querschnitt der Bevölkerung zusammengebracht, sozusagen als verkleinerte Version der gesamtgesellschaftlichen Öffentlichkeit, oftmals durch Losverfahren. In diesem Rahmen können stellvertretend Debatten geführt werden, ohne sie an Politiker, Journalistinnen oder andere Meinungsführer abzugeben. Stattdessen wird erprobt, was passiert, wenn wirklich Vertreterinnen aller gesellschaftlichen Gruppen miteinander reden. Die Teilnehmer solcher *mini publics* erhalten Informationen zu einem Thema und können anschließend ihre positiven und negativen Ansichten, aber auch ihre Fragen und Zweifel zum Ausdruck bringen. Teilweise dauern die Diskussionen einige Stunden, teilweise auch zwei bis drei Tage, unterschiedliche Diskussionsformate können kombiniert und unterschiedliche Arten von Ergebnissen geliefert werden, etwa Berichte oder Empfehlungen – oder auch klassische Abstimmungen nach dem Mehrheitswahlrecht, die dann aber auf einer tiefer gehenden Auseinandersetzung mit dem Gegenstand beruhen, als das sonst oft der Fall ist.

Nun könnte man einwenden, dass derartige Formen des Austauschs zwar theoretisch auch in der Arbeitswelt möglich sind, zum Beispiel in Workshops mit unterschiedlichen Teilnehmern, aber doch erheblichen Aufwand verursachen. Aber genau hier greifen digitale Technologien: Es gibt derzeit viele Versuche, Situationen der Deliberation, also des gemeinsamen Nachdenkens über ein Thema, durch Online-Tools zu unterstützen – von einfachen Abstimmungstools, die mit Informationsvermittlung gekoppelt sind, über unterschiedlich strukturierte Debattenforen bis hin zu Websites für die gemeinschaftliche Kommentierung und Diskussion von Texten.

Natürlich hat das Design der Tools massive Auswirkungen darauf, wie gut oder schlecht solche partizipativen Prozesse funktionieren. Wer hat das Recht teilzunehmen, und wie repräsentativ ist die Auswahl – wird zum Beispiel wirklich über alle Hierarchiestufen und Abteilungen hinweg eine zufällige Auswahl getroffen, oder werden nur bestimmte Gruppen berücksichtigt, etwa weil sie besonders betroffen sind oder weil angenommen wird, dass sie besondere Expertise besitzen? Wird ausschließlich über vorgegebene Alternativen diskutiert, oder können auch neue Vorschläge eingebracht werden? Werden zum Schutz der Betroffenen und um eine ehrliche Aussprache zu befördern anonyme Beiträge zugelassen, oder entscheidet man sich dagegen, weil angenommen wird, dass Trolle die Diskussion kapern würden? Werden nur Empfehlungen ausgesprochen, oder sind die Ergebnisse bindend?

Solche Formen bieten die Möglichkeit, unterschiedliche Perspektiven zu hören und gemeinsam nach Lösungen gerade für komplexe Probleme zu suchen, die durch die Brille einer bestimmten Disziplin oder einer bestimmten Abteilung nur einseitig betrachtet würden. Natürlich sind solche Verfahren aufwendiger, als eine bestimmte Linie einfach von oben durchzupeitschen. Aber gemeinsame Entscheidungsfindung zahlt sich in der Regel aus: Probleme lassen sich besser antizipieren, die getroffenen Entscheidungen besitzen eine größere Legitimität, weil man sich gemeinsam darauf geeinigt hat, und möglicherweise erweisen sie sich auch als effizienter, weil bei »schnellen« Lösungen von oben die operativ Zuständigen beim Auftreten von Problemen weniger motiviert sind, Lösungen zu finden.

Partizipative Entscheidungsfindung kann durch digitale Methoden erleichtert werden, sie ist aber umgekehrt auch von entscheidender Bedeutung dafür, dass die Einführung digitaler Technologien in bestehende Arbeitsabläufe gelingt. Wer kann eigentlich beurteilen, wann eine Neuerung sinnvoll ist? Wer weiß wirklich über die Besonderheiten der Einsatzsituationen Bescheid? Wer bemerkt zum Beispiel, wenn sich die Praktiken schleichend verändern? Wem fällt auf, wenn Nutzerinnen mit Systemen falsch umgehen, sei es aus Naivität, Unkenntnis, Selbstschutz oder Heimtücke? All dies sind Fragen, die nicht von digitalen Technologien selbst beantwortet werden können, während die mit der Einführung neuer Technologien betrauten Stellen – Management oder IT-Abteilung – die Tätigkeiten in der Regel nicht aus der eigenen Arbeitspraxis kennen.

Wollte man in die beste aller möglichen Welten neue Systeme einführen, würde man wohl ein großes, bunt besetztes Gremium bilden, das eine Vielzahl von Perspektiven abbildet. Zum Beispiel wäre das für ein System im medizinischen Bereich ein Gremium aus Ärzten und Pflegekräften, die mit dem System arbeiten, Patientinnen, deren Daten gespeichert werden, IT-Experten, die technische Details bewerten können, sowie Wissenschaftlerinnen und Wissenschaftler, die die Einführung des Systems begleitend erforschen und Verbesserungsvorschläge erarbeiten können (was übrigens oft nicht funktioniert, wenn die Programme als Geschäftsgeheimnis privater Firmen behandelt werden). Man würde darauf achten, dass alle Gruppen ihre Anliegen zu Gehör bringen können, dass allen die gleichen Informationen vorliegen, dass offen und fair miteinander umgegangen wird.

Leider führen wir algorithmische Systeme wie auch andere Neuerungen nicht in die beste aller möglichen Welten ein, sondern in unsere reale Welt – und die ist von Interessenskonflikten und ungleicher Machtverteilung durchzogen. Deswegen ist zu erwarten, dass die Einführung neuer Systeme und neuer Praktiken im Umgang mit ihnen an zahlreichen Stellen zu Kämpfen führen wird. Wenn es wirklich um die optimale Nutzung dezentralen Wissens gehen soll, ist breite Mitsprache gefragt – aber das kommt möglicherweise nicht allen Beteiligten gleichermaßen zu Gute. Es ist sicherlich kein Zufall, dass die Nutzer von Facebook bei den strategischen Entscheidungen über die Weiterentwicklung des Netzwerks, zum Beispiel bei der Entscheidung, Nutzerdaten an Werbekunden zu verkaufen, kein Mitspracherecht haben – es ist schwer vorstellbar, dass sie der Nutzung nicht nur für reine Marktwerbung, sondern auch für politische Werbung, wie im Fall von Cambridge Analytica, zugestimmt hätten. Aber weil Facebook eine Aktiengesellschaft ist, hat das Management das Sagen – und ähnlich sieht es auch an zahlreichen anderen Stellen aus, an denen über die Einführung und Ausgestaltung digitaler Technologien entschieden wird.

Für die Gestaltung der künftigen Arbeitswelten wird es entscheidend sein, ob die Stimmen der Betroffenen und insbesondere der Beschäftigten, denen es um die Qualität ihrer Arbeit in Symbiose mit den digitalen Systemen geht, gehört werden oder nicht. Hierbei ist die Unterscheidung zwischen zwei Begriffen von Arbeitsteilung hilfreich, der *technischen* und der *sozialen* Arbeitsteilung. Effizienzsteigerungen durch Maschinen, seien es altmodische Werkzeuge oder moderne Roboter, fallen in der Regel in den Bereich der *technischen* Arbeitsteilung, also der Aufteilung der Prozesse in einzelne Schritte und deren Unterstützung durch Technik. Davon unterscheiden muss man andere Gestaltungsfragen: wer welche Aufgaben übernimmt, ob Individuen immer das Gleiche machen oder ob Rotation möglich ist und ob etwa darauf geachtet wird, dass die gleichen Individuen einen bestimmten Prozess über einen längeren Zeitraum hinweg betreuen oder komplett willkürlich für bestimmte Schnitte eingeteilt werden. Dies sind Fragen der *sozialen* Arbeitsteilung – und sie sind entscheidend für das Erleben der Arbeit, denn dabei geht es um das Maß von Routine im Arbeitsalltag, um den Einsatz von Kompetenzen und um Entwicklungsmöglichkeiten. Gerade hier ist die Mitsprache der Betroffenen gefragt.

Eine entscheidende Frage bleibt: Wer hat letztlich das Recht, zu entscheiden? Wer darf Vorschläge einbringen, wer wird übergangen? Dies führt zu einer Diskussion, die eine lange Tradition gerade im sozialliberalen Denken hat, nach 1989 dann etwas in Vergessenheit geriet und seit einigen Jahren in der politischen Philosophie und Soziologie neu aufgegriffen wurde: der Diskussion über die Möglichkeiten der Demokratisierung der Wirtschaftswelt.

FÜR DEMOKRATIE IN DER ARBEITSWELT

Was ich bislang beschrieben habe und was das deutsche Arbeitsrecht zumindest dem Gesetzestext nach absichert, wird in der englischsprachigen philosophischen Literatur über die Arbeitswelt als *workplace republicanism* bezeichnet: Der Schutz vor einseitigen Abhängigkeiten und willkürlichen Entscheidungen sowie die Sicherung gewisser Mitspracherechte. Diese Mechanismen stellen sicher, dass die Einzelnen in der Arbeitswelt mehr als Rädchen im System sind, dass sie auch dort den Status von Bürgern haben – deshalb der Begriff *republicanism* als Bezug auf eine Tradition des politischen Denkens, die bis in die Antike zurückreicht. Als Bürgerinnen einer Republik betrachten wir uns als einander ebenbürtig, niemand ist Sklave eines anderen, es gibt keinen Monarchen, der über allen anderen steht, die Gemeinschaft setzt sich dafür ein, dass die gleichen Rechte aller gesichert werden – so zumindest das Ideal.

Beim *workplace republicanism* geht es also um den Schutz grundlegender Rechte in der Arbeitswelt. Während US-amerikanische Befürworter dieses Ansatzes gesetzliche Regelungen dieser Art überhaupt erst einführen wollen, geht es in Deutschland und Europa darum, über Jahrzehnte erkämpfte Arbeitnehmerrechte zu verteidigen, von denen Angestellte in anderen Teilen der Welt nur träumen können. Aber wenn diese Rechte unter den Bedingungen des digitalen Wandels erhalten bleiben sollen, wird es möglicherweise nicht genügen, auf dem Stand des Erreichten zu verharren. Einige partizipative Methoden der Arbeitsgestaltung lassen sich zwar innerhalb der derzeit bestehenden Strukturen verwirklichen. Aber reichen sie aus, um die Macht- und Interessenkonflikte, die mit der Einführung neuer digitaler Technologien aufbrechen können, zu lösen? Zu wessen Gunsten werden diese Konflikte ausgehen, wenn sie innerhalb des bestehenden Systems ausgefochten werden?

Manche Beobachterinnen der neuen Arbeitswelt mit ihren Möglichkeiten der digitalen Kommunikation hoffen, dass sich in ihr alle Fragen der Hierarchie von selbst beantworten werden – indem sie sich schlicht nicht mehr stellen. Wir würden in freien Netzwerken, in fließenden, sich spontan für bestimmte Projekte vereinigenden und danach wieder auflösenden Gruppierungen arbeiten. Die Notwendigkeit von Organisationsstrukturen würde wegfallen, weil alle Aufgaben dezentral, vielleicht unterstützt durch Matching-Algorithmen, erledigt würden. Aber gerade für die Art von Arbeit, die in großen Organisationen erledigt wird, wird eine Zukunft *ganz* ohne Hierarchien und stabile Strukturen wohl eine Utopie bleiben – das weiß jeder, der einmal versucht hat, mit einer größeren Gruppe ein arbeitsteiliges Projekt, und sei es nur ein gemeinsamer Wochenendausflug, basisdemokratisch zu koordinieren. Auch E-Mails, Chats und Gruppen-Skype-Calls stoßen ab einer gewissen Gruppengröße an ihre Grenzen. De facto bilden sich dann oft informelle Führungsstrukturen heraus, die manchmal legitim sein können, wenn weiterhin die Interessen aller berücksichtigt werden, oder die ihre Legitimität einbüßen, etwa weil sie auf Cliquenstrukturen beruhen und andere ausschließen. Es ist also keineswegs gesagt, dass die Sicherung der Rechte der Einzelnen und ein fairer Interessenausgleich durch informelle Strukturen besser gewährleistet werden als durch formelle, selbst wenn sie noch so von guten digitalen Kommunikationstechnologien unterstützt werden.

Hierarchien schaffen all die oben diskutierten Probleme, aber wir können offenbar auch nicht ohne sie – gibt es einen Ausweg aus diesem Dilemma? Es gibt ihn, und in anderen Bereichen haben wir ihn längst gefunden. Unser politisches System beruht auf der demokratischen Kontrolle von Hierarchien und der repräsentativen Interessenvertretung durch gewählte Politikerinnen, die ihr Mandat nur dann behalten, wenn sie den Interessen ihrer Wähler dienen, denn diese können sie andernfalls abwählen. Das System funktioniert nicht perfekt, und man kann trefflich darüber streiten, welche Varianten am besten sind, ob Mehrheitswahlen oder Verhältniswahlen, kürzere oder längere Wahlperioden, mehr oder weniger föderale Ansätze. Alles in allem aber gilt der berühmte Satz Winston Churchills: Die Demokratie ist die schlechteste Regierungsform – abgesehen von allen anderen!

Autorität bekommt eine andere Qualität, wenn sie durch Wahlen legitimiert wird. Nach dem minimalsten Verständnis von Demokratie werden die Eliten eines Landes dadurch gezwungen, sich regelmäßig dem Volk zur Wahl zu stellen und sich gegebenenfalls von anderen Eliten ablösen zu lassen. Man ist vielleicht unterschiedlicher Meinung, hat sich aber auf Prozeduren geeinigt, die es erlauben, Konflikte unblutig zu lösen. Anspruchsvollere Konzeptionen von Demokratie sehen in den Wahlen den Ausdruck eines Gemeinwillens, der sich in öffentlichen Diskussionen herausgebildet hat und anschließend von den gewählten Volksvertretern umgesetzt wird. Der Schutz individueller Rechte durch das Rechtssystem wird damit freilich nicht überflüssig, allein schon deshalb nicht, weil die Angehörigen der Gruppen, die bei Mehrheitsentscheidungen das Nachsehen haben, dennoch geschützt werden müssen.

Warum, so die Frage, sollte man diese Mechanismen nicht auch in der Wirtschaftswelt einsetzen? Schlägt man dies vor, stößt man oft auf Skepsis. Aber viele der Argumente, die dagegen vorgebracht werden, sind bei näherer Betrachtung nicht haltbar, wie etwa die Philosophin Hélène Landemore und die Soziologin Isabelle Ferreras in einem Aufsatz gezeigt haben. Ausgangspunkt der Debatte ist die schlichte Frage, wieso wir bei Autorität bezogen auf Staaten davon ausgehen, dass sie demokratisch kontrolliert werden sollte, dies in Bezug auf Firmen aber nicht für notwendig halten. Vertreter des sogenannten »Parallelarguments« halten dagegen, dass die Gründe, die in Staaten für die demokratische Kontrolle von Autorität sprechen, parallel auch auf Firmen anwendbar sind. Wer dies nicht glaubt, muss also die Parallele zwischen Staaten und Firmen mit Gegenargumenten in Zweifel ziehen.

Ein erster Ansatz der Gegner besteht darin, zu behaupten, dass Staaten und Firmen unterschiedliche Ziele hätten. Das stimmt sicherlich, aber – so die Verteidigerinnen des »Parallelarguments« – sie haben auch relevante Gemeinsamkeiten. In beiden Fällen geht es darum, gesellschaftlich benötigte Güter bereitzustellen, und in beiden Fällen gibt es wirtschaftliche Randbedingungen, die man einhalten muss. Eine zweite Frage der Gegner lautet: Müssen nicht Aktienbesitzer aufgrund ihres Eigentums an Unternehmensanteilen einen Vorrang gegenüber Angestellten desselben Unternehmens erhalten? So ähnlich aber, wenden die Verteidigerinnen ein, wurde historisch auch in Bezug auf Staaten argumentiert: Sie wurden als Eigentum einer kleinen Gruppe gesehen, nämlich der jeweiligen Herrschaftsfamilie. Welche konkreten Rechte und Pflichten mit Eigentum einhergehen, ist eine Frage der politischen Gestaltung, bei der erhebliche Flexibilität vorliegt, die zum Wohl der Gemeinschaft auch genutzt werden sollte. (Oder wie es ein Kollege aus der Philosophie einmal formulierte: Die Eigentümerin einer Katze hat andere Rechte und Pflichten als die Eigentümerin eines Tigers.)

Ein weiteres Argument gegen demokratische Strukturen am Arbeitsplatz lautet: Arbeitnehmer würden durch ihren Eintritt in das Arbeitsverhältnis der Gehorsamspflicht zustimmen; sie könnten die Firma ja verlassen, wenn das Arbeitsverhältnis nicht ihren Vorstellungen entspricht. Aber dieses Argument beruht auf einer idealisierten Vorstellung des Arbeitsmarkts. Für die meisten Arbeitnehmerinnen bringt ein Wechsel des Arbeitsplatzes hohe Kosten mit sich, im buchstäblichen und im übertragenen Sinn. Das gilt gerade für ein Land wie Deutschland, in dem regionale Verwurzelung und der Erwerb von Spezialkenntnissen, die nur für wenige Firmen relevant sind, eine größere Rolle spielen als in angelsächsisch geprägten Arbeitsmärkten, die durch häufigeres Wechseln gekennzeichnet sind. Ein Aktienbesitzer dagegen kann, wenn ihm die strategische Ausrichtung einer Firma nicht zusagt, seine Wertpapiere in der Regel schnell loswerden. Bei Familienunternehmen, bei denen die Eigentümer mit ihrem Privatvermögen voll haften, sieht es sicherlich anders aus – wer ein Unternehmen aufbaut und selbst führt, ist schließlich selbst auch hohen Risiken ausgesetzt. Aber ebenfalls dort ist nicht gesagt, dass die Entscheidungsgewalt *ausschließlich* bei denjenigen liegen muss, die ihr Kapital einbringen, und nicht auch bei denen, die ihre Arbeitskraft einbringen – der ansonsten ziemlich problematische Begriff des »Humankapitals« macht dies deutlich.

Eine heikle Frage bei demokratischen Entscheidungsprozessen betrifft die Kenntnisse und Erfahrungen derjenigen, die zu Wahlen berechtigt sind. Dies betrifft allerdings sowohl die Demokratie im klassischen »politischen« Bereich als auch die Möglichkeit demokratischer Entscheidungen in Wirtschaftsunternehmen, und auch hiermit lässt sich das Parallelargument nicht aushebeln. Die Lösung mancher Probleme verlangt technisches Fachwissen, das nur ausgebildete Expertinnen haben. In Demokratien werden die entsprechenden Entscheidungen deswegen typischerweise an Fachleute delegiert. Ähnlich könnte es auch in Firmen aussehen. Natürlich ist oft umstritten, *welche* Themen von der Art sind, dass sie von Experten behandelt werden müssen, und *wer* die relevanten Experten sind. Aber hier gibt es prozedurale Schritte, mit denen diese Fragen bearbeitet werden können, zum Beispiel dadurch, dass unterschiedliche Parteien jeweils Fachleute in die entsprechenden Gremien entsenden.

Es geht auch bei den Vorschlägen zu einer Demokratisierung der Wirtschaft nicht darum, Expertise abzuschaffen oder Fachkenntnisse durch rhetorische Fähigkeiten und Charisma zu verdrängen. Auch Wirtschaftsdemokratie wäre – wenn sie ein realistisches Modell sein soll – repräsentative Demokratie, und auch ein gewählter Chef müsste die Fähigkeiten seiner Angestellten im Blick behalten. Bestimmte Entscheidungen, etwa zur Umsetzung bestimmter technischer Verfahren, müssten auch in demokratischen Unternehmen an Experten delegiert werden. Im Vergleich zur politischen Demokratie könnte man aber argumentieren, dass diejenigen, die an wirtschaftsdemokratischen Wahlen teilnehmen würden – also typischerweise die Arbeitnehmerinnen, oder bei bestimmten Geschäftsmodellen auch die *user* –, sogar eine bessere Ausgangsposition haben. In der politischen Demokratie geht es oftmals um Entscheidungen, von denen man als Privatperson schlicht keine

Ahnung hat, und typischerweise folgt man dann der Linie derjenigen Partei oder Gruppierung, der man politisch vertraut. In der Wirtschaftsdemokratie ist man »näher dran« an den Prozessen, um die es geht – schließlich geht es um die Anliegen der Organisationen, in denen man tagaus, tagein viele Stunden seines Lebens verbringt.

Wenn man also Demokratie als die beste Organisationsform im *politischen* Bereich anerkennt, warum sollten ihre Prinzipien dann nicht auch auf den *wirtschaftlichen* Bereich anwendbar sein? Machtunterschiede in Unternehmen würden dadurch nicht völlig verschwinden, aber sie würden reduziert und unterstünden stärkerer Kontrolle durch diejenigen, über die Macht ausgeübt wird. Die Rechte der Arbeitnehmer wären nicht nur extern über den juristischen Weg abgesichert – obwohl dieser sicherlich erhalten bleiben müsste –, sondern auch dadurch, dass es interne Möglichkeiten gäbe, diejenigen, die sie nicht beachten, zur Verantwortung zu ziehen. Vermutlich würde sich eine demokratische Steuerung von Firmen langfristig auch positiv auf die Verteilung von Einkommen in der Gesellschaft auswirken. Denn bei den Verteilungsfragen *innerhalb* der Firmen hätten die Arbeitnehmer dann ein größeres Gewicht.

Wer einen eher zynischen Blick auf Demokratie hat, mag einwenden, dass auch Angestellte in erster Linie ihre eigenen Interessen verfolgen – aber es ist gar nicht so klar, warum dies ein Problem sein sollte. Zu ihren Interessen gehört schließlich ganz zentral, dass die Firmen, in denen sie ihre Jobs haben, langfristig am Leben bleiben. Man darf deshalb davon ausgehen, dass sie die Vertreterinnen wählen würden, bei denen sie die größten Kompetenzen sehen, im Interesse des Unternehmens zu handeln. Das steht in klarem Gegensatz zu den Interessen der Kapitalseite bei börsennotierten Unternehmen, die auf die operative Geschäftsführung oft Druck ausübt, kurzfristig orientiert zu agieren; sind die Investoren selbst ebenfalls langfristig orientiert, müssten sie umgekehrt ebenfalls an guter Führung interessiert sein. Im Falle von Firmen, bei denen die Interessen der Arbeitnehmer allzu sehr auf Kosten anderer Gruppen – wie in einem Klinikkonzern auf Kosten der Patientinnen – gehen könnten, wäre es möglich, Vertretern dieser Gruppen ebenfalls Mitspracherechte einzuräumen, um sicherzustellen, dass keine Ungleichgewichte entstehen.

Und wie sähe es mit der Wettbewerbsfähigkeit demokratisch strukturierter Unternehmen aus? Interessanterweise dürfte es nach den Theorien des ökonomischen Mainstreams auch das deutsche Modell der Mitbestimmung und Betriebsverfassung gar nicht geben, weil es im Vergleich mit rein kapitalistisch geführten Unternehmen nicht wettbewerbsfähig wäre. Das zeigt, wie kurz diese Theorien greifen – offenbar sind die negativen Effekte demokratischer Elemente nicht so stark wie befürchtet, oder es gibt positive Effekte, die die negativen aufwiegen. Die entscheidende Frage ist also, ob – oder genauer: unter welchen Bedingungen – auch stärker demokratisierte Unternehmen hinreichend effizient geführt werden könnten, um im Wettbewerb zu bestehen.

Es gibt einige erfolgreiche Beispiele demokratisch geführter Unternehmen, die sich schon seit Jahrzehnten am Markt behaupten und oft sogar produktiver sind als herkömmliche. Die bekannteste Form sind Genossenschaften, also demokratische Unternehmen, bei denen die Arbeitnehmerinnen selbst auch die Eigentümer sind. Ein bekanntes Beispiel ist die Mondragon-Genossenschaft im Baskenland, die eine Vielzahl von Betrieben sowohl in der Produktion als auch im Dienstleistungssektor betreibt. Derzeit entwickeln sich viele verschiedene neue Ideen und Praktiken, es wird mit neuen Formaten für das gemeinschaftliche Entscheiden experimentiert oder damit, Chefpositionen per demokratischem Wahlentscheid zu vergeben.

Ein mögliches Modell für die Zukunft wäre also, Genossenschaften zu stärken, indem man ihre Neugründung oder die Umwandlung bestehender Unternehmen in genossenschaftliche Formen unterstützt. Besonders interessant ist dies für Plattform-Unternehmen, die keinen großen Kapitalstock benötigen. Der Ansatz des »Plattform-Kooperativismus« versucht, genossenschaftliche Plattformen zu etablieren, die denjenigen gehören, die sie nutzen. Statt einem Unternehmen wie Uber das Feld zu überlassen, können sich zum Beispiel Taxifahrer zu einer Genossenschaft zusammenschließen und gemeinsam eine App betreiben. Die alte Idee der Genossenschaft erhält so durch den technologischen Fortschritt neue Relevanz.

Allerdings werden wahrscheinlich auch in Zukunft Firmentypen existieren, bei denen externe Kapitalgeber notwendig sind, um zum Beispiel neue Fertigungstechnologien einzuführen. Teilweise könnte es möglich sein, dass Genossenschaften von Banken Kredite erhalten; für das eine oder andere Projekt mag digital organisiertes Crowdfunding eine Möglichkeit darstellen. Aber es ist davon auszugehen, dass man auch weiterhin Eigenkapitalgeber benötigen wird, die bereit sind, sich mit größeren Summen auf unternehmerische Risiken einzulassen. Die Frage wäre also, wie derartige Firmen – die heutigen Aktiengesellschaften – demokratisch gestaltet werden könnten.

Einen konkreten Vorschlag dazu hat Isabelle Ferreras vorgelegt. Sie schlägt ein Zwei-Kammern-System vor, in dem jeweils die Kapital- und die Arbeitsseite vertreten sind. Um Entscheidungen zu treffen, müsste in beiden Kammern eine Mehrheit gefunden werden. Ein derartiges Zwei-Kammern-System, so Ferreras, sei die jahrtausendealte Lösung für das Problem, einen Ausgleich zwischen unterschiedlichen Interessengruppen zu schaffen: Schon im alten Rom hätten die Patrizier, die reiche Aristokratenklasse, einen Teil ihrer Macht an die Vertreter der Plebejer abgeben müssen. Die Kammern würden innerhalb einer Firma unterschiedliche Logiken vertreten: einerseits die instrumentelle Logik der effizienten Zielerreichung; andererseits eine »expressive« Logik, die in der Arbeit mehr sieht als nur ein Mittel zum Zweck und vor allem auf die Qualität der Arbeit und die zwischenmenschlichen Beziehungen am Arbeitsplatz achtet.

Eine heikle Frage freilich bleibt die des Übergangs: Wie kommt man von einem mehrheitlich nichtdemokratischen Wirtschaftssystem zu einem stärker demokratischen? Zum einen, indem man die Neugründung demokratisch geführter Firmen fördert – damit vermeidet man schwierige Fragen nach den Rechten derjenigen Kapitalgeber, die zu den derzeit geltenden Bedingungen in die Firmen investiert haben. Ebenfalls denkbar ist, dass Arbeitnehmerinnen ermöglicht wird, Aktien eines Unternehmens zu kaufen, und so nach und nach eine Mehrheit zu erlangen, die es ihnen dann ermöglicht, auch die internen Strukturen zu verändern. Wenn sich nach und nach abzeichnet, dass demokratisch geführte Unternehmen im Wettbewerb bestehen können, und wenn sich herauskristallisiert, welche Modelle für welche Branchen oder Unternehmenstypen besonders sinnvoll sind, könnte man auch darüber nachdenken, die Umwandlung für alle Unternehmen gesetzlich verpflichtend zu machen.

Voraussetzung für das Einschlagen eines solchen Weges sind die Änderungen sowohl der rechtlichen Rahmenbedingungen als auch der Denkweisen und Erwartungen an Unternehmen. Solange in einer Gesellschaft nichtdemokratische

Unternehmen überwiegen, wird es einfacher bleiben, neue nichtdemokratische Firmen zu gründen als demokratische.

Das betrifft besonders die Frage der Rekrutierung von Mitarbeiterinnen, denn auch demokratisch geführte Unternehmen benötigen talentierte und für ihre jeweiligen Aufgaben gut ausgebildete Angestellte. Wenn aber der Normalfall aus Sicht von Auszubildenden oder Universitätsabsolventen ist, in einer klassischen Firma zu arbeiten, während demokratische Firmen als seltsame Exoten empfunden werden, dann wird es für Letztere schwierig, gute Leute anzuwerben. Würde sich das Gewicht hin zu demokratischen Firmen verschieben, dann würden sich wahrscheinlich auch die sozialen Normen ändern – vielleicht würde es irgendwann als moralisch fragwürdig gelten, einen Job allein nach der Bezahlung zu wählen und nicht auch auf den Status des Unternehmens zu achten.

Wenn wir uns als Gesellschaft in diese Richtung bewegen wollen – und ich habe zu zeigen versucht, dass es dafür viele gute Gründe gibt –, müssen wir den Rahmen dafür schaffen, dass demokratische Unternehmen die Chance haben, sich zu etablieren. Wir brauchen Räume dafür, dass mit demokratischen Modellen experimentiert werden kann und so ein gesellschaftlicher Lernprozess in Gang kommt. Die Politik kann dafür entsprechende Anreize schaffen, zum Beispiel durch Beratungsstellen, die Bereitstellung rechtlicher Formate oder steuerliche Anreize. Gute Ideen, die sich in der Praxis bewähren, müssen allgemeiner bekannt werden – auch bei Studierenden der Wirtschaft –, aber auch die Fälle des Scheiterns, aus denen man lernen kann, bieten für andere Unternehmen, die selbst mit demokratischen Methoden experimentieren wollen, wichtiges Anschauungsmaterial. Wir müssen besser verstehen, welche Hindernisse einer demokratischeren Gestaltung der Wirtschaft im Wege stehen, und besser zu unterscheiden lernen, was tatsächliche Probleme, was vorgeschobene Gründe von Interessenvertretern und was bloße Denkgewohnheiten sind, von denen wir uns guten Gewissens verabschieden können.

Dass die Demokratie im *politischen* Bereich derzeit eine Krise zu durchlaufen scheint, sollte dabei kein Hindernis sein, sondern im Gegenteil ein Ansporn dafür, die Demokratisierung der Wirtschaftswelt so entschlossen wie möglich voranzutreiben. Das Gefühl des Ausgeliefertseins, die Angst davor, dass alte Sicherheiten brüchig werden, die Furcht vor dem Absturz, all dies feuert den gegenwärtigen Populismus an. Ohne die derzeitige Situation allein ökonomisch betrachten zu wollen: Bietet nicht die Gestaltung der Arbeitswelt einen der wichtigsten Hebel, dagegen etwas zu tun?

In einem aufsehenerregenden Buch haben die Ökonomen Daron Acemoğlou und James Robinson vor einigen Jahren das im Grunde sehr einfache Argument vorgebracht, dass Gesellschaften dann wirtschaftlich florieren, wenn sie »inklusiv« organisiert sind, also allen Mitgliedern die Chance zur Teilhabe bieten. »Extraktive« Gesellschaften dagegen – also solche, in denen autokratische Regime an der Macht sind, die die Wirtschaft auspressen, eigene Aktivitäten der Bürger verhindern und Wettbewerb unterbinden – bleiben oft in einem Teufelskreis aus Armut und mangelnder demokratischer Kontrolle gefangen. Die These mag etwas vereinfacht sein, aber sie ist trotzdem zwingend: Schon Adam Smith beschrieb, warum es sich in einer feudalen Gesellschaft nicht lohnt, sich wirtschaftlich zu betätigen, weil alles, das erwirtschaftet würde, sofort an den Feudalherrn fällt. Auch wissenschaftlich und künstlerisch liegen solche Gesellschaften oft darnieder, weil diejenigen, die nicht von vornherein privilegiert sind, kaum die Möglichkeit haben, ihre Talente zu entwickeln.

Acemoğlou und Robinson zufolge leben wir im »Westen« in inklusiven Gesellschaften – und es steht tatsächlich nicht infrage, dass es uns besser geht als den Menschen in vielen anderen Gesellschaften. Aber ist die Entwicklung hin zur Inklusivität nicht auf halbem Wege steckengeblieben? Unsere politischen Systeme sind, bei aller Unvollkommenheit, dem Grundsatz nach inklusiv. Unsere Wirtschaftssysteme dagegen scheinen einen immer stärker »extraktiven« Charakter zu bekommen. Die Einkommen der Unter- und Mittelschicht sind jahrelang stagniert, während die Gewinne aus Kapitalbesitz und die Einkommen der Oberschicht gestiegen sind. Wenn in der Wirtschaftswelt mächtige Individuen – oder Rechtspersonen, hinter denen wiederum andere mächtige Individuen stehen – das alleinige Sagen haben (und das Recht, Gewinne für sich zu beanspruchen), können wir dann erwarten, dass dies positive Auswirkungen auf das wirtschaftliche Wohlergehen, erst recht auf das gute Leben der Gesellschaft insgesamt hat? Wenn diese mächtigen Wirtschaftslenker dann auch noch auf den politischen Prozess Einfluss nehmen, besteht die Gefahr, dass auch dieser gesellschaftliche Bereich von »inklusiv« zu »extraktiv« kippt. Manche westlichen Länder, konkret die USA, sind auf diesem Pfad schon so weit vorangeschritten, dass die Bezeichnung »Demokratie« kaum noch angemessen scheint. Wenn wir diesen Weg nicht gehen wollen, müssen wir uns sehr grundsätzliche Fragen nach der Verteilung wirtschaftlicher und politischer Macht stellen.

Demokratie muss gelebte Praxis sein, und es ist schwer vorstellbar, wie sie das sein kann, wenn die Arbeitswelt, also der zeitintensivste Ort sozialer Begegnungen erwachsener Menschen, nach einer komplett anderen Logik funktioniert. Manche Kommentatoren haben die Arbeitswelt als einen möglichen Ort demokratischer Praktiken längst aufgegeben; sie verweisen auf den »dritten Sektor« der Freiwilligenarbeit oder die »Zivilgesellschaft«. Aber derzeit ist nicht abzusehen, dass Letztere eine Alternative und ein Gegengewicht zur Wirtschaft bilden könnten – zumindest dann nicht, wenn die Arbeitswelt so organisiert bleibt, wie sie es derzeit ist, also in hohem Maß zugunsten der Kapitalseite. Das langfristige Ziel muss deshalb sein, auch die Arbeitswelt demokratisch zurückzuerobern: ohne Dogmatismus, unter Berücksichtigung der komplexen Rahmenbedingungen einer globalisierten Welt, mit einer gehörigen Portion Realismus, aber eben doch mit der Ausrichtung an dem Ideal, dass wir als Bürgerinnen die Ausübung von Macht demokratisch kontrollieren – auch die Ausübung wirtschaftlicher Macht!

Es gibt ein altes Argument für die Wirtschaftsdemokratie, das schon seit den 1970er Jahren im Umlauf ist – es betrifft ihre psychologischen Auswirkungen. Demokratische Teilhabe muss im Alltag eingeübt werden. Wenn wir in unserer Arbeit, in der wir einen großen Teil unserer Zeit verbringen, nur hierarchische Strukturen erleben, wie sollen wir dann die Fähigkeit zu demokratischer Mitbestimmung erwerben? Empirisch ist nicht belegt, ob dieses Argument haltbar ist; allerdings ist bei vielen der Studien nicht klar, was sich mit ihren Methoden genau zeigen lässt. Das liegt unter anderen daran, dass wir eine wirklich demokratisch organisierte Wirtschaft nicht aus der Praxis kennen – bislang sind es nur Nischen, ob Genossenschaften oder andere kooperative Organisationsformen, in denen demokratische Strukturen des Wirtschaftens umgesetzt werden.

Die Wirtschaftsdemokratie ist kein Allheilmittel, um *alle* gesellschaftlichen Probleme zu lösen – genauso wenig, wie andere Reformvorschläge dies sind. Aber sie scheint mir aus der heutigen Perspektive der vielversprechendste Ansatz, um für viele der Probleme der Arbeitswelt bessere Lösungen zu finden und in diesen Prozess die betroffenen Menschen einzubinden. Die neuen digitalen Möglichkeiten bieten eine große Chance, demokratische Praktiken in die Wirtschaftswelt einzuführen, ohne dabei massive Effizienzeinbußen zu erleiden. Es ist an der Zeit, es auszuprobieren!

6.

HOMO OECONOMICUS ODER MENSCH? DIGITALE ARBEIT FÜR SOZIALE WESEN

Vor einigen Monaten nahm ich an einer Veranstaltung einer bekannten europäischen Business School teil. Die Ausstattung war luxuriös – frisches Obst, großzügige Snacks und für alle Teilnehmerinnen ein schweres, in Kunstleder gebundenes Notizbuch. Als ich es aufschlug, fand ich nicht nur die üblichen leeren Zeilen für den eigenen Namen und die Adresse, damit das Notizbuch an den Eigentümer zurückgeschickt werden kann, wenn es verlorengeht. Darunter fand sich eine weitere Zeile: »Als Belohnung werden ____ $ angeboten.« Zusammen mit den anderen Philosophen, die an der Veranstaltung teilnahmen, sinnierte ich über die kuriose Idee, genau zu beziffern, wie viel man für die Rückgabe eines Notizbuchs zahlen würde. Nichts gegen das Prinzip des Finderlohns an sich; hier jedoch schien die Vorstellung nahegelegt zu werden, dass Menschen sich genau überlegen, ab welcher Summe sie ein gefundenes Notizbuch zurückschicken würden. Und natürlich würden die »Executives«, die an Business Schools wie dieser an Weiterbildungsprogrammen teilnahmen, in diese Leerzeile höhere Summen eintragen können als die meisten anderen Menschen.

Die Ironie an dieser Anekdote: Wir Philosophen waren an die Business School eingeladen worden, um an einem Pilotprojekt teilzunehmen, in dem wir mit Managerinnen über Moral und deren Umsetzung in der Wirtschaftswelt diskutierten. Denn selbst dort, in einem Mekka der profitorientierten betriebswirtschaftlichen Lehre, war die Einsicht angekommen, dass die Art des ungezügelten Kapitalismus, die wir in den vergangenen Jahrzehnten erlebt haben, die Umwelt zerstört, die Gesellschaft auseinandertreibt und nicht einmal diejenigen glücklich macht, die scheinbar auf der Gewinnerseite landen. Alle Teilnehmer des Programms teilten das Bewusstsein, dass das Wirtschaftssystem nicht einfach so weiterlaufen kann, sondern dass dringend Änderungen notwendig sind. Das ganze Umfeld aber drückte noch die alte Logik einer Welt der Profitorientierung und der Status-Symbolik aus – inklusive Notizbücher, deren Hersteller davon ausgehen, dass ohne eine präzise festgelegte Prämie Menschen niemals bereit wären, sie an ihren Eigentümer zurückzugeben.

Die Gespräche, die wir dort führten, waren in gewisser Weise symptomatisch für die gegenwärtige Phase: Auf der theoretischen Ebene vertritt kaum noch jemand die einseitige Fixierung auf Gewinne; die Stimmen, die eine stärkere Zügelung der Märkte fordern, werden von Jahr zu Jahr lauter. Aber die Praktiken der Wirtschaftswelt und gerade auch die Ausbildung derjenigen, die an ihrer Spitze stehen, drücken bis in die feinsten Verästelungen hinein noch die Botschaften aus, die von der »Chicago School« und der Harvard Business School, von Ökonomen wie Milton Friedman und Michael E. Porter in die Welt getragen worden waren: Menschen seien eigeninteressiert und das sei gut so, Profitorientierung diene letztlich der Gesellschaft, es sei richtig, »gierig« zu sein und mit so harten Bandagen wie möglich zu kämpfen.

Die digitale Transformation trifft uns historisch betrachtet zu einem Zeitpunkt, in dem uns die Einseitigkeiten des ökonomischen Menschenbildes – des einzig an finanziellen Gewinnen orientierten Homo oeconomicus – längst bewusst sind, während dieses Menschenbild gleichzeitig immer noch tief in den Strukturen und Praktiken der Wirtschaftswelt verankert ist. Es gibt mächtige Interessengruppen, denen daran liegt, am System eines ungezügelten Kapitalismus festzuhalten. Der Umbruch durch die digitalen Technologien führt dazu, dass Konflikte, die ansonsten vielleicht unter der Oberfläche bleiben würden, offen zutage treten, Konflikte nicht nur zwischen verschiedenen Gruppen, sondern auch zwischen verschiedenen Werten. In der Vergangenheit mühsam ausgehandelte Kompromisse brechen auf; die Versuche, zwischen verschiedenen Werten eine Balance zu finden, müssen oftmals neu beginnen. Im besten Fall gelingt es der demokratischen Öffentlichkeit und ihren politischen Institutionen, neue Kompromisse, die den neuen technologischen Gegebenheiten angemessen sind, auszuhandeln. Im schlimmsten Fall setzen sich die mächtigsten Gruppen rücksichtslos durch, auf Kosten der Gesellschaft als Ganzer.

Derartige Konflikte kreisen auch um die Frage, welches Menschenbild die anstehenden Reformen leitet, denn in unterschiedlichen Menschenbildern stecken unterschiedliche Antworten auf die Frage, was ein gutes Leben ausmacht und wer ein Recht darauf hat. In der Leerstelle für einen vorab definierten Finderlohn in einem edel gebundenen Notizbuch steckt das Menschenbild, das in den Wirtschaftsfakultäten und Business Schools der Welt jahrzehntelang gelehrt wurde: Menschen handeln nach finanziellen Anreizen, sie sind nicht emotional, sondern kalkulieren kühl ihr Verhalten, alles muss (und kann) in Dollar und Cent beziffert werden, das Ziel besteht also darin, genau den Betrag zu ermitteln, der Menschen dazu bewegt, zu tun, was sie tun sollen. Dieses Bild ist nicht *vollständig* falsch – aber es ignoriert doch zahlreiche Aspekte menschlicher Motivation, menschlicher Bedürfnisse und des menschlichen Zusammenlebens. Die Liste dessen, was außen vor bleibt, ist lang, hier nur einige zentrale Punkte: Menschen wollen oft von sich aus das Richtige tun; sie handeln je nach Kontext sehr unterschiedlich; es gibt Dinge, die sich nicht in Dollar und Cent bemessen lassen. Und was vielleicht am wichtigsten ist: Menschen sind soziale Wesen, die sich um das Wohlergehen anderer, allen voran ihrer Freunde und Familien, sorgen und die nach der Anerkennung anderer streben. Als soziale Wesen gestalten wir gemeinsam unsere Welt, anstatt nur egoistisch unsere individuellen Interessen zu verfolgen.

Auch beim politischen Kampf um die Gestaltung der digitalen Transformation stellt sich die Frage, welches Menschenbild für sie leitend ist, und natürlich auch: welche Gruppen auf welche Weise von ihr profitieren. Die Antworten betreffen sehr viele Bereiche der Gesellschaft wie den Umgang mit sozialen Medien und der »digitalen Öffentlichkeit«, die Nutzung von Daten im Gesundheitswesen oder den Zugang zu der Art von Bildung und Weiterbildung, die Menschen befähigt, um einen der neu entstehenden lukrativen Jobs zu konkurrieren. Die vielleicht härtesten Auseinandersetzungen sind aber um die Gestaltung der Arbeitswelt zu erwarten. Stehen uns düstere Szenarien sinnloser Plackerei in vollkommener Abhängigkeit von den Maschinen und ihren Eigentümerinnen bevor? Oder können wir zuversichtlich auf die Arbeitswelt der Zukunft schauen, weil es gute Gründe für die Annahme gibt, dass sie den nächsten Generationen vielleicht sogar ein *besseres* Leben bieten wird? Das dürfte maßgeblich davon abhängen, ob die digitale Transformation nach der Melodie der alten Lieder des Homo oeconomicus stattfindet oder ob es gelingt, sie so zu gestalten, dass sie der sozialen Natur des Menschen gerecht wird.

ARBEIT, ZUSAMMENHALT, DEMOKRATISCHE GLEICHHEIT

Warum wollen Menschen arbeiten? Oft scheint ihr dringlichstes Anliegen das Einkommen. Aber auch darüber hinaus fehlt denjenigen, die keine Arbeit haben, häufig etwas: die sozialen Kontakte, das Heraustreten aus dem manchmal recht engen Kreis von Familie und Nachbarschaft, die Begegnung mit Menschen, die andere Weltanschauungen und andere Hintergründe haben. Natürlich gibt es auch Vereine, Kirchengemeinden oder politische Parteien, um unter Leute zu kommen. Insofern es aber die Welt der Lohnarbeit sowieso gibt, hat sie das Potenzial, ein Ort der sozialen Integration zu sein, der Menschen außerdem einen verlässlichen Tagesrhythmus gibt und durch soziale Erwartungen Verbindlichkeit schafft. Es ist kein Zufall, dass viele Marginalisierte in unseren Gesellschaften, seien es Geflüchtete oder Obdachlose, sich vor allem eine Arbeit wünschen: nicht nur, um ein eigenes Einkommen zu erwirtschaften, sondern auch, um Teil der sozialen Netze zu sein, die in der Arbeitswelt entstehen.

Émile Durkheim prägte zwei Begriffe für unterschiedliche Formen des gesellschaftlichen Zusammenhalts. Die sogenannte »mechanische« Solidarität vormoderner Gesellschaften beruht auf dem Prinzip der Ähnlichkeit: Hier zählen die Eigenschaften, die man mit anderen teilt; individuelle Besonderheiten konnten sich nicht entwickeln. Bei der »organischen« Solidarität moderner Gesellschaften dagegen geht es um Verschiedenheit: um Menschen mit unterschiedlichen Aufgaben, die sich gegenseitig ergänzen. Durkheim diskutiert die Entwicklung dieser beiden Formen gesellschaftlichen Zusammenhalts anhand der jeweiligen Rechtsformen, mit denen sie einhergehen. Während in der »mechanischen« Solidarität das »Repressivrecht« dazu dient, Verbrechen als Abweichungen von den gemeinsamen Normen zu bestrafen, benötigt die »organische« Solidarität vor allem ein »Kooperativrecht«, das die aus Arbeitsteilung entstehenden Kooperationsbeziehungen regelt.

Irgendeine Form der Solidarität als Grundlage des sozialen Zusammenhalts benötigt jede Gesellschaft, auch eine, in der immer mehr Arbeit von Robotern und Computerprogrammen unterstützt oder sogar übernommen wird. Und gerade stark arbeitsteilige Gesellschaften benötigen besonders viel davon, denn im Gewebe geteilter Arbeit gibt es zahlreiche Gelegenheiten zur Sabotage. Ein Zurück zu »mechanischer« Solidarität ist für Durkheim nicht wünschenswert, denn die individuelle Persönlichkeit der Einzelnen kann sich in modernen Gesellschaften mit ihrer »organischen« Solidarität viel besser entfalten als in vormodernen Gesellschaften, die alles unterdrückten, das zu sehr von der Norm abwich. Organische Solidarität entsteht zusammen mit der modernen Ausdifferenzierung der Arbeit, aber nur, wenn bestimmte Bedingungen erfüllt sind. Durkheim spricht davon, dass eine gewisse »Gleichheit in den äußeren Bedingungen des Lebenskampfes« nötig ist, damit die unterschiedlichen »Funktionen« der einzelnen Individuen sinnvoll miteinander verknüpft werden können. Sonst gehe die »Vertragssolidarität« verloren, also die Bereitschaft, Verträge einzuhalten, die dann nur noch »unter Gewalt oder aus Furcht vor der Gewalt« gewährleistet werden könne.

Durkheim führt ein interessantes Argument über den Zusammenhang von gesellschaftlicher Solidarität und sozialer Gerechtigkeit an. Damit ein Austausch als fair wahrgenommen werde, müsse er mit »äquivalente[m] soziale[m] Wert« stattfinden. Aber es lasse sich nicht *»a priori«*, das heißt abstrahiert von den eigentlichen Tauschbeziehungen, festlegen, was der Wert der ausgetauschten Güter oder Dienstleistungen sei. »Gleichwertigkeit« stelle sich dann ein, wenn die Akteure frei von Zwang und ungleicher Macht in Austauschbeziehungen treten könnten. Dies aber setze voraus, dass eine gewisse Gleichheit der Individuen vorherrsche, andernfalls würden »die moralischen Bedingungen des Tausches« verfälscht. Deswegen ist Durkheims Schlussfolgerung: »Die Aufgabe der am weitesten fortgeschrittenen Gesellschaften ist also … Gerechtigkeit herbeizuführen.« Wenn Ungerechtigkeit und damit ungleiche Macht und Abhängigkeitsverhältnisse entstünden, würden immer mehr Austauschbeziehungen als unfair empfunden. Damit, so lässt sich der Gedankengang fortführen, untergräbt eine arbeitsteilige, aber ungerechte Gesellschaft letztlich das Fundament, auf dem sie steht: die Bereitschaft aller, sich an dieser Arbeitsteilung zu beteiligen, Verträge einzuhalten und Gelegenheiten zu opportunistischem Verhalten nicht auf Kosten anderer auszunutzen.

Auch eine digitale Gesellschaft muss sich diese Frage stellen: Lässt sie zu, dass sie in komplett voneinander getrennte Klassen zerfällt, sowohl in der Arbeitswelt als auch in anderen Lebensbereichen – oder gibt es Bereiche, in denen Menschen sich in ihrer Unterschiedlichkeit, aber als gleichberechtigte Mitglieder der Gesellschaft begegnen können? Kann die Arbeitswelt ein derartiger Ort sein, oder ist sie in erster Linie ein Ort des Zwangs und der Hierarchien? Wenn freilich die soziale Ungleichheit insgesamt zunimmt, kann das nicht ohne Auswirkungen auf die Arbeitswelt bleiben. Man kann sich lange darüber streiten, wie viel Ungleichheit gerecht oder ungerecht ist; doch dass die Ungleichheit, die derzeit in Deutschland herrscht, zu groß ist, darüber sind sich weite Teile der Bevölkerung, auch der Besserverdienenden, einig. Vorschläge zur Besteuerung von Erbschaften, zu Änderungen am Einkommenssteuersystem, zur Verbesserung der Bildungschancen für Kinder aus einkommensschwachen Familien liegen seit Jahren auf dem Tisch. Auch um der weiter gehenden, indirekten Effekte auf eine Arbeitswelt willen, die sozial integrierend und nicht spaltend wirkt, ist es dringend nötig, diese Themen anzugehen.

Auf ein Schreckensszenario, das sonst droht, wies kürzlich der Journalist Adrian Lobe hin: Steuern wir auf eine Zukunft zu, in der es echte, von Menschen angebotene Dienstleistungen nur noch für eine kleine Oberschicht gibt, während sich der Rest der Bevölkerung mit schlechtem digitalen Ersatz, mit automatisierten Beratungssystemen, Bildung allein über Online-Kurse, Kollegenschaft nur über Whatsapp und Reisen in virtuelle Realitäten statt in andere Länder zufriedengeben muss? Wird menschlicher Kontakt, dieses große Versprechen einer gemeinsamen Arbeitswelt, dann zu einem Privileg einiger weniger, während er allen anderen versagt bleibt?

Was dabei letztlich auf dem Spiel steht, ist die Möglichkeit gesellschaftlichen Vertrauens. Kann ich jemandem vertrauen, von dem ich weiß, dass er unfair behandelt wird, zum Beispiel, weil seine Chefin ihn viel mehr arbeiten lässt, als im Vertrag steht, und er keine Möglichkeit hat, dagegen vorzugehen? Kann ich jemandem vertrauen, der sich aufgrund seines Reichtums so privilegiert fühlt, dass er seine Rechte automatisch als schwerwiegender betrachtet als meine? Kann ich jemandem vertrauen, von dem ich annehmen muss, dass er keine Chance hat, sich zu behaupten, wenn er nicht mit allen Mitteln kämpft, weil der Wettbewerb schlecht reguliert ist und diejenigen, die über mehr Daten verfügen, einen ungerechten Startvorteil haben? Kann ich jemandem vertrauen, der in extrem kurzfristiges Denken gedrängt wird, weil sein eigenes Einkommen an kurzfristig gemessenen, von Algorithmen verrechneten Indikatoren hängt, die mit guter Arbeit kaum etwas zu tun haben? Kann ich jemandem vertrauen, der nichts zu verlieren hat, weil er das Gefühl hat, wenn der nächste Deal nicht klappt, stürzt er sowieso ab? Diese Fragen betreffen nicht nur Vertrauen in Bezug auf meine je eigenen Interessen, sondern auch Vertrauen in Bezug darauf, dass ich nicht in moralisch fragwürdige Praktiken hineingezogen werde, weil andere aus Egoismus oder Nachlässigkeit ihren Teil der geteilten Arbeit nicht ordentlich erledigen.

Erodierendes Vertrauen kann sich eine arbeitsteilige Gesellschaft nicht leisten. Denn es kostet unglaublich viel Geld, Zeit und Energie, sich abzusichern, wenn man nicht vertrauen kann – und es macht die Freude an zwischenmenschlichen Kontakten unmöglich. Es heißt: Vertrauen ist gut, Kontrolle ist besser. Aber zu viel Kontrolle oder schlecht gestaltete Kontrolle kann Vertrauen zerstören, vor allem dann, wenn in ihr ein Menschenbild zum Ausdruck kommt, das dem Gegenüber grundsätzlich die schlimmsten möglichen Absichten unterstellt. Klüger ist es, die Arbeitswelt in ein Umfeld einzubetten, in dem die Einzelnen es sich leisten können, zu vertrauen, und in dem sie für ihr Vertrauen nicht bestraft werden. Durkheim erkannte schon in den 1890er Jahren, dass dies nicht gelingen kann, wenn die soziale Ungleichheit zu hoch wird.

Das positive Bild, das Durkheim vorschwebt, ist eines, bei dem sich in der Arbeitswelt ganz unterschiedliche Menschen begegnen und ihre jeweiligen Beiträge gegenseitig wertzuschätzen wissen. Die Tatsache, dass man sich dabei nicht völlig frei aussuchen kann, mit wem man zusammenarbeiten muss, hat ihre unangenehmen Seiten – aber sie kann auch dazu führen, dass man auf Menschen trifft, denen man im Kokon der eigenen Familie und der selbstgewählten Freundeskreise nie begegnen würde, über die Grenzen der Schichten, Wohnviertel, Weltanschauungen und Ethnizitäten hinaus. Man kann erleben, was es heißt, *gemeinsam* etwas zu erreichen: gemeinsam darüber zu diskutieren, wo man hinwill, sich die Bälle zuzuspielen, Kompromisse zu finden, sich gegenseitig auszuhelfen. Kollegialität ist eine spezifische Form des Miteinanders, ohne die unser Leben um vieles ärmer wäre.

In einer Zeit, in der viel von »Echokammern« und dem Auseinanderfallen der Gesellschaft in unterschiedliche soziale Sphären die Rede ist, wäre es riskant, die Arbeitswelt als Ort der sozialen Integration aufzugeben und etwa marginalisierte Gruppen mit einem bedingungslosen Grundeinkommen abzuspeisen. Stattdessen muss die Bewegung in die andere Richtung gehen: hin zu mehr Integration und Partizipation auf Augenhöhe. Die symbolischen und finanziellen Hierarchien in der Arbeitswelt und die mit ihnen einhergehende Klassenbildung sind längst so weit fortgeschritten, dass sie im Widerspruch zum demokratischen Verständnis der grundsätzlichen Gleichheit aller Individuen stehen. Aber der Chef oder die Beraterin, die in der Limousine von der Villa zum Büro gefahren werden, sind keine wertvolleren Menschen als die Putzfrauen und -männer, die nach Büroschluss ihre Mülleimer leeren, oder die Fahrradkuriere, die auf Befehl der App das Essen vorbeibringen. Wer von ihnen mehr »leistet« und bei wem die Arbeitsleistung und das Einkommen in einem angemesseneren Verhältnis stehen, darüber lässt sich trefflich streiten. Vielleicht könnten wir, gäbe es den digitalen Wandel nicht, noch für einige Jahre die Augen verschließen vor der Diskrepanz zwischen wohlfeilen Bekenntnissen zu unserer Verfassung und den Realitäten der heutigen Arbeitswelt. Der Wandel zwingt uns, Farbe zu bekennen – hoffentlich entscheiden wir uns für die richtige Richtung!

WIE WOLLEN WIR ARBEITEN, WIE WOLLEN WIR LEBEN?

Die Frage, wie die Arbeitswelt der Zukunft aussehen soll, hat weitreichende Auswirkungen auf die Lebenswelt der Zukunft. Wie sehen unsere Tagesabläufe aus? Welchen Menschen aus welchen sozialen Schichten begegnen wir? Können wir gemeinsam mit anderen unsere Zeit planen, oder sind wir sklavisch an die durch Computer vorgegebene Taktung gebunden? Können wir uns einbringen, um Dinge zu gestalten, oder bedeutet Arbeit das passive Ausführen von Befehlen – und was macht das mit uns, welche Auswirkungen hat das auf unseren Umgang mit anderen Menschen, in anderen Bereichen unseres Lebens? Und vor allem: Für wen gelten welche Spielregeln? Sind die unterschiedlichen Rollen in der Arbeitswelt so angelegt, dass wir uns außerhalb der Arbeit noch auf Augenhöhe begegnen können, oder zementieren sie die Unterschiede von Klassen und Schichten so sehr, dass irgendwann nicht mehr klar ist, was es noch bedeutet, in der gleichen Gesellschaft zusammenzuleben?

Was die Arbeit mit uns macht, hängt maßgeblich davon ab, was wir mit der Arbeit machen. Vor uns liegt die Aufgabe, die gestellten Fragen politisch zu beantworten. Wenn man dies fordert, stößt man oft auf den Einwand, dass die Gestaltung der Arbeitswelt nicht Aufgabe des Staates sei. Dieser müsse neutral sein, er dürfe nicht bestimmte Wertentscheidungen – zum Beispiel die Entscheidung für einen Job, der nicht maximales Einkommen, dafür aber berufliche Erfüllung bringt – gegenüber anderen bevorzugen. Oder aber es heißt, es sei Aufgabe des Marktes und allenfalls noch der Tarifpartner, Angebot und

Nachfrage von Arbeit zu koordinieren und dabei auch unterschiedliche Formen von Arbeit bereitzustellen.

Aber keines dieser Argumente greift. Denn der Markt und auch die Tarifpartner operieren innerhalb eines durch staatliche Politik bereitgestellten Rahmens. Es lässt sich gar nicht vermeiden, dass dieser Rahmen bestimmte Wertentscheidungen beinhaltet. Um ein plakatives Beispiel zu nennen: Den Beruf des Auftragsmörders lässt das Strafgesetzbuch aus guten Gründen nicht zu. Auch in anderer Hinsicht formt die Politik den Arbeitsmarkt, zum Beispiel durch die Bereitstellung unterschiedlicher rechtlicher Formate für Firmen, die Setzung eines Mindestlohns oder die Definition der Rechte und Pflichten, die Arbeitgeber und Arbeitnehmer gegenüber der jeweils anderen Seite haben. Und nicht zuletzt beeinflusst der Staat über finanzielle Anreize im Steuersystem, welche Formen von Arbeit angeboten werden oder auch nicht. Das betrifft nicht nur die direkt auf Arbeitseinkommen erhobenen Steuern und Abgaben, sondern auch die indirekten Effekte, die durch das Steuersystem erzeugt werden, zum Beispiel Anreize für Investitionen in erneuerbare Energien, die neue Jobs in diesen Bereichen schaffen.

Diese politischen Hebel zu nutzen ist nicht »antimarktwirtschaftlich«, sondern höchstens »antikapitalistisch« in dem Sinne, dass die Rechte der Menschen, die keine Finanzinvestorinnen sind – also der überwältigenden Mehrheit der Bevölkerung –, gestärkt werden. Die fragile Balance zwischen Demokratie und Kapitalismus hat sich in den vergangenen Jahren und Jahrzehnten immer stärker in Richtung Kapitalismus verschoben, was in der Regel damit legitimiert wurde, dass es vermeintlich keine Alternative gäbe. Wird dieser Trend nicht umgekehrt, dann wird auch die digitale Transformation nicht demokratisch, sondern kapitalistisch gesteuert: zugunsten derjenigen, die an den Spitzen der großen Internetfirmen stehen oder ihr Kapital in neue Produktionsmethoden investieren können; und auf Kosten derjenigen, die von einem Arbeitseinkommen leben müssen. Wenn dies ungehindert passiert, ist es fraglich, ob die Demokratie dem Kapitalismus in Zukunft noch etwas entgegenzusetzen hat oder ob sie sich als das entpuppt, was von linken Kritikerinnen seit Marx behauptet wird: eine bloße Fassade, ein Überbau, der die Machtverhältnisse der Wirtschaftswelt widerspiegelt.

Im fünften Kapitel habe ich erläutert, warum eine zentrale Achse des Kampfes um die Arbeitswelt der Zukunft die aktive Stärkung partizipativer, demokratischer Organisationsformen sein muss. Ohne politische Unterstützung haben es solche Formen, mögen sie auch durch neue Kommunikationstechnologien leichter realisierbar sein, sehr schwer, sich im Gegenwind der reinen Profitorientierung durchzusetzen – doch wir würden eine historische Chance vertun, wenn sich nur die Oberfläche der Kommunikationsstrukturen, nicht aber die tiefer gehenden Macht- und Entscheidungsstrukturen verändern. Demokratisch gewählte Volksvertreterinnen und politische Gremien können Rahmenbedingungen schaffen, in denen neue Organisations- und Koordinationsformen erprobt werden können. Sobald wir mehr darüber wissen, was funktioniert, kann man dann fundiert und ohne Angst vor allzu großen Verwerfungen neue Mechanismen verpflichtend für alle Firmen einführen.

Eine zweite Möglichkeit der politischen Steuerung ist die Besteuerung von Arbeit und Kapital. Wir können das Steuersystem nutzen, um als Gesellschaft eine zentrale Frage zu beantworten: Welche Formen von Arbeit betrachten wir wirklich als wertvoll? Wo soll *menschliche* Arbeit erhalten bleiben, wo ist es in Ordnung, dass die Roboter übernehmen? Manche

Aufgaben werden Algorithmen in Zukunft wahrscheinlich besser ausführen können als Menschen – aber bei welchen Aufgaben ist das wirklich so, und wer definiert, worin die Aufgaben überhaupt bestehen? Geht es zum Beispiel bei der Kindererziehung oder der Altenpflege nur um die Verrichtung bestimmter Lernschritte, die irgendwann auch ein Roboter übernehmen könnte, oder auch um zwischenmenschlichen Respekt? Geht es bei der akademischen Lehre um das Pauken von Inhalten, das auch durch Online-Videos und Multiple-Choice-Tests vermittelt werden kann, oder darum, kritisches Denken und ein berufliches Ethos zu vermitteln?

Wenn wir als Gesellschaft wollen, dass nicht nur Kostendruck und Effizienzdenken die Entscheidungen darüber bestimmen, wo Menschen durch Algorithmen und Roboter ersetzt werden, können wir hier gegensteuern. Konkret könnten unterschiedliche Formen von Arbeit unterschiedlich hoch besteuert werden, je nachdem, wie wünschenswert es ist, dass sie von Menschen erledigt werden oder nicht. Umgekehrt könnte die Kapitalsteuer auf Algorithmen, Computer oder Roboter erhöht werden – idealerweise auf Ebene der EU, um zu verhindern, dass die Tätigkeiten in andere Länder abwandern; in einer idealen Welt würde es auf der globalen Ebene passieren, aber das dürfte derzeit utopisch sein. Wenn das Szenario eintritt, das manche Beobachterinnen kommen sehen, nämlich dass die Arbeitslosigkeit phasenweise stark ansteigt, wird auch das Modell staatlich organisierter Beschäftigung, gerade im sozialen Bereich, wieder relevant; es ist deshalb erfreulich, dass einige Politiker Vorstöße gewagt haben, um Experimente in diesem Bereich zu fördern.

Im heutigen Arbeitsleben fallen die Momente, die nach außen hin großartig aussehen – eine Beförderung, der Abschluss eines Projekts –, und die Momente, die für die Menschen am meisten zählen, oft auseinander. Was wirklich zählt, was persönlich berührt, sind oft nicht die äußeren Erfolge; es sind Dinge, die unscheinbar daherkommen, aber an die man sich noch Jahre später erinnert: ein hart errungener Erkenntnisdurchbruch, eine gefundene Lösung für ein Problem, eine Gefahr, die in letzter Minute erkannt und abgewendet wurde. Viele dieser Momente haben mit dem zu tun, was man gemeinsam mit anderen erlebt: das Bewältigen einer schwierigen Durststrecke, das Erkämpfen von Kompromissen, die Hilfe, die man geleistet hat, die Anerkennung durch Kolleginnen, die wirklich beurteilen können, wie gut man gearbeitet hat.

Nichts davon ist planbar, nichts davon lässt sich herbeizaubern oder gar befehlen – aber wir können die Arbeitswelt so gestalten, dass es wahrscheinlich ist, dass solche Erlebnisse möglich sind: nicht nur für eine kleine privilegierte Schicht, sondern für alle Arbeitenden. Keine Erfolgsmeldung eines Computerprogramms kann die Dankbarkeit eines Kunden für ein gutes Produkt ersetzen, kein Scheduling-Programm kann wie eine menschliche Chefin vermitteln, dass es die Anstrengungen zu schätzen weiß. Nutzen wir die Algorithmen, Computer und Roboter für das, was an der Arbeit am wenigsten menschlich ist – für die routinierte Plackerei, für körperlich anstrengende Tätigkeiten, für undankbaren Formalkram. Aber erhalten wir uns die Arbeitswelt als eine, die für den Homo sapiens geeignet ist – für soziale Wesen, deren zwischenmenschliche Kontakte durch Technik niemals ersetzt werden können.

DANKSAGUNG

Dieser Essay richtet sich nicht in erster Linie an hauptberufliche Philosophinnen, sondern an Praktiker und Bürgerinnen, die sich Fragen nach dem Zustand unserer Gesellschaft stellen. Meine Fachkollegen seien auf meine wissenschaftlichen Veröffentlichungen verwiesen, insbesondere auf meine Habilitationsschrift *Reclaming the System. Moral Responsibility, Divided Labour, and the Role of Organizations in Society* (Oxford, 2018). Der Dialog zwischen Wissenschaft und Öffentlichkeit ist immer mit Risiken behaftet; Risiken der Vereinfachung, der Missverständnisse, des Aus-dem-Kontext-Reißens. Aber diese Risiken werden überwogen von der Notwendigkeit öffentlichen Austauschs und öffentlicher Debatte.

Dass solche Bücher entstehen können, ist dem Engagement der Verlegerinnen und Verleger zu verdanken. Deshalb gilt mein Dank Karsten Kredel vom Verlag Hanser Berlin, der die Idee für das Buch begeistert aufgegriffen hat und die Entstehung gemeinsam mit seinem Team begleitet hat. Der Kontakt zu ihm kam durch Barbara Wenner zustande, die mir nicht zuletzt bei der Titelfindung zur Seite stand; dass ich sie kennengelernt habe, lag an Daniel Schönpflug vom Wissenschaftskolleg. Bei beiden möchte ich mich dafür sehr herzlich bedanken. Die Kollegialität am Wissenschaftskolleg hat mir für den Schreibprozess viel bedeutet; insbesondere gilt mein Dank Matthias Egeler für die digitale Büronachbarschaft.

All diejenigen auflisten zu wollen, deren Gespräche, Lesetipps und Kritikpunkte mir geholfen haben, meine Argumente zu entwickeln, wäre ein hoffnungsloses Unterfangen, denn es sind viel zu viele. Ich hoffe, sie wissen, dass ich weiß, wie viel ich ihnen verdanke! Dass mich zwischendurch der Mut nicht verlassen hat, liegt daran, dass mein Mann, der klügste und kritischste Gesprächspartner, den ich mir je hätte wünschen können, an dieses Buch geglaubt hat – danke, Georg!

NACHWEISE

KAPITEL 1

8 *keineswegs nur im Bereich der »niedrigqualifizierten« Arbeit*: Vgl. zu diesem Thema Frey & Osborne 2013 mit »The Future of Employment«. Weitere Studien finden sich z.B. in *AI Now 2017 Report*, vgl. Campolo, Sanfilippo et al. 2017.

10 *Menschsein bedeutet, die materielle Umgebung zu formen*: Dieses Thema findet sich in der Philosophiegeschichte unter anderem in G.W.F. Hegels berühmter Herrschafts-Knechtschafts-Dialektik in der *Phänomenologie des Geistes* von 1807, Kap. IV. A., vgl. Hegel 1980.

12 *das Wohl der Arbeitenden betreffen*: Natürlich ist die Zukunft der Arbeit nicht das einzige Problem, das unsere Gesellschaften dringend angehen müssen. Die vielleicht drängendsten Probleme der Menschheit sind derzeit der menschengemachte Klimawandel sowie die massive ökonomische Ungleichheit, sowohl innerhalb von Gesellschaften als auch weltweit, die beide zur globalen Migration beitragen. Hinzu kommen Fragen nach der Sicherung des Friedens zwischen den Weltmächten, die man lange für weitgehend erledigt hielt, die aber ein Comeback erleben. Deren Bedeutung will ich nicht leugnen, wenn ich mich in diesem Buch auf die Arbeitswelt konzentriere. Letztlich aber sind viele dieser Fragen eng verwoben – mir scheint, dass eine gerechtere und menschlichere Arbeitswelt zumindest das Potenzial hat, auch egalitärer und klimafreundlicher zu sein. Aus Platzgründen kann ich diese Fragen jedoch nicht im Detail diskutieren.

12 *ein Höchstmaß an Selbstverwirklichung*: Vgl. dazu Ferreras 2007.

12 *mehr als nur ein Instrument zum Geldverdienen*: Oder in den Worten von Stud Terkel: »Man searches for daily meaning as much as for daily bread«, vgl. Terkel 1972.

12 *Akteure ausschließlich instrumentell agieren*: Die Redeweise von einem »System« findet sich z.B. bei Jürgen Habermas (dahinter steht die größere Tradition der »Systemtheorie«), vgl. insbesondere Habermas' *Theorie des kommunikativen Handelns* (Habermas 1981).

14 *schon im 19. Jahrhundert eine Kontroverse*: Vgl. John B. Fosters »The Meaning of Work in a Sustainable Society« (Foster 2017).
15 *ein Buch mit dem Titel* Das Ende der Arbeit: Vgl. Rifkin 1995.
16 *in ganz neuen Arbeitsfeldern*: Vgl. z.B. Abbott 1991, S. 17–42.
20 *die sogenannte »Trickle down«-Theorie*: Vgl. z.B. Sayer 2017.
20 *wie beispielsweise die »Paradise Papers«*: Vgl. Gamperl et al. 2017.
21 *die Versprechen von Populisten*: Vgl. White 2017.
21 *Angst vor den bevorstehenden Umbrüchen*: Siehe dazu auch Booth 2017.
21 *der »neuen Unübersichtlichkeit«*: So der Titel eines Interviewbandes von Jürgen Habermas, der bereits 1985 erschien – eine Erinnerung daran, dass das Phänomen vielleicht nicht ganz so neu ist, wie es sich im Moment anfühlt (Habermas 1985).
21 *beschleunigenden Veränderung*: Vgl. Rosa 2005.
25 *»Leistung« zu optimieren*: Vgl. Taylor 2007.
26 *Dialog mit anderen Disziplinen*: Denjenigen Leserinnen, die an der »akademischen« Variante meiner Argumente interessiert sind, möchte ich meine entsprechenden Veröffentlichungen – insbesondere *Reclaiming the System. Moral Responsibility, Divided Labour, and the Role of Organizations in Society* – nahelegen. Dass im Folgenden auf manche argumentativen Details verzichtet wird, liegt am Genre des Buches, das ein weiteres Publikum ansprechen möchte, vgl. Herzog 2018.

KAPITEL 2

32 *Schöpfungsmythos des Informationszeitalters*: Vgl. Thompson & Vogelstein 2018.
32 *2020 bei den amerikanischen Präsidentschaftswahlen*: Vgl. z.B. Haenschen 2017.
35 *eine »Neiddebatte« vom Zaun zu brechen*: Diese Konstellation – das Genie und der mittelmäßige Neider – wird im Film *Amadeus* (1984) anhand von Antonio Salierie und Wolfgang Amadeus Mozart dargestellt, entspricht jedoch nicht den historischen Tatsachen, vgl. Baier 2014.
35 *der Slogan »Move fast and break things«*: Ein XKCD-Comic brachte das Problem humoristisch auf den Punkt: »My motto is move fast and break things. Jobs I've been fired from: Fedex Driver, Crane Operator, Surgeon, Air Traffic Controller, Pharmacist, Museum Curator, Waiter, Dog Walker, Oil Tanker Captain, Violinist, Mars Rover Driver,

Massage Therapist«. Vgl. https://imgs.xkcd.com/comics/move_fast_and_break_things.png. [Abfrage am 19.10.2018]

37 *wie* Ungleichgewichte *entstehen konnten*: Vgl. insbesondere Schumpeter 1912.

37 *Die Helden der »kreativen Zerstörung«*: Vgl. Schumpeter 1946 (Kap. 7).

37 *»... Vorstellungen und Anschauungen werden aufgelöst ...«*: Vgl. Marx & Engels 1964.

38 *»charismatischen« Herrscher*: Vgl. Weber 1980 (Kapitel III.4, § 10).

38 *Tim Berners-Lee, der wesentliche Bausteine wie die html-Sprache*: Siehe hierzu https://en.wikipedia.org/wiki/Tim_Berners-Lee [Abfrage am 22.6.2018].

39 *was wir heute das Internet nennen*: Ein kurzer Überblick findet sich z. B. unter *computerhope.com*, vgl. https://www.computerhope.com/issues/ch001016.htm [Abfrage am 22.6.2018].

39 *Geschichte von Wissenschaft und Technik*: Vgl. z. B. Alperowitz & Daly 2008.

39 *Menschliches Wissen baut auf dem Wissen auf*: Alperovitz & Daly beziehen sich hier u. a. auf Schätzungen von William Baumol, denen zufolge fast 90% des heutigen BIPs westlicher Länder auf Erfindungen beruhen, die seit 1870 gemacht wurden, vgl. Alperovitz & Daly, S. 4.

39 *Anwendung naturwissenschaftlicher Erkenntnisse*: Vgl. Mokyr 2004.

40 *Durchbrüche parallel von mehreren Forschern*: Vgl. Alperovitz & Daly 2008. S. 9 ff., S. 56 ff.

40 *mit Charles Darwin dessen Landsmann Alfred Russel Wallace*: Vgl. Alperovitz & Daly 2008, S. 59.

40 *Kombination bestehender und neuer Elemente*: Vgl. Alperovitz & Daly 2008, S. 62 ff.

42 *existierenden Firmen in Schach hält*: Dieses Argument wird unter dem Stichwort *contestable markets* (»bestreitbare Märkte«) diskutiert.

43 *Kein* leader *ohne* followers: Dies wird zum Beispiel im TED-Talk von Derek Sivers betont, der den Titel »Wie man eine Bewegung startet« trägt: Entscheidend ist der »erste Anhänger« (»first follower«), der anderen zeigt, dass hier etwas Nachahmenswertes passiert. Dies macht den »leader« erst zum »leader« – andernfalls bleibt der Impuls, der gegeben wird, wirkungslos; vgl. Sivers 2010.

44 *Gründervater der Ökonomie*: Vgl. Smith 1976 (I.I.), S. 6 ff.

44 *das Gehirn auf eingespielte Routinen*: So ist z. B. immer wieder die Rede davon, dass Menschen, die von klein auf Smartphones benut-

zen, einen viel beweglicheren Daumen haben als ältere Menschen. Vgl. z. B. o. V. 2014 auf sciencedaily.com.

45 *seine Arbeitskraft durch eine Schnur ersetzt werden konnte*: Vgl. Smith 1976 (I.I.), S. 8.

45 *48 000 Stecknadeln oder mehr am Tag*: Wie die Herausgeber anmerken, wurde das Beispiel auch schon in der *Encyclopédie* von 1755 in einem Artikel von M. Delaire beschrieben, wenn auch mit etwas anderen Zahlen. Vgl. Smith 1976 (I.1.), S. 3.

46 *außerdem die Arbeit von Bergleuten, Köhlern, Schmieden etc.*: Vgl. Smith 1976 (I.1.), S. 11.

46 *ausdifferenziertes Netz weltweiter geteilter Arbeit*: Für die internationale Arbeitsteilung gibt es zusätzliche Gründe, auf die ich an dieser Stelle nicht gesondert eingehen kann. Es sei jedoch angemerkt, dass die internationale Arbeitsteilung in der heutigen Form vor dem Hintergrund eklatanter Ungleichheiten stattfindet, die ihre Ergebnisse verzerren und teilweise moralisch fragwürdig werden lassen.

46 *auf ihre jeweiligen Stärken konzentrieren*: Diese Theorie der »komparativen Vorteile« hat schon David Ricardo im frühen 19. Jahrhundert entwickelt, vgl. Ricardo 1817 (Kap. 7).

46 *wirtschaftliche Arbeitsteilung zusammengebrochen*: Nicht ganz so klar ist dagegen der Vergleich mit Völkern, die autark mit sehr viel weniger ausdifferenzierter Arbeitsteilung leben und zum Beispiel Subsistenzlandwirtschaft betreiben. Ob und inwiefern sie ein »besseres« oder »schlechteres« Leben führen, ist eine vielschichtige Frage. Dennoch würden nur wenige Menschen aus der westlichen Welt mit ihnen tauschen wollen, und der Weg zurück scheint kaum möglich.

47 *zum Dilettantentum verurteilt*: David Gautier hat diesen Gedanken in *Morals by Agreement*, Kap. XI ebenfalls geschildert (Gautier 1987).

47 *wertschätzen als Teilnehmerinnen an einem System*: Vgl. Herzog 2014, S. 156–166.

48 *in dem er von* bullshit jobs *sprach*: Vgl. Graeber 2013.

48 *2018 erschien das Buch*: Vgl. Graeber 2018.

50 *mehr Geld nicht unbedingt positiv*: Siehe z. B. die Überblicksdarstellung in Dan Pinks *Drive: Was Sie wirklich motiviert*; vgl. Pink 2010.

50 *Eigenschaften, die* gute *Arbeit ausmachen*: Siehe auch »The Goods of Work (other than Money!)«, Gheaus & Herzog 2016, S. 70–89.

50 *Arbeit einen sinnvollen Zweck erfüllt*: Manchmal sind gewisse Substitutionen möglich, z. B. wenn man sich durch ein hohes Einkommen eine Haushälterin leisten kann und damit Zeit spart – aber kann dies

wirklich ausgleichen, dass der Arbeitsalltag möglicherweise als sinnlos und übermäßig kompetitiv empfunden wird?

50 *Befriedigung aus dem Konsum*: Oder aber sie tun dies, weil ein hohes Einkommen signalisieren soll, dass sie zu den Auserwählten gehören, denen ein Leben im Jenseits verheißen ist – das war Max Webers These zur Produktivität der »protestantischen Ethik«. Ob sie haltbar ist, ist heute unter Experten umstritten. Vgl. Weber 2013.

51 *seit der Romantik*: Vgl. z.B. Taylor 1989.

51 *Beruf als die gottgegebene Rolle*: Vgl. auch zu kulturellen Unterschieden in Bezug auf diese Frage zwischen den USA und Deutschland »Wer sind wir, wenn wir arbeiten? Soziale Identität im Markt bei Smith und Hegel« (Herzog 2011).

53 *das Stichwort »Boreout«*: Siehe z.B. den Zeitungsartikel »Gefangen im öden Alltag«, vgl. o.V. 2017.

54 *vom Kapitalismus aufgenommen und einverleibt*: Vgl. Boltanski & Chiapello 1999.

54 *»Künstlerkritik« wurde vom Kapitalismus absorbiert*: Christoph Bartmanns Buch *Leben im Büro. Die schöne neue Welt der Angestellten* bietet eine wunderbare Beschreibung dieser neuen Management-Stile, die letztlich auch nichts Anderes sind als die gute alte Bürokratie von früher, vgl. Bartmann 2012; vgl. ähnlich auch Kunda 1996.

55 *keine Ansammlung einsamer Robinson Crusoes*: Vgl. Anderson 1999, S.321.

56 *gesellschaftlich nützlich zu machen*: Vgl. Ferreras 2007.

56 *Der Arbeit wohnt dann keine Würde mehr inne*: Vgl. dazu, jedoch mit einem Fokus auf Arbeitslose und »Verlierer« der Arbeitswelt, Chen 2016.

58 *Die kritischen Bemerkungen finden sich versteckt*: Vgl. Smith 1976 (V.I.), S.178f.

59 *neue Formen schlechter Arbeit*: Vgl. z.B. Samuels 2018.

59 *Digital organisierte Arbeit*: Vgl. Hickson 2018.

60 *In einer klassenlosen Gesellschaft*: Vgl. Marx 1990, S.33.

61 *zu geistlosen, entfremdeten Maschinen*: Vgl. Durkheim 1977, S.439ff.

61 *Im Normalfall »verlangt die Ausführung einer jeden speziellen Funktion …«*: Vgl. ebd., 1977, S.442.

62 *»genügend Raum zum Handeln«*: Vgl. ebd., S.448.

62 *»in der Logik der menschlichen Natur«*: Vgl. ebd., S.473.

62 *das »Ideal der menschlichen Brüderlichkeit«*: Vgl. ebd., S.477.

62 *die eigenen Schwächen auszugleichen*: Der *Locus classicus* zum Men-

schen als Mängelwesen, der zur Überwindung dieser Mängel Technik einsetzt, ist Arnold Gehlens *Der Mensch: Seine Natur und seine Stellung in der Welt* entnommen, vgl. Gehlen 1940.

65 *1930 schilderte der britische Ökonom John Maynard Keynes*: Vgl. Keynes 1963.

65 *Vier-Tage-Woche*: Siehe z.B. »Die Viertagewoche hilft der Geschlechtergerechtigkeit«, ein Interview von Wlada Kolosowa mit Helen Delaney über das Unternehmen *Perpetual Guardian*, vgl. Delaney 2018.

65 *Teilzeitarbeitende allerdings gerne mehr*: Vgl. z.B. Astheimer 2017.

65 *Frage der sozialen Gerechtigkeit*: Zu Freizeit als Gegenstand der Gerechtigkeit siehe insbesondere Julie Rose, *Free Time*, vgl. Rose 2016.

67 *Nicht-Spezialisten*: Vgl. O'Neill 2002.

68 *Pentagon Papers im Jahr 1971*: Vgl. z.B. Eric Lichtblau 2018.

KAPITEL 3

73 *Er handle mit Bonds, antwortet McCoy*: Vgl. Tom Wolfe 1987 (Kap. 10), S. 234–238.

75 *den menschlichen Kontrollverlust*: Vgl. Harari 2017, S. 28.

76 *Vorstellung einer kosmischen Ordnung*: Vgl. Smith 1976 (IV.II.IX); vgl. dazu auch Herzog 2013 (Kap. II).

76 *»Vernunft in der Geschichte«*: Siehe insbesondere G. W. F. Hegel, *Vorlesungen über die Philosophie der Geschichte*. Ob diese Lesart allerdings Hegels Intentionen trifft oder ob er eine sehr viel aktivere Rolle für menschliche Individuen sah, ist alles andere als klar, vgl. Hegel 1986.

76 *Kapitalismus eine unaufhaltbare Dynamik*: In jüngster Zeit wurde das Denkmodell einer unausweichlichen Entwicklung des Kapitalismus hin zu seinem Untergang unter anderem von den sogenannten Akzelerationisten vertreten. Vgl. dazu z.B. ein Interview auf Deutschlandfunk (Drees 2015).

79 *Tradition, die schon seit Jahrzehnten*: Vgl. dazu z.B. das zentrale Werk von Walther Eucken *Grundsätze der Wirtschaftspolitik* (Eucken 1952).

79 *»Primat der Politik«*: Vgl. Berman 2006.

80 *»Sand ins Getriebe« der Finanzmärkte werfen*: Vgl. ursprünglich Tobin 1979, S. 153–9.

81 noch *mehr Geld zu verdienen, um dann* noch *mehr politischen Einfluss*: Für erschreckende Beispiele aus den USA siehe z.B. Reich 2015.

82 *der Wirtschaftshistoriker Bas van Bavel*: Vgl. Bavel 2016.

82 *Willkür ihrer Arbeitgeber*: Vgl. z.B. der Schichtarbeit auch Kapitel 6 dieses Buches.

83 *ständige Erreichbarkeit erwartet werden*: So wird derzeit laut dem Arbeitszeitreport Deutschland 2016 von 20% der abhängig Beschäftigten erwartet, dass sie ständig erreichbar sind, vgl. Compact Netzwerk Deutschland 2018, S. 7.

83 *Algorithmen zur Vergabe von Jobs*: Vgl. zum Folgenden Eubanks 2017 und O'Neil 2018.

84 *versprachen clevere Software-Entwickler*: Siehe z.B. ein Interview von Bernd Kramer mit dem Wirtschaftsinformatiker Tim Weitzel; vgl. Weitzel 2018.

84 *Die großen Hoffnungen*: Vgl. z.B. Barocas & Selbst 2016; Kim 2017.

85 *häufiger als Frauen Jobanzeigen für hochrangige Positionen*: Vgl. Carpenter 2015.

85 *Anti-Diskriminierungsgesetze tun sich schwer*: Vgl. Barocas & Selbst 2016; Kim 2017.

86 *Sicherheitsvorkehrungen und Standards*: Vgl. Campolo et al. 2017.

86 *Technologie-Expertin Cathy O'Neil*: Vgl. O'Neil 2018.

86 *gesetzliche Standards nötig sind*: Vgl. z.B. Beschorner & Kolmar 2018. Die Autoren fordern, digitale Technologien als Risikotechnologien zu behandeln, die ein staatliches Zulassungsverfahren benötigen.

86 *Wenn es wie eine Firma läuft*: Vgl. Lomansky 2011, S. 158.

87 *In der Gründungsphase herrscht enormer Wettbewerbsdruck*: Vgl. z.B. Kulwin 2018.

87 *Massenmigration zu einem anderen sozialen Netzwerk*: Vgl. Thompson & Vogelstein 2018.

88 *Charakter einer öffentlichen Infrastruktur*: Für eine Diskussion verschiedener Argumente und politischer Gestaltungsoptionen vgl. z.B. Rahman 2018.

88 *zur menschlichen Selbstverwirklichung aus der Epoche der Romantik*: Vgl. Taylor 1989.

89 *Überbrückungsgelder und Beratung*: Vgl. z.B. Rotman 2017. Rotman spricht von »universal basic adjustment benefits« anstelle eines »universal basic income.«

91 *in Sachen Datenschutz*: So trat z.B. im Mai 2018 die Richtlinie zum Datenschutz in Kraft. Vgl. u.a. https://de.wikipedia.org/wiki/Richtlinie_95/46/EG_(Datenschutzrichtlinie) [Abfrage am 22.10.2018].

93 *Kosten für das Zustandekommen von Verträgen*: Vgl. Coase 1937.

94 *um Trittbrettfahrer zu verhindern*: Auch, wenn man die Annahme

eigeninteressierten Verhaltens, die dieser und den im Folgenden aufgeführten Theorien zugrunde liegt, nicht teilt, kann man diesen Punkt zugestehen. Vgl. Alchian & Demsetz 1972.

94 *einen »offenen« Vertrag*: Vgl. Williamson 1973; Williamson 1975.

94 *Organisationen als sogenannte »vermittelnde Hierarchien«*: Vgl. Blair & Stout 1999.

94 *die Werte und die Kultur der Organisation teilen*: Vgl. Ouchi 1980.

95 *transnationale Unternehmen mit Tausenden von Mitarbeitern*: Schon 1977 schrieb der US-amerikanische Wirtschaftshistoriker Alfred D. Chandler ein Buch mit genau diesem Titel: *The Visible Hand. The Managerial Revolution in American Business*. Bei Chandler geht es spezifischer um den Aufstieg großer amerikanischer Firmen mit den für sie typischen Management-Strukturen, vgl. Chandler 1977.

95 *durch die Brille von Markttransaktionen*: Vgl. Jensen & Meckling 1976.

95 *genauso einfach einen neuen Job finden*: Für Kritik siehe z.B. Anderson 2017.

98 *noch aus der vordigitalen Zeit*: Vgl. Haynes, Weiser & Berry et al. 2009.

98 *weil mündliche Kommunikation durch technische Systeme*: Das klassische Beispiel für diesen Effekt ist über 150 Jahre alt: Beim Clayton-Tunnel-Crash, dem ersten größeren Unfall der Eisenbahngeschichte, wurden 23 Menschen getötet und 176 verletzt, als mehrere Züge hintereinander in einen eingleisigen Tunnel einfuhren, die Streckenwärter aber nicht vorgewarnt worden waren. Man hatte ein für damalige Verhältnisse ausgeklügeltes Signalsystem eingeführt, das an beiden Enden des Tunnels bedient wurde – aber aufgrund von Missverständnissen und einem Teilversagen des Systems kam es trotzdem zu dem tödlichen Unfall. Nachdem zwei Züge in sehr kurzem Abstand in den Tunnel eingefahren waren, ereignete sich ein fataler Kommunikationsfehler, ob der Tunnel wieder frei sei. Der Fahrer des zweiten Zuges hielt seinen Zug an und setzte ihn zurück, um nachzufragen, was es mit dem Haltesignal auf sich hatte. Währenddessen signalisierte der Streckenwärter einem dritten Zug, dass der Tunnel frei sei – und es kam zum tödlichen Crash. Wären alle drei Züge ohne Signalsystem durch den Tunnel gefahren, hätte der Zusammenstoß vermutlich vermieden werden können.

98 *Computern in der Regel noch überlegen sind*: Siehe z.B. Lenzen 2018.

99 *Psychologen nennen dies »automation bias«*: Siehe Skitka et al. 2000.

KAPITEL 4

100 *Ressourcen werden von den Einzelnen übermäßig beansprucht*: Der klassische Text hierzu ist Garrett Hardin, »The Tragedy of the Commons«, vgl. Hardin 1968.

100 *als bislang einzige Frau den Wirtschaftsnobelpreis erhalten*: Genauer gesagt: den Alfred-Nobel-Gedächtnispreis für Wirtschaftswissenschaften, der von der schwedischen Reichsbank gestiftet wird; Nobel selbst hatte keinen Preis für Wirtschaftswissenschaften vorgesehen.

101 *berechtigte Zielscheibe von moralischer Kritik*: Zum philosophischen Hintergrund siehe insbesondere den *Locus classicus*, vgl. Strawson 1992.

104 *Spielregeln schon jetzt nicht für alle gleich*: Vgl. auch O'Neil 2018.

105 *face-to-face-Gemeinschaften*: Siehe auch Parfit 1984.

106 *38000 Menschen pro Jahr*: Siehe z.B. Carrington 2017.

106 *die psychologischen Schattenseiten*: Vgl. Miller 1957.

106 *Zylinderköpfe für Flugzeuge*: Diese Geschichte basiert auf einer wahren Begebenheit, die sich zwischen 1941 und 1943 in Ohio zutrug.

107 *»That happens, that's the business«*: »Das passiert, das ist das Geschäft« (eigene Übersetzung), vgl. Miller, a.a.O., S.82.

107 *»That's what a little man does«*: »Das ist, was ein kleiner Mann tut.« (eigene Übersetzung), vgl. a.a.O.

108 *vor den technischen Möglichkeiten zur Nachverfolgung*: Vgl. Miller, a.a.O., S.101 f.

108 *für seine Kinder habe retten wollen*: Vgl. Miller, a.a.O., S.115.

109 *Unterlassungen sind juristisch schwieriger zu behandeln*: Es gibt – je nach Land – auch unterschiedliche Formen der Geschäftsführerhaftung oder der Haftung als »responsible corporate officer«, die Unterlassungen besser fassen können. Sie sind juristisch aber umstritten und oft schwer anwendbar.

109 *»identifiable victim effect«*: Vgl. Small & Loewenstein 2003. Ähnlich beschreibt David C. Rose das »Empathie-Problem«, das darin besteht, dass sich opportunistisches Handeln in großen Gruppen oft nicht falsch anfühlt, weil es kein Opfer gibt, mit dem man Empathie empfinden würde, vgl. Rose 2011.

110 *schuld ist dann »das System«*: Hannah Arendt hat dies die »Herrschaft des Niemand« genannt, die in der Bürokratie der NS-Diktatur dazu führte, dass niemand Verantwortung für das Gesamtergebnis übernahm, vgl. Arendt 1963.

110 *das Problem der »vielen Hände«*: Siehe Thompson 1980.
111 *setzen zahlreiche Gerichte Software dafür ein*: Vgl. Angwin, Larson, Mattu & Kirchner 2016.
114 *Das Forschungsinstitut* AI Now: Vgl. Campolo, Sanfilippo et al. 2017.
116 *wirtschaftliche Existenz aufs Spiel setzen*: Gleichzeitig haftet eine Aktiengesellschaft nicht dafür, wenn einer ihrer Anteilseigner bankrottgeht. Dessen Gläubiger können zwar unter Umständen seine Anteile übernehmen, aber sie können nicht auf das Eigentum der Firma als juristische Person, zum Beispiel auf Fabrikhallen und Maschinen, zugreifen.
116 *der rechtlichen Logik nach Geschöpfe des Staates*: Vgl. Ciepley 2013.
117 *David Ciepley und viele andere Kritiker*: Vgl. Bakan 2004. Siehe auch Shiller 2011 (Kap. I).
118 *seit dem berühmten Urteil des Supreme Court*: Siehe dazu kritisch z.B. Ackermann 2017; Isiksel 2016.
119 *Unverantwortlichkeit von Aktiengesellschaften*: Vgl. Mitchell 2001.
119 *Das »Externalisieren« von Kosten*: Vgl. auch Bakan 2004.
121 *sogenannte* trust companies *zu schaffen*: Vgl. Mayer 2013.
121 *die Bewegung der sogenannten* benefit corporations: Vgl. dazu https://en.wikipedia.org/wiki/Benefit_corporation [Abfrage am 22.10.2018].
123 *Finanzkrise von 2008*: Siehe dazu z.B. die eindrücklichen Schilderungen bei Richard Bitner, *Confessions of a Subprime Lender: An Insider's Tale of Greed, Fraud, and Ignorance* (Bitner 2008).
124 *Zynismus und Verärgerung*: Vgl. McLannahan 2016. Zur fehlenden juristischen Aufarbeitung siehe z.B. Reiff 2017.
126 *psychologisch bewusst unter Druck gesetzt*: Scheiber 2017.
129 *Haftung für das eigene Handeln*: Zu Verantwortung in diesem Sinne siehe z.B. Strawson 1962.
130 *strategisches Verhalten*: Zu »conditional cooperation« siehe z.B. Kocher et al. 2008.
130 *Vertrauen in die Fairness der Spielregeln*: Vgl. Gächter & Schulz 2016. Um das Problem einer möglichen umgekehrten Kausalität zu vermeiden, wurden die Experimente mit Studenten durchgeführt, also mit Menschen, die so jung sind, dass sie die kulturellen Werte und Institutionen des Landes kaum maßgeblich mitbeeinflusst haben konnten.
132 *Rentenansprüche bleiben*: Vgl. Reich 2005 (Kap. 7). Ein Beispiel, das Reich diskutiert, ist das Insolvenzrecht in den USA, das die Pensionsansprüche von Angestellten als nachrangig behandelt. Bei den Plei-

ten verschiedener Fluglinien spielte die Möglichkeit, Pensionsansprüche abzustoßen, eine wichtige Rolle.

133 *kommerzielle Räume wie Shopping Malls*: Ein Negativbeispiel in dieser Hinsicht sind die USA: Siehe z.B. Hacker 2006.

134 *angesichts der wahrscheinlich bevorstehenden Umwälzungen*: Aus der überbordenden Literatur seien nur zwei Werke genannt: Parijs & Vanderborght 2017; Widerquist 2013. Es gibt auch ein eigenes Journal, die *Basic Income Studies*: https://www.degruyter.com/view/j/bis [Abfrage am 22.10.2018].

134 *auf den englischen Sozialphilosophen Thomas Paine*: Vgl. Paine 2004.

136 *unter die Räder der »kreativen Zerstörung«*: Vgl. ähnlich auch Quiggin 2017.

137 *des Sozialphilosophen und Ökonomen Albert Hirschman*: Vgl. Hirschman 1970.

139 *»Humankapital« 2004*: Vgl. Herzog 2011.

140 *Aufstiegs- und Abstiegsgeschichten umfassen*: Für eine ökonomische Perspektive auf eine mögliche Ausgestaltung, in Verbindung mit Grundsicherung vgl. Frank 2002. Man könnte dieses Modell als zu anreizfokussiert kritisieren; interessant an ihm ist jedoch, dass auch ein Ökonom wie Frank ein derartiges Modell für möglich und sinnvoll hält.

141 *das »Nacheinander-Prinzip«*: Vgl. Corino 2018.

141 *Praktika für Wiedereinsteiger*: Siehe dazu auch ein Interview von Christine Haas mit Eva Corino, vgl. Corino 2018. Zu den Vorteilen flexiblerer Arbeitszeiten für die Vereinbarkeit von Familie und Beruf vgl. auch o.V. 2018.

141 *die Initiative »Now Teach«*: Vgl. Becker 2017.

KAPITEL 5

144 *Gesellschaftsbereiche hierarchisch organisiert*: Vgl. ähnlich auch Ferreras 2017 (Kapitel 1).

144 *Öffentlichkeit und Transparenz*: Vgl. zum Beispiel die Ausführungen in Arendt 2002.

147 *Der Vater der Fließbandproduktion*: In Taylors Worten: »all possible brain work should be removed from the shop and centered in the planning or laying-out department«, vgl. Taylor 2007.

147 Aufzeichnungen aus dem Kellerloch: Vgl. Dostojewski 2006 (Kapitel VIII).

149 intrinsische *Motivation*: Zu intrinsischer und extrinsischer Motivation siehe z.B. Frey 1997.

149 *Starbucks die Schichten seiner Mitarbeiter*: Kantor 2014 (Kap. 7).

150 *die* clopening-*Schichten komplett abzuschaffen*: Siehe »Starbucks Makes Barista History, Bans The Dreaded Clopen Shift« (o.V. 2014).

150 *die Firma ihre selbstgesetzten Ziele*: Vgl. Kantor 2014.

151 *Wie Psychologen experimentell nachgewiesen haben*: Vgl. Tost et al. 2012. Die Machtgefühle wurden in diesen Experimenten dadurch hervorgerufen, dass einige Teilnehmer aufgefordert wurden, an eine Situation zu denken, in der sie Macht über andere hatten, während andere Teilnehmerinnen sich an eine neutrale Situation oder an eine Situation, in der *andere* Macht *über sie* hatten, erinnern sollten. Anschließend mussten alle Teilnehmer eine Aufgabe lösen und wurden für korrekte Antworten belohnt. Es bestand die Möglichkeit, den Rat anderer einzuholen, die diese Aufgabe schon einmal gelöst hatten. Die Teilnehmer waren viel seltener dazu bereit, dies zu tun, wenn sie gerade Machtgefühle empfanden, als wenn sie neutrale Gefühle oder Gefühle der Machtlosigkeit empfanden (wobei sich auch die letzteren beiden Gruppen signifikant unterschieden). Konkret lehnten die Teilnehmer der ersten Gruppe in 65,5 % ihrer Entscheidungen das Angebot eines Ratschlags ab, während es bei der neutralen Gruppe 34,2 % und bei der Machtlosigkeitsgruppe 25,7 % waren. Eine zweite Studie führte zu ähnlichen Ergebnissen, obwohl den Teilnehmern diesmal explizit gesagt wurde, dass die Ratschläge von erfahrenen Experten kamen – auch in diesen Fällen lehnten die Teilnehmer, die vorher an eine Situation eigener Macht erinnert worden waren, sie in der breiten Mehrzahl der Fälle ab. Bei Teilnehmern mit starken Machtgefühlen löste die Möglichkeit von Expertenratschlägen außerdem Konkurrenzdenken aus, was die Bereitschaft, Ratschläge anzunehmen, weiter verringerte. Die Forscher schlossen daraus, dass Machtgefühle gefährlich sind, weil sie die Bereitschaft verringern, sich von anderen beraten zu lassen und gemeinsam zu besseren Entscheidungen zu kommen.

151 *Entscheidungen für andere Menschen treffen*: In der Organisationstheorie heißt es dazu: »Managers are outsiders«; siehe z.B. Bovens 1998. Im Zusammenhang mit einem Interview mit zwei Bankern darüber, was die Manager von Bankern zu den Risiken wussten, die

letztlich zur Finanzkrise von 2008 führten, schreiben Honegger, Neckel & Magnin vom »Erich-Honecker-Effekt«: Für den Staatschef der DDR wurde eine Kulisse aufgebaut, die ihn komplett von der Realität des Landes, das er regieren sollte, abschirmte; vgl. Honegger et al. 2010.

152 *Das »Gesetz der unvollständigen Kontrolle«*: Vgl. Downs 1967. Downs schreibt aus einer »rational choice«-Perspektive, nimmt in seinen Text zu Bürokratien allerdings auch weiter gehende Verhaltensannahmen auf.

152 *die eigenen Berater und Höflinge*: Max Weber stellte dazu fest: Auch ein absoluter Monarch ist machtlos im Vergleich zu seinem bürokratischen Apparat – denn der hat all das relevante Wissen, um das Land am Laufen zu halten; vgl. Weber 1980 (II.IX, § 3).

152 *Informationsüberflutung*: Der Begriff »information overload« wurde popularisiert durch Alvin Toffler, vgl. Toffler 1970.

152 *geographisch getrennte Einheiten*: Vgl. z.B. Vaughan 1996, S. 250.

153 *»Campbells Gesetz«*: Eigene, freie Übersetzung, vgl. Campbell 1976, S. 49.

154 *Wenn man der Verlockung erliegt*: Siehe auch Muller 2018.

155 *nach den Regeln von* employment at will: Für eine kritische Diskussion siehe z.B. Werhane & McCall 2009.

155 hire and fire *ist die Normalität*: Den Hintergrund hierzu formen die unterschiedlichen »Varianten« des Kapitalismus: Die USA sind eine »liberale« Marktwirtschaft, Deutschland ist eine »koordinierte« Marktwirtschaft. Siehe dazu Hall & Soskice 2001.

156 *Die politikwissenschaftliche Forschung*: Siehe insbesondere Fishkin 2009.

157 *das Design der Tools*: Vgl. dazu auch Fung 2003.

158 *durch die Brille einer bestimmten Disziplin*: Zur Notwendigkeit multiperspektiver Problemlösung vgl. auch Nassehi 2016 (Kap. 6).

159 *Programme als Geschäftsgeheimnis privater Firmen*: Siehe z.B. den Fall der Software zur Bemessung von Bewährungsstrafen, der hier diskutiert wird: Angwin, Larson, Mattu & Kirchner 2016.

160 *Fragen der* sozialen *Arbeitsteilung*: Siehe dazu auch Arnold 2012, S. 110.

161 *Schutz vor einseitigen Abhängigkeiten*: Vgl. z.B. Hsieh 2005.

161 *mehr als Rädchen im System*: Siehe z.B. Pettit 1997; ders. 2014.

162 *informelle Führungsstrukturen*: Interessant in diesem Zusammenhang ist die Studie *Beyond Adversary Democracy* von Jane Mansbridge, vgl.

Mansbridge 1983. Sie beschäftigt sich darin u.a. mit dem Fall eines basisdemokratisch organisierten Unternehmens, einer Hilfsorganisation namens »Helpline«. Trotz des Bekenntnisses zu demokratischen Werten fand Mansbridge, dass unter den Beschäftigten klare Machtunterschiede vorlagen; diese wurden von den Betroffenen aber nicht als problematisch gesehen, solange jedermanns Interessen gewahrt wurden, allen gleicher Respekt gewährt wurde und alle die Möglichkeit hatten, sich durch die Teilnahme an gemeinschaftlichen Projekten weiterzuentwickeln.

162 *Cliquenstrukturen*: Siehe z.B. Tichy 1973.

162 *Nach dem minimalsten Verständnis von Demokratie*: Dies ist z.B. die Demokratie-Theorie von Joseph Schumpeter, vgl. Schumpeter 1946.

164 *die Philosophin Hélène Landemore*: Landemore & Ferreras 2016.

164 *Welche konkreten Rechte und Pflichten*: Vgl. Honoré 1961.

165 *Die Eigentümerin einer Katze*: Ich danke Mark Reiff für diese Formulierung.

165 *regionale Verwurzelung und der Erwerb von Spezialkenntnissen*: Hall & Soskice 2001.

167 *Demokratie als die beste Organisationsform*: Ich meine hiermit in erster Linie wirtschaftliche Unternehmen. In Bezug auf Arbeitsplätze im öffentlichen Dienst stellen sich besondere Fragen, weil diese dem Willen des gesamten politischen *Demos* folgen sollen und somit nur in Bezug auf Ausführungsdetails oder die Wahl des Führungspersonals demokratische Elemente *für das Personal* einführen können. Dort allerdings sind sie durchaus vorstellbar, und viele der Argumente für Demokratie in der Wirtschaft greifen hier parallel.

168 *Die entscheidende Frage ist*: Gelegentlich heißt es, demokratische Unternehmen könnten nicht so stark wachsen, wie es sinnvoll wäre, weil die Angestellten ein Interesse daran hätten, ihre Kontrollrechte nicht zu verwässern, siehe z.B. bei Bowles & Gintis 1993. Aber muss das unbedingt ein Nachteil sein? Kleinere Unternehmen können oft flexibler auf Herausforderungen reagieren, und wenn zwischen ihnen ein lebendiger Wettbewerb herrscht, ist das sicher wünschenswerter, als wenn der Markt von einigen wenigen riesigen Firmen beherrscht wird. Man könnte einwenden, dass größere Unternehmen häufig effizienter operieren können und dadurch Wettbewerbsvorteile haben. Aber heute können viele Querschnittsfunktionen, bei denen derartige Skaleneffekte typischerweise entstehen (etwas die Buchhaltung), an spezialisierte Dienstleister ausgelagert werden, und

zwar von kleinen und großen Firmen gleichermaßen – und auch das wird durch digitale Kommunikation erleichtert.

168 *erfolgreiche Beispiele demokratisch geführter Unternehmen*: Siehe Chen 2016.

168 *Mondragon-Genossenschaft im Baskenland*: Siehe https://de.wikipedia.org/wiki/Mondragón_Corporación_Cooperativa [Abfrage am 23.10.2018].

169 *Chefpositionen per demokratischem Wahlentscheid*: Siehe z.B. Siedenberg 2017.

169 *»Plattform-Kooperativismus«*: Vgl. Scholz 2016.

169 *Einen konkreten Vorschlag dazu*: Vgl. Ferreras 2017. Ein kurzes Video mit der Vorstellung zentraler Ideen findet sich unter www.firmsaspoliticalentities.net [Abfrage am 19.10.2018], vgl. Ferreras 2018.

170 *die internen Strukturen zu verändern*: In diese Richtung geht das Modell der »Employee Stock Ownership Plans« (EPOS), das in den USA eine gewisse Verbreitung hat.

172 *»Extraktive« Gesellschaften*: Acemoglou & Robinson 2012.

172 *warum es sich in einer feudalen Gesellschaft nicht lohnt*: Vgl. Smith 1976 (III).

172 *künstlerisch liegen solche Gesellschaften oft darnieder*: Es gibt die Gegenthese, dass es gerade reiche Mäzene seien, die künstlerische Entwicklung fördern würden – als Beispiel werden gerne die Medici im Florenz der Renaissance genannt. Dieses Argument kann aber allenfalls zeigen, dass ein gewisser Reichtum in den Händen einzelner Familien zu einer künstlerischen Blüte führen *kann*, wenn er denn so genutzt wird; nicht, dass dies die einzige Möglichkeit ist. Mit der politischen Verteilung von Macht und Einfluss hat dies überhaupt nichts zu tun.

173 *Die Einkommen der Unter- und Mittelschicht*: Vgl. dazu insbesondere Piketty 2013.

173 *diese mächtigen Wirtschaftslenker*: Bas van Bavel beschreibt das Kippen in Autokratien als die historische Regel und somit quasi eine Naturnotwendigkeit. Sein Bild lässt jedoch die Möglichkeiten menschlichen Handelns, das gerade auf diese Probleme eingeht, außer Acht, vgl. Bavel 2016.

174 *verweisen auf den »dritten Sektor« der Freiwilligenarbeit*: Vgl. z.B. Crouch 2011.

174 *die Fähigkeit zu demokratischer Mitbestimmung*: Siehe z.B. Pateman 1970.

174 *ob dieses Argument haltbar ist*: Einige Studien fanden eine Verbindung zwischen Teilhabe am Arbeitsplatz und politischem Engagement (z.B. Almond & Verba 1963; Kohn & Schooler 1983; Sobel 1993, Jian & Jeffres 2008). Diese Studien wurden später kritisiert und durch komplexe Untersuchungen verfeinert (z.B. Greenberg, Grunberg & Daniel 1996.

174 *was sich mit ihren Methoden genau zeigen lässt*: Siehe dazu z.B. Carter 2006.

KAPITEL 6

181 *»Funktionen« der einzelnen Individuen*: Vgl. Durkheim 1977, S.450.

181 *»unter Gewalt oder aus Furcht vor der Gewalt«*: Vgl. ebd., S.451.

181 *Zusammenhang von gesellschaftlicher Solidarität*: Siehe dazu auch Herzog 2017.

181 *mit »äquivalente[m] soziale[m] Wert«*: Hierin steckt eine Kritik an der marxistischen Arbeitswertlehre, die genau dies versucht: eine *a priori* gültige Festlegung des Werts unterschiedlicher Güter anhand der in sie investierten Arbeitszeit. Ob und wie genau eine derartige Berechnung möglich ist, bleibt, wie schon angemerkt, höchst umstritten, nicht zuletzt angesichts der Rolle von natürlichen Ressourcen und der Unterschiedlichkeit von Arbeitsformen. Für eine Diskussion siehe z.B. Blaug 1996 (Kap.7).

182 *»die moralischen Bedingungen des Tausches«*: Durkheim 1977, S.452 f.

182 *Durkheims Schlussfolgerung*: Ebd., S.457.

182 *wie viel Ungleichheit gerecht oder ungerecht ist*: Zacharakis 2016.

183 *Änderungen am Einkommenssteuersystem*: Eine exzellente Analyse – allerdings mit Fokus auf Großbritannien – sowie eine Reihe sehr bedenkenswerter politischer Vorschläge finden sich in Anthony B. Atkinsons *Inequality: What Can Be Done?*; vgl. Atkinson 2015.

183 *Bildung allein über Online-Kurse*: Vgl. Lobe 2017. Lobe bezieht sich auf Überlegungen des englischen Journalisten Edward Luce.

184 *schlecht gestaltete Kontrolle kann Vertrauen zerstören*: Vgl. Frey 1997.

185 *Weltanschauungen und Ethnizitäten*: Vgl. Estlund 2003.

189 *die Arbeitslosigkeit phasenweise stark ansteigt*: Siehe z.B. Rudzio 2018.

QUELLEN UND LITERATUR

BÜCHER UND ARTIKEL

Abbott, Andrew (1991): »The Future of Professions: Occupation and Expertise in the Age of Organizations«, in: *Research in the Sociology of Organizations* 8, S.17–42.

Acemoğlou, Daron & Robinson, James A. (2012): *Why Nations Fail. The Origins of Power, Prosperity, and Poverty*, New York.

Ackermann, Thomas (2017): »Unternehmen als Grundrechtssubjekte. Zur verfassungsrechtlichen Transformation privatrechtlicher Formen nicht-individueller Unternehmensträger«, S.113-146 in: Susanne Baer, Oliver Lepsius, Christoph Schönberger et al. (Hrsg.), *Jahrbuch des Öffentlichen Rechts der Gegenwart,* Band 65, o.O.

Alchian, Armen A. & Demsetz, Harold (1972): »Production, Information Costs, and Economic Organization«, in: *American Economic Review* 62, S.777–795.

Almond, Gabriel & Verba, Sidney (1963): *The Civic Culture: Political Attitudes and Democracy in Five Nations*, Princeton.

Alperovitz, Gar & Daly, Lew (2008): *Unjust Deserts: How the Rich are Taking Our Common Inheritance,* New York.

Anderson, Elizabeth (1999): »What Is the Point of Equality?«, in: *Ethics* 109 (2), S.287–337.

Anderson, Elizabeth (2017): *Private Government. How Employers Rule Our Lives (and Why We Don't Talk about It),* Princeton.

Angwin, Julia; Larson, Jeff; Mattu, Surya & Kirchner, Lauren (2016): »Machine Bias. There's software used across the country to predict future criminals. And it's biased against blacks«, in: *Pro Publica* vom 23.5. 2016.

Applebaum, Arthur Isak (1999): *Ethics for Adversaries. The Morality of Roles in Public and Professional Life,* Princeton.

Arendt, Hannah (1963): *Eichmann in Jerusalem. A Report on the Banality of Evil,* New York.

Arendt, Hannah (2002) [engl. Orig. 1960]: *Vita activa oder Vom tätigen Leben,* München/Zürich.

Arnold, Samuel (2012), »The Difference Principle at Work«, in: *The Journal of Political Philosophy* 20 (1), S. 94–118.

Astheimer, Sven (2017): »Freizeit ist die neue Währung«, in: *Frankfurter Allgemeine Zeitung* vom 26.10.2017, URL http://www.faz.net/aktuell/beruf-chance/beruf/kommentar-freizeit-ist-die-neue-waehrung-15254472.html [Abfrage am 9.10.2018].

Atkinson, Anthony B. (2015): *Inequality: What Can Be Done?*, Cambridge.

Baier, Katharina (2014): »Mozart und Salieri: Keine Gegenspieler, sondern Kollegen«, in: *Kurier*, vom 2.2.2014, URL https://kurier.at/kultur/mozart-und-salieri-keine-gegenspieler-sondern-kollegen/49.253.906 [Abgefragt am 22.6.2018].

Bakan, Joel (2004): *The Corporation. The Pathological Pursuit of Profit and Power*, London.

Barocas, Solon & Selbst, Andrew D. (2016): »Big Data's Disparate Impact«, in: *California Law Review* 104, S. 671–732.

Bartmann, Christoph (2012): *Leben im Büro. Die schöne neue Welt der Angestellten*, München.

Bavel, Bas van (2016): *The Invisible Hand? How Market Economies have Emerged and Declined Since AD 500*, Oxford.

Bazerman, Max H. & Tenbrunsel, Ann E. (2011): *Blind Spots. Why We Fail to Do What's Right and What to Do about It.* Princeton.

Becker, Lisa (2017): »Klassenzimmer statt Büro«, in: *Frankfurter Allgemeine Zeitung* vom 29.10.2017, URL http://www.faz.net/aktuell/beruf-chance/beruf/viele-schaffen-als-lehrer-den-quereinstieg-15265494-p3.html [Abfrage am 12.10.2018].

Beschorner, Thomas & Kolmar, Martin (2018): »Die Gefahr durch Facebook wurde zu lange ignoriert«, in: *Die ZEIT* vom 28.3.2018.

Bitner, Richard (2008): *Confessions of a Subprime Lender: An Insider's Tale of Greed, Fraud, and Ignorance*, Hoboken.

Blair, Margaret M. & Stout, Lynn A. (1999): »A Team Production Theory of Corporate Law«, in: *Virginia Law Review* 85 (2), S. 247–328.

Blanc, Sandrine (2014): »Expanding Workers' ›Moral Space‹: A Liberal Critique of Corporate Capitalism«, in: *Journal of Business Ethics* 120, S. 473–488.

Blaug, Mark (1997): *Economic Theory in Retrospect*, 5. Auflage, Cambridge.

Boltanski, Luc & Chiapello, Ève (1999): *Le nouvel esprit du capitalism*, Paris.

Booth, Robert (2017): »Workers' feelings of powerlessness fuelling anger, says job tsar«, in: *The Guardian* vom 13.2.2017, URL https://www.the

guardian.com/money/2017/feb/13/workers-feelings-of-powerlessness-fuelling-anger-says-jobs-tsar [Abfrage am 8.10.2018].

Bovens, Marc (1998): *The Quest for Responsibility. Accountability and Citizenship in Complex Organisations*, Cambridge.

Bowles, Samuel & Gintis, Herbert (1993): »A Political and Economic Case for the Democratic Enterprise«, in: *Economics and Philosophy* 9, S.75–100.

Breen, Keith (2015): »Freedom, Republicanism, and Workplace Democracy«, in: *Critical Review of International Social and Political Philosophy* 18 (4), S.470–485.

Brownlee, Kimberley (2012): *Conscience and Conviction: The Case for Civil Disobedience*, Oxford.

Bühl, Walter L. (1998): *Verantwortung für Soziale Systeme*. Stuttgart.

Burns, Tom (1961): »Micropolitics: Mechanism of Institutional Change«, in: *Administrative Science Quarterly* 6, S.257–281.

Campbell, Donald T. (1976): »Assessing the Impact of Planned Social Change«, in: *Occasional Paper Series*, Hanover.

Campolo, Alex; Sanfilippo, Madelyn; Whittaker, Meredith & Crawford, Kate (2017): *AI Now 2017 Report*, URL https://ainowinstitute.org/AI_Now_2017_Report.pdf [Abfrage am 4.6.2018]

Carpenter, Julia (2015): »Google's algorithm shows prestigious job ads to men, but not to women. Here's why that should worry you«, in: *The Washington Post* vom 6.7.2015.

Carter, Neil (2006): »Political Participation and the Workplace: The Spillover Thesis Revisited«, in: *The British Journal of Politics & International Relations* 8 (3), S.410–426.

Carrington, Damian (2017): »38 000 people a year die early because of diesel emissions testing failures«, in: *The Guardian* vom 15.5.2017, URL https://www.theguardian.com/environment/2017/may/15/diesel-emissions-test-scandal-causes-38000-early-deaths-year-study [Abfrage am 12.10.2018].

Chandler, Alfred D. (1977): *The Visible Hand. The Managerial Revolution in American Business*, Cambridge.

Chen, Michelle (2016): »Worker Cooperatives Are More Productive Than Normal Companies«, in: *The Nation* von 28.3.2016, URL https://www.thenation.com/article/worker-cooperatives-are-more-productive-than-normal-companies/ [Abfrage am 12.10.2018].

Chen, Victor T. (2016): »The Spiritual Crisis of the Modern Economy«, in: *The Atlantic* vom 21.12.2016, URL https://www.theatlantic.com/

business/archive/2016/12/spiritual-crisis-modern-economy/511067/ [Abfrage am 9.10.2018].
Ciepley, David (2004): »Authority in the Firm (and the Attempt to Theorize it Away)«, in: *Critical Review* 16 (1), S. 81–115.
Ciepley, David (2013): »Beyond Public and Private: Toward a Political Theory of the Corporation«, in: *American Political Science Review* 107 (1), S. 139–158.
Citron, Danielle K. (2007): »Technological Due Process«, in: *Washington University Law Review*, S. 1249–1313.
Coase, Ronald H. (1937): »The Nature of the Firm«, in: *Economica, New Series* 4 (16), S. 386–405.
Corino, Eva (2018): *Das Nacheinander-Prinzip. Vom gelasseneren Umgang mit Familie und Beruf*, Berlin.
Crouch, Colin (2011): *The Strange Non-Death of Neoliberalism*, Cambridge.
Crouch, Collin (2016): *The Knowledge Corrupters: Hidden Consequences of the Financial Takeover of Public Life*, Cambridge.
De Bruin, Boujewijn (2015): *Ethics and the Global Financial Crisis: Why Incompetence is Worse than Greed*, Cambridge.
DesAutels, Peggy (2004): »Moral Mindfulness«, in: Peggy DesAutels & Margaret Urban Walker (Hrsg.), *Moral Psychology: Feminist Ethics and Social Theory*, S. 69–81.
Dostojewski, Fjodor (2006) [russ. Orig. 1864]: *Aufzeichnungen aus dem Kellerloch*, Frankfurt a. M.
Downs, Anthony (1967): *Inside Bureaucracy*, Boston.
Durkheim, Émile (1977) [fr. Orig. 1893]: *Über soziale Arbeitsteilung. Studie über die Organisation höherer Gesellschaften*, Frankfurt a. M.
Erfurt Sandhu, Philine (2014): *Selektionspfade im Topmanagement*, Wiesbaden.
Estlund, Cynthia (2003): *Working Together. How Workplace Bonds Strengthen a Diverse Democracy*, New York.
Eubanks, Virginia (2017): *Automating Inequality. How High-Tech Tools Profile, Police, and Punish the Poor*, New York.
Eucken, Walther (1952): *Grundsätze der Wirtschaftspolitik*, Bern/Tübingen.
Ferreras, Isabelle (2007): *Critique politique du travail. Travailler à l'heure de la société des services*, Paris.
Ferreras, Isabelle (2017): *Firms as Political Entities. Saving Democracy through Economic Bicameralism*, Cambridge.
Fishkin, James (2009): *When the People Speak. Deliberative Democracy and Public Consultation*, Oxford.

Foster, John B. (2017): »The Meaning of Work in a Sustainable Society«, in: *Monthly Review* 69 (04), URL https://monthlyreview.org/2017/09/01/the-meaning-of-work-in-a-sustainable-society/ [Abfrage am 9.10.2018].

Frank, Robert H. (2002): *Microeconomics and Behavior*, Boston.

Frey, Bruno S. (1997): *Not Just for the Money: An Economic Theory of Personal Motivation*, Cheltenham.

Frey, Carl B. & Osborne, Michael (2013): *The Future of Employment*, Oxford.

Fung, Archon (2003): »Survey Article: Recipes for Public Spheres: Eight Institutional Design Choices and Their Consequences«, in: *The Journal of Political Philosophy* 11 (3), S. 338–367.

Gächter, Simon & Schulz, Jonathan F. (2016): »Intrinsic Honesty and the Prevalence of Rule Violations Across Societies«, in: *Nature* vom 9.3.2016, URL www.nature.com/articles/nature17160 [Abfrage am 16.10.2018].

Gautier, David (1987): *Morals by Agreement*, Oxford.

Gamperl, Elisabeth; Langhans, Katrin; Much, Mauritius et al. (2017): »Paradise Papers – Die Schattenwelt des großen Geldes«, in: *Projekte Süddeutsche Zeitung* vom 5.11.2017 (bearbeitet am 15.11.2018), URL https://projekte.sueddeutsche.de/paradisepapers/politik/das-ist-das-leak-e229478/ [Abfrage am 18.10.2017].

Gehlen, Arnold (1940): *Der Mensch: Seine Natur und seine Stellung in der Welt*, Bonn.

Gheaus, Anca & Herzog, Lisa (2016): »The Goods of Work (other than Money!)«, in: *Journal of Social Philosophy* 47 (1), S. 70–89.

Ghoshal, Sumantra (2005): »Bad Management Theories Are Destroying Good Management Practices«, in: *Academy of Management Learning & Education* 4 (1), S. 75–91.

Gill, Matthew (2009): *Accountants' Truth. Knowledge and Ethics in the Financial World*, Oxford.

Global Compact Netzwerk Deutschland (Hrsg.): »Arbeitsstandards 2.0. Flexibilisierung, Optimierung oder Marginalisierung«, URL https://www.globalcompact.de/de/tnk18/expert-papers/ExpertPapers-Arbeit-2.0.pdf [Abfrage am 4.6.2018].

Gould, Carol (1989): *Rethinking Democracy: Freedom and Social Cooperation in Politics, Economy, and Society*, Cambridge.

Graeber, David (2013): »On the Phenomenon of Bullshit Jobs«, in: *Strike!* vom 23.8.2013, URL https://strikemag.org/bullshit-jobs/ [Abfrage am 8.10.2018].

Graeber, David (2018): *Bullshit Jobs: Vom wahren Sinn der Arbeit*, Stuttgart.
Greenberg, Edward S.; Grunberg, Leon & Daniel, Kelley (1996): »Industrial Work and Political Participation: Beyond ›Simple Spillover‹«, in: *Political Research Quarterly* 49 (2), S. 305–330.
Habermas, Jürgen (1981): *Theorie des kommunikativen Handelns*, Band 2, Frankfurt a. M.
Habermas, Jürgen (1985): *Die neue Unübersichtlichkeit. Kleine Politische Schriften V*, Frankfurt a. M.
Hacker, Jakob (2006): *The Great Risk Shift. The Assault on American Jobs, Families, Health Care, and Retirement And How You Can Fight Back*, New York.
Haenschen, Katherine (2017): »If Mark Zuckerberg runs for president, will Facebook help him win?«, in: *The Guardian* vom 9.9.2017, URL https://www.theguardian.com/commentisfree/2017/sep/09/mark-zuckerberg-president-facebook-algorithm [Abfrage am 8.10.2018].
Hall, Peter A. & Soskice, David (2001): »An Introduction to Varieties of Capitalism«, S. 1–71 in: Dies. (Hrsg.), *Varieties of Capitalism. The Institutional Foundations of Comparative Advantage*, Oxford.
Harari, Yuval Noah (2017): *Homo Deus. Eine Geschichte von Morgen*, München.
Hardin, Garrett (1968): »The Tragedy of the Commons«, in: *Science* 162 (3859), S. 1243–1248.
Haynes, Alex B.; Weiser, Thomas G. & Berry, William R. et al. (2009): »A Surgical Safety Checklist to Reduce Morbidity and Mortality in a Global Patient Population«, in: *New England Journal of Medicine* 360 (5), S 491–499.
Heath, Joseph; Moriarty, Jeffrey & Norman, Wayne (2010): »Business Ethics and (or as) Political Philosophy«, in: *Business Ethics Quarterly* 20 (3), S. 427–452.
Hegel, Georg W. F. (1986) [Orig. 1837]: *Vorlesungen über die Philosophie der Geschichte*, Frankfurt a. M.
Hegel, Georg W. F. (1980) [Orig. 1807]: *Phänomenologie des Geistes*, Hamburg.
Heidbrink, Ludger (2003): *Kritik der Verantwortung. Zu den Grenzen verantwortlichen Handelns in komplexen Kontexten*, Weilerswist.
Henderson, Rebecca & Gulati, Ranjay & Tushman, Michael (Hrsg.) (2015): *Leading Sustainable Change: An Organizational Perspective*, Oxford.
Herzog, Lisa (2017): »Durkheim on Social Justice: The Argument from

›Organic Solidarity‹«, in: *American Political Science Review* 112 (1), S. 112–124.

Herzog, Lisa (2014): *Freiheit gehört nicht nur den Reichen. Plädoyer für einen zeitgemäßen Liberalismus*, München.

Herzog, Lisa (2013): *Inventing the Market. Smith, Hegel, and Political Theory*, Oxford.

Herzog, Lisa (2017): »Professional Ethics in Banking and the Logic of ›Integrated Situations‹: Aligning Responsibilities, Recognition, and Incentives« , in: *Journal of Business Ethics* (Online First).

Herzog, Lisa (2018): *Reclaiming the System. Moral Responsibility, Divided Labour, and the Role of Organizations in Society*, Oxford.

Herzog, Lisa (2011): »Wer sind wir, wenn wir arbeiten? Soziale Identität im Markt bei Smith und Hegel«, in: *Deutsche Zeitschrift für Philosophie* 59 (6), S. 835–852.

Hickson, James (2018): »Trade Unions and the Social Foundations of Good Work«, in: *The RSA*, URL https://www.thersa.org/discover/publications-and-articles/rsa-blogs/2018/05/trade-unions-and-the-social-foundation-of-good-work# [Abfrage am 22.6.2018].

Hirschman, Albert O. (1970): *Exit, Voice, and Loyalty: Responses to Decline in Firms, Organizations, and States*, Cambridge.

Honegger, Claudia; Neckel, Sighard & Magnin, Chantal (2010): *Strukturierte Verantwortungslosigkeit. Berichte aus der Bankenwelt*, Berlin.

Honoré, Antony M. (1961): »Ownership«, S. 107–147 in: Anthony G. Guest (Hrsg.), *Oxford Essays in Jurisprudence*, Oxford.

Hsieh, Nien-hê (2005): »Rawlsian Justice and Workplace Republicanism«, in: *Social Theory and Practice* 31 (1), S. 115–142.

Hsieh, Nien-hê (2007): »Managers, Workers, and Authority«, in: *Journal of Business Ethics* 71 (4), S. 347–357.

Hsieh, Nien-hê (2008): »Justice in Production«, in: *Journal of Political Philosophy* 16 (1), S. 72–100.

Hübscher, Marc C. (2011): *Die Firma als Nexus von Rechtfertigungskontexten. Eine normative Untersuchung zur rekursiven Simultaneität von Individuen und Institutionen in der Governanceethik*, Marburg.

Isiksel, Turkuler (2016): »The Rights of Man and the Rights of the Man-Made: Corporations and Human Rights«, in: *Human Rights Quarterly* 38 (2), S. 294–349.

Irwin, Neil (2016): »With ›Gigs‹ Instead of Jobs, Workers Bear New Burdens«, in: *The New York Times* vom 31.3.2016.

Jackall, Robert (1988): *Moral Mazes. The World of Corporate Managers*, New York & Oxford.

Jensen, Michael C. & Meckling, William H. (1976): »Theory of the Firm: Managerial Behavior, Agency Costs, and Ownership Structure«, in: *Journal of Financial Economics* (3), S. 305–350.

Jian, Guowei & Jeffres, Leo W. (2008): »Spanning the Boundaries of Work: Workplace Participation, Political Efficacy, and Political Involvement«, in: *Communication Studies* 59 (1), S. 35–50.

Jubb, Robert (2008): »Basic Income, Republican Freedom, and Effective Market Power«, in: *Basic Income Studies* 3 (2), S. 1–19.

Kantor, Jodi: »Working Anything but 9 to 5. Scheduling Technology Leaves Low-Income Parents With Hours of Chaos«, in: *New York Times* vom 13.8.2014, URL https://www.nytimes.com/interactive/2014/08/13/us/starbucks-workers-scheduling-hours.html [Abfrage am 4.6.2018].

Kaptein, Muel & Wempe, Johan (2002): *The Balanced Company: A Theory of Corporate Integrity*, Oxford.

Keynes, John M. (1963) [Orig. 1931]: »Economic Possibilities for our Grandchildren«, S. 358–373 in: *Essays in Persuasion*, New York.

Kim, Pauline T. (2017): »Data-Driven Discrimination at Work«, in: *William & Mary Law Review* 58 (3), S. 857–936.

Kocher, Martin G. et al. (2008): »Conditional cooperation on three continents«, in: *Economic Letters* 101 (3), S. 175–178.

Kohn, Melvin & Schooler, Carmi (1983): *Work and Personality: An Inquiry into the Impact of Social Stratification*, Norwood.

Kulwin, Noah: »The Internet Apologizes …«, in: *New York Magazine* vom 13.4.2018, URL http://nymag.com/selectall/2018/04/an-apology-for-the-internet-from-the-people-who-built-it.html [Abfrage am 9.10.2018].

Kunda, Gideon (1996): *Engineering Culture*, Philadelphia.

Küpper, Willi & Ortmann, Günther (Hrsg.) (1992): *Mikropolitik. Rationalität, Macht und Spiele in Organisationen*, 2., durchgesehene Auflage, Opladen.

Kutz, Christopher (2000): *Complicity. Ethics and Law for a Collective Age*, Cambridge.

Landemore, Hélène & Ferreras, Isabelle (2016): »In Defense of Workplace Democracy: Towards a Justification of the Firm-State Analogy«, in: *Political Theory* 44 (1), S. 53–81.

Lenzen, Manuela (2018): *Künstliche Intelligenz. Was sie kann & was uns erwartet*, München.

Lichtblau, Eric (2018): »The Untold Story of the Pentagon Papers Co-Conspirators«, in: *The New Yorker* vom 29.1.2018, URL https:/ www.newyorker.com/news/news-desk/the-untold-story-of-the-pentagon-papers-co-conspirators [Abfrage am 9.10.2018].
Lobe, Adrian (2017): »Wer leistet sich den Menschen?«, in: *Die ZEIT* vom 4.2.2017, URL https://www.zeit.de/kultur/2017-02/automatisierung-pflege-roboter-prekariat-soziale-spaltung/komplettansicht [Abfrage am 15.10.2018].
Lomansky, Loren (2011): »Liberty after Lehman Brothers«, in: *Social Philosophy and Policy* 28 (2), S.135–165.
Mandis, Steven G. (2013): *What Happened to Goldman Sachs? An Insider's Story of Organizational Drift and its Unintended Consequences*, Boston.
Mansbridge, Jane (1983): *Beyond Adversary Democracy*, Chicago.
Markides, Costas (2014): »Maximizing shareholder value and other silly ideas«, in: *The Ghoshal Blog* vom 22.3.2014, URL http://blog.faculty.london.edu/strategyandentrepreneurship/2014/03/22/maximizing-shareholder-value-and-other-silly-ideas/ [Abfrage am 22.10.2018].
Marx, Karl & Engels, Friedrich (1972) [1848]: »Manifest der Kommunistischen Partei«, S.459–493, in: Dies., *Marx-Engels-Werke*, Band 4, Berlin.
Marx, Karl (1969) [1846]: »Die Deutsche Ideologie«, in: Dies., *Marx-Engels-Werke*, Band 3, Berlin.
Mason, R. (1982): *Participatory and Workplace Democracy*, Carbondale.
Mayer, Colin (2013): *Firm Commitment. Why the Corporation is Failing Us and How to Restore Trust in It*, Oxford.
McDonnell, Brett H. (2008): »Employee Primacy, or Economics Meets Civil Republicanism at Work«, in: *Stanford Journal of Law, Business & Finance* 13 (2), S.334–83.
McLannahan, Ben (2016). »Charge senior bank bosses, says former commissioner«, in: *Financial Times* vom 9.2.2016.
McMahon, Christopher (1994): *Authority and Democracy. A General Theory of Government and Management*, Princeton.
McMahon, Christopher (2013): *Public Capitalism. The Political Authority of Corporate Executives*, Philadelphia.
Miller, Arthur (1957): *All My Sons*, S.58-127 in: *Collected Plays*, Volume I, New York.
Miller, Seumas (2010): *The Moral Foundations of Social Institutions. A Philosophical Study*, New York.
Mitchell, Lawrence E. (2001): *Corporate Irresponsibility. America's Newest Export*, New Haven/London.

Mokyr, Joel (2004): *The Gifts of Athena. Historical Origins of the Knowledge Economy*, Princeton.
Muller, Jerry Z. (2018): *The Tyranny of Metrics*, Princeton.
Mundlak, Guy (2014): »Workplace-Demoracy: Reclaiming the Effort to Foster Public and Private Isomorphism«, in: *Theoretical Inquiries in Law* 15 (1), S. 159–197.
Nassehi, Armin (2016): *Die letzte Stunde der Wahrheit. Warum rechts und links keine Alternativen mehr sind und Gesellschaft ganz anders beschrieben werden muss*, Hamburg.
o. V. (2018): »Gleitzeit erleichtert Müttern den Wiedereinstieg«, in: *Frankfurter Allgemeine Zeitung* vom 6.6.2018, http://www.faz.net/aktuell/beruf-chance/beruf/neue-studie-gleitzeit-erleichtert-muettern-den-wiedereinstieg-15624025.html [Abfrage am 12.10.2018].
o. V. (2017): »Gefangen im öden Alltag«, in: *Frankfurter Allgemeine Zeitung* vom 24.10.2017, URL http://www.faz.net/aktuell/beruf-chance/beruf/boreout-wenn-langeweile-im-job-krank-macht-15261302.html [Abfrage am 9.10.2018].
o. V. (2014): »Starbucks Makes Barista History, Bans the Dreaded Clopen Shift«, in: *Sprudge* vom 18.8.2014, URL http://sprudge.com/starbucks-makes-barista-history-bans-dreaded-clopen-shift-61253.html [Abfrage am 15.10.2018].
o. V. (2014): »That smartphone is giving your thumbs superpowers«, in: *Science Daily* vom 23.12.2014, URL https://www.sciencedaily.com/releases/2014/12/141223122218.htm [Abfrage am 22.6.2018].
O'Neil, Cathy (2018) [engl. Orig. 2016]: *Angriff der Algorithmen*, München.
O'Neill, Onora (2002): *A Question of Trust. The BBC Reith Lectures*, Cambridge.
Orts, Eric W. & Smith, N. Craig (Hrsg.) (2017): *The Moral Responsibility of Firms*, Oxford.
Ortmann, Günther (2010): *Organisation und Moral. Die dunkle Seite*, Weilerswist.
Ouchi, William G. (1980): »Markets, Bureaucracies, and Clans«, in: *Administrative Science Quarterly* 25 (1), S. 129–141.
Paine, Thomas (2004) [Orig. 1797]: »Agrarian Justice«, London.
Parfit, Derek (1984): *Reasons and Persons*, Oxford.
Parijs, Philippe van & Vanderborght, Yannick (2017): *Basic Income: A Radical Proposal for a Free Society and a Sane Economy*, Cambridge.
Pateman, Carol (1970): *Participation and Democratic Theory*, Cambridge.

Perrow, Charles (1986): *Complex Organizations. A Critical Essay.* 3. Auflage, New York.

Pettit, Philip (1997): *Republicanism: A Theory of Freedom and Government*, Oxford.

Pettit, Philip (2014): *Just Freedom: A Moral Compass for a Complex World*, New York.

Phillips, Robert A. & Margolis, Joshua D. (1999): »Toward an Ethics of Organizations«, in: *Business Ethics Quarterly* 9 (4), S. 619–638.

Piketty, Thomas (2013): *Capital in the 21st Century*, Cambridge.

Pink, Dan (2010): *Drive: Was Sie wirklich motiviert*, Salzburg.

Porter, Michael E. & Kramer, Mark R. (2011): »Creating Shared Value«, in: *Harvard Business Review* January–February.

Powell, Walter W. (1990): »Neither Market nor Hierarchy: Network Forms of Organization«, in: Barry M. & L. L. Cummings, L. L. (Hrsg.), *Research in Organizational Behavior* 12, S. 295–336.

Price, Terry L. (2006): *Understanding Ethical Failures in Leadership*, Cambridge.

Quiggin, John (2017): »Why we should put ›basic‹ before ›universal‹ in the pursuit of income equality«, in: *The Guardian* vom 7.2.2017.

Rahman, Sabeel (2018): »The New Octopus«, in: *Logic. A Magazine about Technology*, Issue Four »Scale« vom 17.4.2018, URL https://logicmag.io/04-the-new-octopus/ [Abfrage am 9.10.2018].

Reich, Robert B. (2015): *Saving Capitalism: For the Many, Not the Few*, New York.

Reiff, Mark (2017): »Punishment in the Executive Suite, Moral Responsibility, Causal Responsibility, and Financial Crime«, S. 125–153 in: Lisa Herzog (Hrsg.), *Just Financial Markets? Finance in a Just Society*, Oxford.

Ricardo, David (1817): *On the Principles of Political Economy and Taxation*, London.

Rifkin, Jeremy (1995): *The End of Work: Decline of the Global Labor Force and the Dawn of the Post-market Era*, New York.

Roessler, Beate (2012): »Meaningful Work: Arguments From Autonomy«, in: *Journal of Political Philosophy* 20 (1), S. 71–93.

Rosa, Hartmut (2005): *Beschleunigung. Die Veränderung der Zeitstrukturen in der Moderne*, Franfurt a. M.

Rose, David C. (2011): *The Moral Foundation of Economic Behavior*, New York.

Rose, Julie (2016): *Free Time*, Princeton.

Rotman, David (2017): »The Relentless Pace of Automation«, in: *MIT Technology Review* vom 13.2.2017, URL https://www.technologyreview.com/s/603465/the-relentless-pace-of-automation/ [Abfrage am 6.5.2017].

Rudzio, Kolja (2018): »Das solidarische ... was?«, in: *Die ZEIT vom* 4.4.2018.

Sayer, Andrew (2017): *Warum wir uns die Reichen nicht leisten können*, München.

Scheiber, Noam (2017): »How Uber Uses Psychological Tricks to Push Its Drivers' Buttons«, in: *The New York Times* vom 2.4.2017, URL https://www.nytimes.com/interactive/2017/04/02/technology/uber-drivers-psychological-tricks.html?_r=0 [Abfrage am 12.10.2018].

Scholz, Trebor (2016): *Platform Cooperativism: Challenging the Corporate Sharing Economy*, New York.

Schultheis, Franz; Vogel, Berthold & Gemperle, Michael (Hrsg.) (2010): *Ein halbes Leben: Biografische Zeugnisse aus einer Arbeitswelt im Umbruch*, Konstanz.

Schumpeter, Joseph (1946): *Kapitalismus, Sozialismus, Demokratie*, Bern.

Schumpeter, Joseph (1920): *Theorie der ökonomischen Entwicklung*, Berlin.

Schweikart, David (1978): »Should Rawls Be a Socialist? A Comparison of His Ideal Capitalism With Worker Controlled Socialism«, in: *Social Theory and Practice* 5, S.1–27.

Semuels, Alana (2018): »The Internet is Enabling a New Kind of Poorly Paid Hell«, in: *The Atlantic* vom 23.1.2018, URL https://www.theatlantic.com/business/archive/2018/01/amazon-mechanical-turk/551192/ [Abfrage am 9.10.2018].

Scott, W. Richard (1981): *Organizations. Rational, Natural, and Open Systems,* Englewood Cliffs.

Shiller, Robert J. (2011): *Finance and the Good Society*, Princeton.

Siedenberg, Sven (2017): »Chef per Stimmzettel«, in: *Die Zeit* vom 25.10.2017.

Silver, Maury & Geller, Daniel (1978): »On the Irrelevance of Evil: The Organization and Individual Action«, in: *Journal of Social Issues* 34, S.125–135.

Skitka, Linda J. et al. (2000): »Automation Bias and Errors: Are Crews Better Than Individuals?«, in: *International Journal of Aviation Psychology,* S.85-97, zitiert in: Citron, Danielle K.(2007): »Technological Due Process«, in: *Washington University Law Review*, S.1249–1313.

Small, Deborah A. & Loewenstein, George (2003): »Helping a Victim or

Helping the Victim: Altruism and Identifiability«, in: *Journal of Risk and Uncertainty* 26 (1), S. 5–16.

Smith, Adam (1976) [Orig. 1776]: *An Inquiry into the Nature and Causes of the Wealth of Nations*, R. H. Campbell & Andrew S. Skinner (Hrsg.), Oxford.

Sobel, Richard (1993): »From Occupational Involvement to Political Participation: An Exploratory Analysis«, in: *Political Behavior* 15 (4), S. 339–353.

Solomon, Robert C. (1992): *Ethics and Excellence: Cooperation and Integrity in Business*, New York.

Spencer, Edward M.; Mills, Ann E.; Rorty, Mary V. & Werhane, Patricia H. (2000): *Organization Ethics in Health Care*, New York & Oxford.

Strawson, Peter F. (1992): »Freedom and Resentment«, in: *Proceedings of the British Academy* 48, S. 1–25.

Taylor, Charles (1989): *Sources of the Self: The Making of the Modern Identity*, Cambridge.

Taylor, Frederick (2007) [Orig. 1911]: *Principles of Scientific Management*, Sioux Falls, zitiert in Arnold, Samuel (2012), »The Difference Principle at Work«, in: *The Journal of Political Philosophy* 20 (1), S. 94–118.

Terkel, Stud (1972): *Working: People Talk About What They Do All Day and How They Feel About What They Do*, New York.

Thompson, Dennis F. (1980): »Moral Responsibility of Public Officials: The Problem of Many Hands«, in: *American Political Science Review* 74, S. 905–916.

Thompson, Dennis F. (1988): *Political Ethics and Public Office*. Cambridge.

Thompson, Nicholas & Vogelstein, Fred (2018): »Inside the Two Years that Shook Facebook – and the World«, in: *Wired* vom 12.2.2018, URL https://www.wired.com/story/inside-facebook-mark-zuckerberg-2-years-of-hell/ [Abfrage am 22.6.2018].

Tichy, Noel (1973): »An Analysis of Clique Formation and Structure in Organizations«, in: *Administrative Science Quarterly* 18 (2), S. 194–20.

Tobin, James (1979): »A Proposal for Monetary Reform«, in: *Eastern Economic Journal* 4, S. 153–159.

Toffler, Alvin (1970): *Future Shock*, New York.

Toffler, Barbara L. (1986): *Tough Choices. Managers Talk Ethics*, New York et al.

Tost, Leigh Plunkett; Gino, Francesca & Larrick, Richard P. (2012): »Power, competitiveness, and advice taking: Why the powerful don't

listen«, in: *Organizational Behavior and Human Decision Processes* 117, S. 53–65.
van Ousterhout, Hans; Wempe, Ben & van Willigenburg, Theo (2004): »Rethinking Organizational Ethics: A Plea for Pluralism«, in: *Journal of Business Ethics* 55, S. 387–395.
Vaughan, Diane (1996): *The Challenger Launch Decision: Risky Technology, Culture and Deviance at NASA*, Chicago.
Vredenburgh, Donald & Brender, Yael (1998): »The Hierarchical Abuse of Power in Work Organizations«, in: *Journal of Business Ethics* 17 (12), S. 1337–1347.
Weber, Max (1980) [Orig. 1922]: *Wirtschaft und Gesellschaft*, Tübingen.
Weber, Max (2013) [Orig. 1904/05]: *Die protestantische Ethik und der Geist des Kapitalismus*, München.
Weick, Karl E. & Sutcliffe, Kathleen M. (2001): *Managing the Unexpected. Assuring High Performance in an Age of Complexity*, San Francisco.
Weick, Karl. E. (1995): *Sensemaking in Organizations*, London/New Delhi.
Werhane, Patricia (1999): *Moral Imagination and Management Decision-Making*, New York.
Werhane, Patricia H. & McCall, John J. (2009): »Employment at Will and Employee Rights«, in S. 603–625: Tom L. Beauchamp & George G. Brenkert (Hrsg.), *The Oxford Handbook of Business Ethics*.
White, Jonathan (2017): »Brexit, populism and the promise of agency«, in: *OpenDemocracy* vom 2.2.2017, URL https://www.opendemocracy.net/can-europe-make-it/jonathan-white/brexit-populism-and-promise-of-agency [Abfrage am 8.10.2018].
Widerquist, Karl (2013): *Independence, Propertylessness, and Basic Income: A Theory of Freedom as the Power to Say No*, Basingstoke.
Williamson, Oliver (1973): »Markets and Hierarchies: Some Elementary Considerations«, in: *American Economic Review* 63, S. 316–325.
Williamson, Oliver (1975): *Markets and Hierarchies: Analysis and Antitrust Implications*, New York.
Wolfe, Tom (1987): *The Bonfire of the Vanities. A Novel*, New York.
Zacharakis, Zacharias (2016): »Mehrheit findet Deutschland ungerecht«, in: *Die ZEIT* vom 11.5.2016, URL https://www.zeit.de/wirtschaft/2016-05/umfrage-deutschland-friedrich-ebert-stiftung-soziale-ungleichheit [Abfrage am 15.10.2018].

INTERVIEWS

Corino, Eva; Interview von Christine Haas (20018): »Man muss nicht alles gleichzeitig schaffen«, in: *Die ZEIT* vom 23.7.2018, URL https://www.zeit.de/arbeit/2018-06/work-life-balance-eva-corino-autorin-kindererziehung-karriere-familie [Abfrage am 12.10.2018].

Delaney, Helen; Interview von Walda Kolosowa (2018): »Die Viertagewoche hilft der Geschlechtergerechtigkeit«, in: *Die ZEIT* vom 20.7.2018, URL https://www.zeit.de/arbeit/2018-07/arbeitszeit-viertage woche-neuseeland-test-zufriedenheit [Abfrage am 9.10.18].

Weitzel, Tim; Interview von Bernd Kramer (2018): »Der Algorithmus diskriminiert nicht«, in: *Die ZEIT* vom 9.2.2018, URL https://www.zeit.de/arbeit/2018-01/roboter-recruiting-bewerbungsgespraech-computer-tim-weitzel-wirtschaftsinformatiker/komplettansicht [Abfrage am 9.10.2018].

FILME & TONDOKUMENTE

Drees, Jan (2015): »Das akzelerationistische Manifest«, in: *DLF* vom 26.4.2015, http://www.deutschlandfunk.de/philosophie-das-akzeleratio nistische-anifest.1184.de.html?dram:article_id=314626 [Abfrage am 4.6.2018].

Ferreras, Isabelle (2018): »How can we save democracy?«, auf: http://www.firmsaspoliticalentities.net./ [Abfrage am 16.10.2018].

Sivers, Derek (2010): »Wie man eine Bewegung startet«, in: *TED Talk 2010*, URL: https://www.ted.com/talks/derek_sivers_how_to_start_a_movement/up-next?language=de, [Abfrage am 22.6.2018].